JN074697

改訂版

# 外国人の税務と手続き

阿部 行輝 著

税務研究会出版局

# 改訂版発行にあたって

　近年、経済の国際化に伴い、国内外を行き来する外国人の数は、著し
く増加の傾向をたどり、大企業のみならず中小企業においても外国人労
働者の数は増加しています。特に平成29年11月から新しい外国人技能実
習制度、平成31年４月からは、特定技能の在留資格が創設されたことに
より、令和２年初頭から始まった新型コロナウイルス感染症の影響によ
り、外国人労働者数は一時減少しているものの、コロナ禍が収まれば外
国人労働者の数は、再び増加してくるものと考えられます。

　このような社会情勢があるにもかかわらず、外国人に対する税務につい
ては、会社の人事担当や経理担当の方のみならず、税理士、公認会計士な
ど税務に関係している方からもよく分からないという声をお伺いします。

　外国人の税務を分かりにくくしているのは、居住者・非居住者の認定
から始まり、恒久的施設を有するか否かによって課税はどうなるのか、
源泉所得税はかかるのかどうか、確定申告を行う必要があるのか、確定
申告を行うとすれば課税所得の範囲はどうなるのか、税金の計算方法に
特別なやり方があるのか、確定申告の際特別な書類は必要なのか、確定
申告書や届出書の書き方はどうするのか、租税条約との関係はどうなる
のかなど迷うところが多いからだと思います。

　本書では、そのような疑問に答えるため、筆者が今まで、外国人本人、
会社の人事・経理担当者、税理士、公認会計士などの方々から受けた質
問のうち特に多かった事例や実際に実務上、数多く出てくる事例をもと
に解説しています。また、初版本を刊行後、同書をテキストにセミナー

等を行った中で、聴講された先生方から、外国人の税務以外にも在留資格や外国人の社会保険についての質問も受けました。そこで改訂版では、税務について新たな項目を加えるとともに、在留資格と社会保険についても取り上げました。

　本書はあくまでも外国人の税務を中心に取り上げていますが、税務の部分の執筆にあたり特に留意したのは、税理士等税の専門家だけでなく、会社の人事・経理担当、その他外国人の税務に携わる方にも理解していただけるように、まず「理論編」で外国人課税の考え方を説明し、「実践編」で具体的な事例に基づいた説明を行っています。そして、できるだけ図表を取り入れ、説明も簡潔なものにしてあります。また実務で活用できるよう、確定申告書及び届出書の記載例を数多く取り上げています。

　さらに本書の大きな特徴として、外国人の方は、母国で利子、配当、株式譲渡益等金融資産を保有していることが多いことから、それらの税金上の取扱いについてもページを割いて説明しています。最近は、外国人、税理士等から、この分野の質問を受けることが増えていることを考慮しての上です。

　なお、本書は、外国人の税務について解説していますが、日本人でも、居住者・非居住者の認定、非居住者となった方の税金の取扱い、外国税額控除の考え方等活用できる部分が多々あります。外国に派遣される日本人の税金の取扱いに迷ったときにも参考にしていただければと思います。

　最後に、本書が少しでも、外国人の税務について疑問点をお持ちの方の解決のお役に立つことができれば、筆者としてこれに勝る喜びはありません。


　　令和２年12月

　　　　　　　　　　　　　　　　　　　　　　　阿部行輝

# まえがき（初版）

　近年、経済の国際化に伴い、国内外を行き来する外国人の数は、著しく増加の傾向をたどっています。特に平成29年11月からは技能実習法に基づく新制度が施行され、大企業のみならず中小企業においても外国人労働者の数は増加しています。

　このような社会情勢があるにもかかわらず、外国人に対する税務については、会社の人事担当や経理担当の方のみならず、税理士、公認会計士など税務に関係している方からもよく分からないという声をお伺いします。

　外国人の税務を分かりにくくしているのは、居住者・非居住者の認定から始まり、恒久的施設を有するか否かによって課税はどうなるのか、源泉所得税はかかるのかどうか、確定申告を行う必要があるのか、確定申告を行うとすれば課税所得の範囲はどうなるのか、税金の計算方法に特別なやり方があるのか、確定申告の際特別な書類は必要なのか、申告書や届出書の書き方はどうするのか、租税条約との関係はどうなるのかなど迷うところが多いからだと思います。

　本書では、そのような疑問に答えるため、筆者が今まで、外国人本人、会社の人事・経理担当者、税理士、公認会計士などの方々から受けた質問のうち特に多かった事例や実際に実務上、数多く出てくる事例をもとに解説しています。

　本書で特に留意したのは、税理士等税の専門家だけでなく、会社の人事・経理担当、その他外国人の税務に携わる方にも理解していただける

ように、まず「理論編」で外国人課税の考え方を説明し、「実践編」で具体的な事例に基づいた解説を行っています。そして、できるだけ図表を取り入れ、説明も簡潔なものにしてあります。また、実務で活用できるよう、申告書及び届出書の記載例を数多く取り入れています。

　さらに外国人の方は、国内及び国外で金融資産を保有していることが多いので、国内・国外での配当・利子・株式譲渡損益等の損益通算についても取り上げています。

　なお、本書は、外国人の税務について解説していますが、日本人でも、居住者・非居住者の認定、非居住者となった方の税金の取扱い、外国税額控除の考え方等活用できる部分が多々あります。外国に派遣される日本人の税金の取扱いに迷ったときにも参考にしていただければと思います。

　最後に、本書が少しでも、外国人の税務について疑問点をお持ちの方の解決のお役に立つことができれば、筆者としてこれに勝る喜びはありません。


　　　平成30年12月

　　　　　　　　　　　　　　　　　　　　　　税理士　阿部行輝

# 目 次

## 第1編

## 在留資格

## 第2編

## 外国人の税務

## 理 論 編

# 実 践 編

# 第3編

# 外国人の社会保険

# 関係法令・通達

## 凡　例

通法……………国税通則法

通令……………国税通則法施行令

所法……………所得税法

所令……………所得税法施行令

所規……………所得税法施行規則

所基通…………所得税基本通達

相法……………相続税法

措法……………租税特別措置法

措令……………租税特別措置法施行令

措通……………租税特別措置法通達

復興財確法……東日本大震災からの復興のための施策を実施するために必要な財源の確保に関する特別措置法

実特令…………租税条約等の実施に伴う所得税法、法人税法及び地方税法の特例等に関する法律の施行に関する省令

地法……………地方税法

労災法…………労働者災害補償保険法

労働施策総合推進法…労働施策の総合的な推進並びに労働者の雇用の安定及び職業生活の充実等に関する法律

※　本書中の記載例で使用している確定申告書の様式は、執筆時点（令和2年11月1日時点）で、国税庁ホームページにおいてイメージとして公表されているものを使用しています。「外国税額控除に関する明細書」「先物取引に係る雑所得等の金額の計算明細書」「確定申告書付表」は未公表のため、令和元年分の様式の各番号等の箇所を令和2年分の確定申告書の各番号等に合わせて作成しています。

# 第 1 編

# 在留資格

　一口に外国人労働者といっても、すでに日本に居住していて企業に採用される人、新たに日本に入国して企業に採用される人、外国の親会社から日本の子会社に派遣される人（いわゆるエキスパット）など様々な外国人労働者がいます。

　日本で働く外国人労働者の状況は、次のとおりです。

**【日本で働く外国人労働者の状況】2019年（令和元年）10月末現在**

《外国人労働者数》

　外国人労働者数は1,658,804人。前年同期比で198,341人（13.6％）増加し、過去最高を更新した。

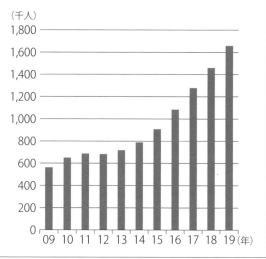

| 2009年 | 562,818人 |
|---|---|
| 2010 | 649,982 |
| 2011 | 686,246 |
| 2012 | 682,450 |
| 2013 | 717,504 |
| 2014 | 787,627 |
| 2015 | 907,896 |
| 2016 | 1,083,769 |
| 2017 | 1,278,670 |
| 2018 | 1,460,463 |
| 2019 | 1,658,804 |

## 《国籍別の状況》

### 労働者数が多い上位3か国

・中国　　　　418,327人（全体の25.2％）［前年同期比7.5％増］

・ベトナム　　401,326人（同24.2％）　　［前年同期比26.7％増］

・フィリピン　179,685人（同10.8％）　　［前年同期比9.6％増］

### 増加率が高い上位3か国

・ベトナム　　　401,326人［前年同期比26.7％増］

・インドネシア　51,337人［前年同期比23.4％増］

・ネパール　　　91,770人［前年同期比12.5％増］

## 《在留資格別の状況》

### 労働者数が多い上位4資格

・身分に基づく在留資格<sup>(注)1</sup>　　　　531,781人（全体の32.1％）

　　　　　　　　　　　　　　　　　　　　［前年同期比7.3％増］

・技能実習　　　　　　　　　　　　383,978人（同23.1％）

　　　　　　　　　　　　　　　　　　　　［前年同期比24.5％増］

・資格外活動（留学含む）　　　　　372,894人（同22.5％）

　　　　　　　　　　　　　　　　　　　　［前年同期比24.9％増］

・専門的・技術的分野の在留資格<sup>(注)2</sup>　329,034人　（同19.8％）

　　　　　　　　　　　　　　　　　　　　［前年同期比18.9％増］

### 増加率が高い上位3資格

・技能実習　　　　　　　　　383,978人［前年同期比24.5％増］

・専門的・技術的分野の在留資格　329,034人［前年同期比18.9％増］

・特定活動　　　　　　　　　　41,075人［前年同期比15.3％増］

◎平成31年4月に創設された「特定技能」の労働者数は520人。

## 都道府県別

・東京　485,345人［前年同期比10.6％増］

・愛知　175,119人［前年同期比15.5％増］

・大阪　105,379人［前年同期比17.0％増］

（注）1　永住者（基本10年在住）、日本人の配偶者等、永住者の配偶者等、
　　　　定住者（日系2世・3世、インドシナ難民等）

（注）2　専門的・技術的分野の在留資格には、教授、芸術、宗教、報道、
　　　　高度専門職1号・2号、経営・管理、法律・会計業務、医療、研究、
　　　　教育、技術・人文知識・国際業務、企業内転勤、興行、介護、技能、
　　　　特定技能が該当する。

（出典：厚生労働省ホームページ）

## Q1-1 在留資格の種類

 在留資格にはどのような種類があり、就労できる在留資格はどのようなものがあるのでしょうか。

 在留資格には次の29種類があります。

## 在留資格一覧表

| 在留資格 | 本邦において行うことができる活動 | | 該当例 | 在留期間 |
|---|---|---|---|---|
| 外交 | 日本国政府が接受する外国政府の外交使節団若しくは領事機関の構成員、条約若しくは国際慣行により外交使節と同様の特権及び免除を受ける者又はこれらの者と同一の世帯に属する家族の構成員としての活動 | | 外国政府の大使、公使、総領事、代表団構成員等及びその家族 | 外交活動の期間 |
| 公用 | 日本国政府の承認した外国政府若しくは国際機関の公務に従事する者又はその者と同一の世帯に属する家族の構成員としての活動（この表の外交の項に掲げる活動を除く。） | | 外国政府の大使館・領事館の職員、国際機関等から公の用務で派遣される者等及びその家族 | 5年、3年、1年、3月、30日又は15日 |
| 教授 | 本邦の大学若しくはこれに準ずる機関又は高等専門学校において研究、研究の指導又は教育をする活動 | | 大学教授等 | 5年、3年、1年又は3月 |
| 芸術 | 収入を伴う音楽、美術、文学その他の芸術上の活動（この表の興行の項に掲げる活動を除く。） | | 作曲家、画家、著述家等 | 5年、3年、1年又は3月 |
| 宗教 | 外国の宗教団体により本邦に派遣された宗教家の行う布教その他の宗教上の活動 | | 外国の宗教団体から派遣される宣教師等 | 5年、3年、1年又は3月 |
| 報道 | 外国の報道機関との契約に基づいて行う取材その他の報道上の活動 | | 外国の報道機関の記者、カメラマン | 5年、3年、1年又は3月 |
| 高度専門職 | 1号 高度の専門的な能力を有する人材として法務省令で | イ 法務大臣が指定する本邦の公私の機関との契約に基づいて研究、研究の指導若しくは教育をする活動又は当該活動と併せて当該活動と関連する事業を自ら経営し若しくは当該機関以外の本邦の公私 | ポイント制による高度人材 | 5年 |

| | | | | |
|---|---|---|---|---|
| | 定める基準に適合する者が行う次のイからハまでのいずれかに該当する活動であって、我が国の学術研究又は経済の発展に寄与することが見込まれるもの | の機関との契約に基づいて研究、研究の指導若しくは教育をする活動<br>ロ　法務大臣が指定する本邦の公私の機関との契約に基づいて自然科学若しくは人文科学の分野に属する知識若しくは技術を要する業務に従事する活動又は当該活動と併せて当該活動と関連する事業を自ら経営する活動<br>ハ　法務大臣が指定する本邦の公私の機関において貿易その他の事業の経営を行い若しくは当該事業の管理に従事する活動又は当該活動と併せて当該活動と関連する事業を自ら経営する活動 | | |
| | | 2号<br>　1号に掲げる活動を行った者であって、その在留が我が国の利益に資するものとして法務省令で定める基準に適合するものが行う次に掲げる活動<br>イ　本邦の公私の機関との契約に基づいて研究、研究の指導又は教育をする活動<br>ロ　本邦の公私の機関との契約に基づいて自然科学又は人文科学の分野に属する知識又は技術を要する業務に従事する活動<br>ハ　本邦の公私の機関において貿易その他の事業の経営を行い又は当該事業の管理に従事する活動<br>ニ　2号イからハまでのいずれかの活動と併せて行うこの表の教授、芸術、宗教、報道、法律・会計業務、医療、教育、技術・人文知識・国際業務、介護、興行、技能、特定技能2号の項に掲げる活動（2号イからハまでのいずれかに該当する活動を除く。） | | 無期限 |
| 経営・管理 | 本邦において貿易その他の事業の経営を行い又は当該事業の管理に従事する活動（この表の法律・会計業務の項に掲げる資格を有しなければ法律上行うことができないこととされている事業の経営又は管理に従事する活動を除く。） | | 企業等の経営者・管理者 | 5年、3年、1年、6月、4月又は3月 |
| 法律・会計業務 | 外国法事務弁護士、外国公認会計士その他法律上資格を有する者が行うこととされている法律又は会計に係る業務に従事する活動 | | 弁護士、公認会計士等 | 5年、3年、1年又は3月 |
| 医療 | 医師、歯科医師その他法律上資格を有する者が行うこととされている医療に係る業務に従事する活動 | | 医師、歯科医師、看護師 | 5年、3年、1年又は3月 |
| 研究 | 本邦の公私の機関との契約に基づいて研究を行う業務に従事する活動（この表の教授の項に掲げる活動を除く。） | | 政府関係機関や私企業等の研究者 | 5年、3年、1年又は3月 |
| 教育 | 本邦の小学校、中学校、義務教育学校、高等学校、中等教育学校、特別支援学校、専修学校又は各種学校若しくは設備及び編制に関してこれに準ずる教育機関において語学教育その他の教育をする活動 | | 中学校・高等学校等の語学教師等 | 5年、3年、1年又は3月 |

| 技術・人文知識・国際業務 | 本邦の公私の機関との契約に基づいて行う理学、工学その他の自然科学の分野若しくは法律学、経済学、社会学その他の人文科学の分野に属する技術若しくは知識を要する業務又は外国の文化に基盤を有する思考若しくは感受性を必要とする業務に従事する活動（この表の教授、芸術、報道、経営・管理、法律・会計業務、医療、研究、教育、企業内転勤、介護、興行の項に掲げる活動を除く。） | 機械工学等の技術者、通訳、デザイナー、私企業の語学教師、マーケティング業務従事者等 | 5年、3年、1年又は3月 |
|---|---|---|---|
| 企業内転勤 | 本邦に本店、支店その他の事業所のある公私の機関の外国にある事業所の職員が本邦にある事業所に期間を定めて転勤して当該事業所において行うこの表の技術・人文知識・国際業務の項に掲げる活動 | 外国の事業所からの転勤者 | 5年、3年、1年又は3月 |
| 介護 | 本邦の公私の機関との契約に基づいて介護福祉士の資格を有する者が介護又は介護の指導を行う業務に従事する活動 | 介護福祉士 | 5年、3年、1年又は3月 |
| 興行 | 演劇、演芸、演奏、スポーツ等の興行に係る活動又はその他の芸能活動（この表の経営・管理の項に掲げる活動を除く。） | 俳優、歌手、ダンサー、プロスポーツ選手等 | 3年、1年、6月、3月又は15日 |
| 技能 | 本邦の公私の機関との契約に基づいて行う産業上の特殊な分野に属する熟練した技能を要する業務に従事する活動 | 外国料理の調理師、スポーツ指導者、航空機の操縦者、貴金属等の加工職人等 | 5年、3年、1年又は3月 |
| 特定技能 | 1号 | 法務大臣が指定する本邦の公私の機関との雇用に関する契約（入管法第2条の5第1項から第4項までの規定に適合するものに限る。次号において同じ。）に基づいて行う特定産業分野（人材を確保することが困難な状況にあるため外国人により不足する人材の確保を図るべき産業上の分野として法務省令で定めるものをいう。同号において同じ。）であって法務大臣が指定するものに属する法務省令で定める相当程度の知識又は経験を必要とする技能を要する業務に従事する活動 | 特定産業分野に属する相当程度の知識又は経験を要する技能を要する業務に従事する外国人 | 1年、6月又は4月 |
| | 2号 | 法務大臣が指定する本邦の公私の機関との雇用に関する契約に基づいて行う特定産業分野であって法務大臣が指定するものに属する法務省令で定める熟練した技能を要する業務に従事する活動 | 特定産業分野に属する熟練した技能を要する業務に従事する外国人 | 3年、1年又は6月 |
| 技能実習 | 1号 | イ 技能実習法上の認定を受けた技能実習計画（第一号企業単独型技能実習に係るものに限る。）に基づいて、講習を受け、及び技能等に係る業務に従事する活動 | 技能実習生 | 法務大臣が個々に指定する期間（1年を超えない範 |

| | | | | |
|---|---|---|---|---|
| | | ロ　技能実習法上の認定を受けた技能実習計画（第一号団体監理型技能実習に係るものに限る。）に基づいて、講習を受け、及び技能等に係る業務に従事する活動 | | 囲） |
| | 2号 | イ　技能実習法上の認定を受けた技能実習計画（第二号企業単独型技能実習に係るものに限る。）に基づいて技能等を要する業務に従事する活動 | | 法務大臣が個々に指定する期間（2年を超えない範囲） |
| | | ロ　技能実習法上の認定を受けた技能実習計画（第二号団体監理型技能実習に係るものに限る。）に基づいて技能等を要する業務に従事する活動 | | |
| | 3号 | イ　技能実習法上の認定を受けた技能実習計画（第三号企業単独型技能実習に係るものに限る。）に基づいて技能等を要する業務に従事する活動 | | 法務大臣が個々に指定する期間（2年を超えない範囲） |
| | | ロ　技能実習法上の認定を受けた技能実習計画（第三号団体監理型技能実習に係るものに限る。）に基づいて技能等を要する業務に従事する活動 | | |
| 文化活動 | 収入を伴わない学術上若しくは芸術上の活動又は我が国特有の文化若しくは技芸について専門的な研究を行い若しくは専門家の指導を受けてこれを修得する活動（この表の留学、研修の項に掲げる活動を除く。） | | 日本文化の研究者等 | 3年、1年、6月又は3月 |
| 短期滞在 | 本邦に短期間滞在して行う観光、保養、スポーツ、親族の訪問、見学、講習又は会合への参加、業務連絡その他これらに類似する活動 | | 観光客、会議参加者等 | 90日若しくは30日又は15日以内の日を単位とする期間 |
| 留学 | 本邦の大学、高等専門学校、高等学校（中等教育学校の後期課程を含む。）若しくは特別支援学校の高等部、中学校（義務教育学校の後期課程及び中等教育学校の前期課程を含む。）若しくは特別支援学校の中学部、小学校（義務教育学校の前期課程を含む。）若しくは特別支援学校の小学部、専修学校若しくは各種学校又は設備及び編制に関してこれらに準ずる機関において教育を受ける活動 | | 大学、短期大学、高等専門学校、高等学校、中学校及び小学校等の学生・生徒 | 4年3月、4年、3年3月、3年、2年3月、2年、1年3月、1年、6月又は3月 |
| 研修 | 本邦の公私の機関により受け入れられて行う技能等の修得をする活動（この表の技能実習1号、留学の項に掲げる活動を除く。） | | 研修生 | 1年、6月又は3月 |
| 家族滞在 | この表の教授、芸術、宗教、報道、高度専門職、経営・管理、法律・会計業務、医療、研究、教育、技術・人文知識・国際業務、企業内転勤、介護、興行、技能、特定技能2号、文化活動、留学の在留資格をもって在留する者の扶養を受ける配偶者又は子として行う日常的な活動 | | 在留外国人が扶養する配偶者・子 | 5年、4年3月、4年、3年3月、3年、2年3月、2年、1年3月、1年、6月又は |

8

| | | | 3月 |
|---|---|---|---|
| 特定活動 | 法務大臣が個々の外国人について特に指定する活動 | 外交官等の家事使用人、ワーキング・ホリデー、経済連携協定に基づく外国人看護師・介護福祉士候補者等 | 5年、3年、1年、6月、3月又は法務大臣が個々に指定する期間（5年を超えない範囲） |
| 在留資格 | 本邦において有する身分又は地位 | 該当例 | 在留期間 |
| 永住者 | 法務大臣が永住を認める者 | 法務大臣から永住の許可を受けた者（入管特例法の「特別永住者」を除く。） | 無期限 |
| 日本人の配偶者等 | 日本人の配偶者若しくは特別養子又は日本人の子として出生した者 | 日本人の配偶者・子・特別養子 | 5年、3年、1年又は6月 |
| 永住者の配偶者等 | 永住者等の配偶者又は永住者等の子として本邦で出生しその後引き続き本邦に在留している者 | 永住者・特別永住者の配偶者及び本邦で出生し引き続き在留している子 | 5年、3年、1年又は6月 |
| 定住者 | 法務大臣が特別な理由を考慮し一定の在留期間を指定して居住を認める者 | 第三国定住難民、日系3世、中国残留邦人等 | 5年、3年、1年、6月又は法務大臣が個々に指定する期間（5年を超えない範囲） |

（出典：出入国在留管理庁ホームページ）

9

## Q1−2　ビザ（査証）と在留資格の違い

　ビザ（査証）と在留資格は、どのように異なるのでしょうか。

**A**　ビザは、外国人が日本に入国する際に必要となる証書で、在外公館（外国にある日本の大使館、領事館）で日本への入国が問題ないと判断した場合に発行されます。ビザの種類は、以下の８種類です。

ビザ（査証）の有効期間は３か月ですので、発給後３か月以内に入国する必要があります。

| | | |
|---|---|---|
| ① 外交 | ② 公用 | ③ 就業 |
| ④ 一般 | ⑤ 短期滞在 | ⑥ 通過 |
| ⑦ 特定 | ⑧ 医療滞在 | |

在留資格は、外国人が日本に滞在するに当たっての身分や活動内容を定めた資格で、出入国在留管理局※が付与します。在留資格の種類は、令和２年10月現在29種類です。

外国人労働者の雇用に当たっては、在留資格の確認が必要です。

※　法務省の内部部局であった入国管理局は、2019年（平成31年）４月１日から、法務省の外局として出入国管理庁となっています。同庁の下に、全国に８つの出入国在留管理局が存在します。

## Q1-3　在留期間を更新する際の注意点

**Q**　在留期間の更新に当たり、注意すべき点について教えてください。

**A**　在留資格には在留期限が設けられています。在留期間を更新する場合は、在留期間更新許可申請を行いますが、在留期限が切れる日の3か月前から申請できます。

　在留期間更新許可申請の手続を行わずに在留期間が過ぎると不法残留となるので、早めに地方出入国在留管理局に出向き、申請するよう従業員に伝えておく必要があります。

## Q1-4　外国人の住民登録

 外国人は、住民登録をする必要があるのでしょうか。

### (1)　住民基本台帳法

　2012年（平成24年）7月9日から、外国人登録法が廃止になり、住民基本台帳法及び入管法が変わり、外国人も日本人同様、住民基本台帳法が適用され、住民票が作成されています。また、2013年（平成25年）7月8日から、住民基本台帳ネットワーク（住基ネット）及び住民基本台帳カード（住基カード）が運用され、住基カードが発行されるようになりました。

　現在では、外国人の場合も、別の市区町村へ引越しをした場合は、転出の届出と転入の届出が必要となります。海外に帰国する場合は、転出の届出が必要です。

### (2)　住民票が作成される対象者

　住民票が作成される対象者は、観光などの短期滞在者等を除いた、適法に3か月を超えて在留する外国人であって住所を有する者です。

　対象者は、次の四つに区分されます。

① 　中長期在留者（在留カード交付対象者）

② 　特別永住者

③ 　一時庇護許可者又は仮滞在許可者

④ 　出生による経過滞在者又は国籍喪失による経過滞在者

## Q1-5　技能実習制度

 **Q** 2017年（平成29年）11月1日から施行されている、技能実習制度について教えてください。

# A

### (1)　技能実習制度とは

技能実習制度は、国際貢献のため、開発途上国等の外国人を一定期間（最長5年間）に限り受け入れ、OJTを通じて技能を移転する制度です。

1993年（平成5年）に創設された制度ですが、2017年（平成29年）11月から新しい技能実習制度となっています。国、実習実施者、監理団体、技能実習生等の責務が定められ、技能実習が労働力の需給の調整の手段として行われてはならないこととされています。

### (2)　技能実習生の受入れ

技能実習生を受け入れるためには、技能実習法により、技能実習生ごとに「技能実習計画」を作成し、その計画が適当であることについて外国人技能実習機構の認定を受けることが必要とされています。

実習実施者は、技能実習計画に従って技能実習を行う必要があり、違反があった場合は、改善命令や認定の取消しの対象となります。

## Q1-6　特定技能

 **Q** 2019年（令和元年）4月1日から施行されている、特定技能について教えてください。

**A** 2018年（平成30年）12月8日に改正入管法が可決・成立し、特定技能の在留資格が創設され、2019年（令和元年）4月1日から、人手不足が深刻な特定産業分野（14分野（※））で外国人の受入れが可能となりました。

特定技能の在留資格には、特定産業分野に属する相当程度の知識又は経験を必要とする技能を要する業務に従事する外国人向けの在留資格である「特定技能1号」並びに特定産業分野に属する熟練した技能を要する業務に従事する外国人向けの在留資格である「特定技能2号」の二つがあります。

特定技能1号及び特定技能2号のポイントは下表のとおりです。

特定技能1号及び特定技能2号のポイント

| 項目 | 特定技能1号のポイント | 特定技能2号のポイント |
|---|---|---|
| 在留期間 | 1年、6か月又は4か月ごとの更新、通算で5年まで | 3年、1年又は6か月ごとの更新 |
| 技能水準 | 試験等で確認（技能実習2号を終了した外国人は試験等免除） | 試験等で確認 |
| 日本語能力水準 | 生活や業務に必要な日本語能力を試験等で確認（技能実習2号を終了した外国人は試験等免除） | 試験等での確認は不要 |

| | | |
|---|---|---|
| 家族の帯同 | 基本的に認められない | 要件を満たせば可能（配偶者、子） |
| 受入れ機関又は登録支援機関による支援 | 支援の対象 | 支援の対象外 |

※　特定産業分野は、次の14分野です。

介護、ビルクリーニング、素形材産業、産業機械製造業、電気・電子情報関連産業、建設、造船・舶用工業、自動車整備、航空、宿泊、農業、漁業、飲食料品製造業、外食業　　　（特定技能2号は、下線の2分野のみ受入れ可）

## Q1－7　在留カード

 **Q** 在留カードはどのようなもので、どのような事項が記載されているのでしょうか。

**A** 在留カードは、法務大臣が日本に中長期間滞在できる在留資格及び在留期間で適法に在留する者であることを証明する「証明書」としての性格を有しています。在留カードは、新規の上陸許可、在留資格の変更許可、在留期間の更新許可など在留資格に係る許可を得た結果、中長期間在留する者（中長期在留者）に対して交付されます。

　在留カードには、氏名、生年月日、性別、国籍・地域、住居地、在留資格、在留期間、就労の可否などが記載されています。記載事項に変更が生じた場合には変更の届出が義務付けられており、常に最新の情報が反映されることになります。また、16歳以上の人には顔写真が表示されます。

## 在留カード（見本）

### 【表面】

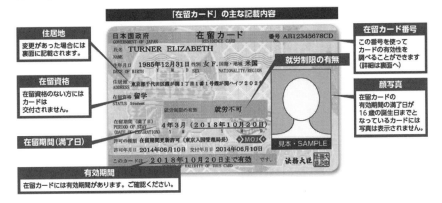

**住居地**
変更があった場合には裏面に記載されます。

**在留資格**
在留資格のない方にはカードは交付されません。

**在留期間(満了日)**

**有効期間**
在留カードには有効期間があります。ご確認ください。

**在留カード番号**
この番号を使ってカードの有効性を調べることができます（詳細は裏面へ）

**顔写真**
在留カードの有効期間の満了日が16歳の誕生日までとなっているカードには写真は表示されません。

### 【裏面】

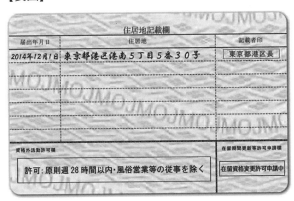

（出典：出入国管理庁ホームページ）

17

## Q1-8　留学生をアルバイトとして雇用する際の留意点

**Q** 雇い入れる外国人の従業員が、留学生のアルバイトの場合に、留意すべき点はありますか。

**A** 国籍にかかわらず留学生の在留資格は、就労活動が認められていません。就労が認められるためには資格外活動許可が必要です。出入国在留管理庁により、本来の在留資格の活動を阻害しない範囲内（1週間当たり28時間以内など）で相当と認められる場合に、報酬を受ける活動が許可されます。

したがって雇用主は、留学生を雇う場合には、在留カードの裏面に記載されている許可の内容を確認する必要があります。なお、「資格外活動許可書」に記載されていたり、パスポートに「資格外活動許可印」が押印されている場合もありますので、それらで確認する場合もあります。

資格外活動の許可を受けずにアルバイトに従事した場合は、不法就労となり、また、定められた就労時間を超えた場合、外国人本人及び雇用者に罰則があるので注意が必要です。

資格外活動許可書・資格外活動許可印（見本）

資格外活動許可書　　　　　　資格外活動許可印

（出典：厚生労働省ホームページ）

## Q1-9　資格外活動の許可

>
>
> 留学生など就労できない在留資格で滞在している外国人を、パートタイムで雇用することはできますか。

**A** 留学生など就労できない在留資格で滞在している外国人を、パートタイムであっても雇用することはできません。ただし、資格外活動の許可を受けた場合は、就労することができます。

資格外活動許可を受けた場合に就労できる時間等は、下表のとおりです。

### 就労できない在留資格の外国人における資格外活動許可

| | | 許可の区分 | 就労可能時間 | |
|---|---|---|---|---|
| | | | 1週間の就労可能時間 | 教育機関が学則で定める長期休業期間の就労可能時間 |
| 留学生 | 大学等の学部生及び大学院生 | 包括許可 | 一律28時間以内<br>○どの曜日から1週の起算をした場合でも常に1週について28時間以内であること。<br>○複数の事業所において就労する場合、すべての事業所における就労時間を合算して28時間以内であること。 | 1日につき8時間以内<br>※週40時間以内 |
| 留学生 | 大学等の聴講生・専ら聴講による研究生 | 包括許可 | 一律28時間以内<br>○どの曜日から1週の起算をした場合でも常に1週について28時間以内であること。<br>○複数の事業所において就労する場合、すべての事業所における就労時間を合算して28時間以内であること。 | 1日につき8時間以内<br>※週40時間以内 |
| 留学生 | 専門学校等の学生 | 包括許可 | 一律28時間以内<br>○どの曜日から1週の起算をした場合でも常に1週について28時間以内であること。<br>○複数の事業所において就労する場合、すべての事業所における就労時間を合算して28時間以内であること。 | 1日につき8時間以内<br>※週40時間以内 |
| 家族滞在 | | 包括許可 | 一律28時間以内<br>○どの曜日から1週の起算をした場合でも常に1週について28時間以内であること。<br>○複数の事業所において就労する場合、すべての事業所における就労時間を合算して28時間以内であること。 | |
| 特定活動<br>(継続就職活動若しくは内定後就職までの在留を目的とする者又は、これらの者に係る家族滞在活動を行う者) | | 包括許可 | 一律28時間以内<br>○どの曜日から1週の起算をした場合でも常に1週について28時間以内であること。<br>○複数の事業所において就労する場合、すべての事業所における就労時間を合算して28時間以内であること。 | |
| 文化活動 | | 個別許可<br>(勤務先、仕事内容を特定) | 許可の内容を個別に決定 | |

## Q 1 −10　資格外活動の許可を取得するための手続き

 　資格外活動の許可を取得するための手続きについて教えて
ください。

 　資格外活動の許可を取得するためには、次の書類をそろえて地
方出入国在留管理局に提出する必要があります。

① 　資格外活動許可申請書
② 　在留カード
③ 　パスポート
④ 　活動の内容を明らかにする書類（雇用契約書など）

## 資格外活動許可申請書（見本）

別記第二十八号様式（第十九条関係）

日本国政府法務省
Ministry of Justice, Government of Japan

資 格 外 活 動 許 可 申 請 書

APPLICATION FOR PERMISSION TO ENGAGE IN ACTIVITY OTHER THAN THAT
PERMITTED UNDER THE STATUS OF RESIDENCE PREVIOUSLY GRANTED

出入国在留管理局長　殿

To the Director General of the　Regional Immigration Services Bureau

出入国管理及び難民認定法第19条第2項の規定に基づき，次のとおり資格外活動の許可を申請します。
Pursuant to the provisions of Paragraph 2 of Article 19-2 of the Immigration Control and Refugee Recognition Act, I hereby apply for permission to engage in activities other than those permitted under the status of residence previously granted.

1 国 籍・地 域　　　　　　　　　　　　2 生年月日　　　　　　　　　　年　　　月　　　日
　 Nationality / Region　　　　　　　　　 Date of birth　　　　　　Year　　Month　　Day

3 氏 名
　 Name

4 性 別　男・女　　5 配偶者の有無　有・無　　6 職 業
　 Sex　Male/Female　　Marital status　Married / Single　Occupation

7 住居地
　 Address in Japan

　 電話番号　　　　　　　　　　　　　　携帯電話番号
　 Telephone No.　　　　　　　　　　　Cellular Phone No.

8 旅券 (1)番 号　　　　　　　　　(2)有効期限　　　　　　年　　　月　　　日
　 Passport　Number　　　　　　　Date of expiration　　Year　　Month　　Day

9 現に有する在留資格　　　　　　　　　　　在留期間
　 Status of residence　　　　　　　　　　 Period of stay

　 在留期間の満了日　　年　　月　　日　10 在留カード番号
　 Date of expiration　Year　Month　Day　　Residence card No.

11 現在の在留活動の内容（学生にあっては学校名及び週間授業時間）
　 Present activity (for student: name of school, lesson hours per week)

12 他に従事しようとする活動の内容　Other activity to engage in
　(1)職務の内容　　□ 翻訳・通訳　　□ 語学教師　　□ その他（　　　　）
　 Type of activity　Translation / Interpretation　Language teaching　Others
　(2)雇用契約期間　　　　　　　　　(3)週間稼働時間
　 Term of employment contract　　　Working hours per week
　(4)報酬　　　　　　　円（ □ 月額　□ 週額　□ 日額 ）
　 Salary　　　　　Yen　Monthly　Weekly　Daily

13 勤務先　Place of employment
　(1)名称
　 Name
　(2)所在地　　　　　　　　　　　　　電話番号
　 Address　　　　　　　　　　　　　Telephone No.
　(3)業種　□ 製造　　□ 商業　　□ 教育　　□ その他
　 Type of business　Manufacturing　Commerce　Education　Others

14 法定代理人（法定代理人による申請の場合に記入）　Legal representative (in case of legal representative)
　(1)氏 名　　　　　　　　　　　(2)本人との関係
　 Name　　　　　　　　　　　　Relationship with the applicant
　(3)住 所
　 Address
　 電話番号　　　　　　　　　　　携帯電話番号
　 Telephone No.　　　　　　　　Cellular Phone No.

以上の記載内容は事実と相違ありません。 I hereby declare that the statement given above is true and correct.
申請人（法定代理人）の署名／申請書作成年月日　Signature of the applicant (legal representative) / Date of filling in this form
　　　　　　　　　　　　　　　　　　　　　　　年　　　月　　　日
　　　　　　　　　　　　　　　　　　　　　Year　　Month　　Day

注 意 申請書作成後申請までに記載内容に変更が生じた場合，申請人（法定代理人）が変更箇所を訂正し，署名すること。
Attention In cases where descriptions have changed after filling in this application form up until submission of this application, the applicant (legal representative) must correct the part concerned and sign their name.

※ 取次者　Agent or other authorized person
　(1)氏 名　　　　　　　　　(2)住 所
　 Name　　　　　　　　　　Address
　(3)所属機関等　Organization to which the agent belongs　　電話番号　Telephone No.

## Q 1 −11  不法滞在の確認

**Q** 　知らずに不法滞在者を雇用していた場合は、どうなるのでしょうか。

**A** 　就労できる在留資格は限られており、また、在留資格期限も定められていますので、外国人を雇用する場合は、必ず在留カード等により、雇用する外国人が不法滞在となっていないか確認する必要があります。

　知らずに不法滞在者を雇っていたということは、雇用者が在留カード等の確認を怠っていたことになりますから、雇用者としての責任が問われることとなります。

　また、外国人労働者は日本人と同様に労働基準法の適用によって保護され、雇用者には、社会保険料の徴収及び納付義務があります。

　不法滞在者であっても雇用者はこれらの義務は免れず、違反していた場合は、罰則の適用があります。

## Q1-12　ワーキング・ホリデーでの来日者を雇用する際の留意点

> **Q** 雇い入れる外国人が、ワーキング・ホリデーで来日している場合に、留意すべき点はありますか。

**A**

### (1)　ワーキング・ホリデー制度とは

　ワーキング・ホリデー制度とは、二つの国・地域間の取り決めに基づいて、青少年が自国・地域の文化や一般的な生活様式を理解するために、一定期間の休暇を過ごすこと、また、その間の旅行資金を補うための就労を認める制度です。

　現在、日本が協定を結んでいるのは下記の26か国です。

---

《実施国》26か国・地域　　　　　　2020年（令和2年）4月1日現在

オーストラリア、ニュージーランド、カナダ、韓国、フランス、ドイツ、英国、アイルランド、デンマーク、台湾、香港、ノルウェー、ポルトガル、ポーランド、スロバキア、オーストリア、ハンガリー、スペイン、アルゼンチン、チリ、アイスランド、チェコ、リトアニア、スウェーデン、エストニア、オランダ　　　　　　（制度開始年順）

---

### (2)　ワーキング・ホリデーの在留資格

　ワーキング・ホリデーの在留資格は、「特定活動」になるので、「指定書」により確認することとなります。「指定書」とは、「特定活動」の対象となる外国人に、法務大臣が認めた活動が記載されているもので、パ

スポート（旅券）に添付されています（下記見本参照）。

　なお、ワーキング・ホリデーについては、旅行資金を補うために必要な範囲内で就労できますが、風俗営業又は風俗関連営業が営まれる営業所で働くことはできません。また、「資格外活動許可」のような就労時間の制限はありません。


指定書（見本）

◎指定書　　　　　　　　　　　　　　　　　　　　日本国政府法務省

<table>
<tr><td colspan="2" align="center">指　　　　　定　　　　　書</td></tr>
<tr><td>氏名</td><td></td></tr>
<tr><td>国籍・地域</td><td></td></tr>
<tr><td colspan="2">　出入国管理及び難民認定法別表第１の５の表の下欄の規定に基づき上記の者が本邦において行うことのできる活動を次のとおり指定します。</td></tr>
<tr><td colspan="2"><br><br><br><br><br><br><br></td></tr>
<tr><td colspan="2" align="center">日　本　国　法　務　大　臣</td></tr>
</table>

（注）　用紙の大きさは、日本工業規格Ａ列５番とする。

# 第2編
# 外国人の税務

理論編

# 1　居住形態と課税所得の範囲

　日本の所得税法では、個人の納税者を非永住者以外の居住者（本書では、以下、永住者といいます。）、非永住者及び非居住者の３者に区分しています。そして、それぞれの区分によって課税される所得の範囲及び税額計算の方法を定めています。

　日本で働いている日本人の方は、通常は居住者（永住者）に該当するので、海外に転勤等で出国した場合や海外から帰国した場合など特別な場合を除き、どの区分に該当するかの検討を行う必要は生じません。しかし、外国から日本に来た外国人の方あるいは日本から出国した外国人の方については、３区分のいずれに該当するかの検討が、まず始めに必要になってきます。そこがすべての出発点になります。

## 1　納税者の区分

　納税者の区分は、所得税法で次のように定められています。

| 居住者 | | 国内に住所を有し、又は現在まで引き続いて１年以上居所を有する個人をいう（所法２①三）。 |
|---|---|---|
| | 非永住者 | 居住者のうち、日本の国籍を有しておらず、かつ、過去10年以内において国内に住所又は居所を有していた期間の合計が５年以下である個人をいう（所法２①四）。 |
| | 非永住者以外の居住者（永住者） | 国内に住所を有し、又は現在まで引き続いて１年以上居所を有する個人のうち非永住者以外の者 |
| 非居住者 | | 居住者以外の個人をいう（所法２①五）。 |

## 2　住所及び居所の定義

(1)　住所については、所得税法では定義した規定はないため民法の住所
の概念<sup>(注)</sup>を借用し、「法に規定する住所とは各人の生活の本拠をいい、
生活の本拠であるかどうかは客観的事実によって判定する。」とされ
ています（所基通2-1）。

　　客観的事実には、例えば、住居、職業、資産の所在、親族の居住状
況、国籍などが挙げられます。

　（注）　民法第22条では、「各人の生活の本拠をその者の住所とする。」と定めてい
　　　　ます。

(2)　居所については、所得税法では定義した規定はありませんが、一般
的には、人が相当期間継続して居住しているものの、その場所との結
びつきが住所ほど密接でないもの、すなわち、そこがその者の生活の
本拠であるというまでには至らない場所をいうものとされています。

## 3　住所の推定

　国内に住所を有すると推定される者及び国内に住所を有しないと推定
される者について、所得税法施行令で推定規定が置かれています。

### ⑴　国内に住所を有する者と推定する場合

　次のいずれかに該当する場合は、その者は、国内に住所を有する者と
推定されます。

①　その者が国内において、継続して1年以上居住することを通常必要
　とする職業を有すること（所令14①一）。

　　国内において事業を営み若しくは職業に従事するため国内に居住

することとなった者は、国内における在留期間が契約等によりあらかじめ1年未満であることが明らかであると認められる場合を除き、「国内において継続して1年以上居住することを通常必要とする職業を有する者」として取り扱われます（所基通3-3）。

　例えば、外国に親会社があり、そこから派遣される外国人派遣社員（expat／エキスパット）は、通常2～3年契約で来日します。この場合、契約において日本で1年以上仕事を行うことがあらかじめ決められているので、日本に入国した時から居住者として取り扱われます。

② 　その者が日本の国籍を有し、かつ、その者が国内において、生計を一にする配偶者その他の親族を有すること、その他国内におけるその者の職業及び資産の有無等の状況に照らし、その者が国内において、継続して1年以上居住するものと推測するに足りる事実があること（所令14①二）。

## (2) 国内に住所を有しない者と推定する場合

　次のいずれかに該当する場合は、その者は、国内に住所を有しない者と推定されます。

① 　その者が国外において、継続して1年以上居住することを通常必要とする職業を有すること（所令15①一）。

　国外において事業を営み若しくは職業に従事するため国外に居住することとなった者は、国外における在留期間が契約等によりあら

かじめ１年未満であることが明らかであると認められる場合を除き、「国外において継続して１年以上居住することを通常必要とする職業を有する者」として取り扱われます（所基通３－３）。

　例えば、２年契約で日本に駐在していた外国人派遣社員が、契約期間満了により母国で勤務するため母国に向けて出国した場合、国外において継続して１年以上居住することを通常必要とする職業を有することとなるので、出国した日の翌日から非居住者として扱われることとなります。

②　その者が外国の国籍を有し又は外国の法令により、その外国に永住する許可を受けており、かつ、その者が国内において生計を一にする配偶者その他の親族を有しないこと、その他国内におけるその者の職業及び資産の有無等の状況に照らし、その者が再び国内に帰り、主として国内に居住するものと推測するに足りる事実がないこと（所令15①二）。

## 4　再入国した場合

国内に居所を有していた者が、国外に赴き再び入国した場合において、国外に赴いていた期間中、国内に配偶者その他生計を一にする親族を残し、再入国後起居する予定の家屋若しくはホテルの一室等を保有し、又は生活用動産を預託している事実があるなど、明らかにその国外に赴いた目的が一時的なものであると認められるときは、当該在外期間中も引き続き国内に居所を有するものとして、居住者、非永住者の判定を行います（所基通２－２）。

## 5　居住形態判定における特例

### ⑴　公務員

　国家公務員又は地方公務員は、国際慣例上、非課税とされる国が多く、どの国でも課税されないという状況を防ぐため、国内に住所を有しない期間についても国内に住所を有するものとみなされます（所法3①）。

　ただし、次の者はこのみなし規定は適用されません（所法3①かっこ書、所令13）。

①　日本の国籍を有しない者

②　日本の国籍を有する者で、現に国外に居住し、かつ、その地に永住すると認められる者

### ⑵　船舶又は航空機の乗組員

　船舶又は航空機の乗組員の住所が国内にあるかどうかについては、その者の配偶者その他生計を一にする親族が居住している地、又はその者の勤務外の期間中、通常滞在する地が国内にあるかどうかにより判定します（所基通3-1）。船舶又は航空機の乗組員にとって、搭乗する船舶又は航空機は単なる勤務場所に過ぎないと解されます。

### ⑶　学術、技芸を習得する者

　学術、技芸の習得のため国内又は国外に居住することとなった者の住所が、国内又は国外のいずれにあるかは、その習得のために居住する期間、その居住する地に職業を有するものとして、所得税法施行令の規定（所令14、15）により推定します（所基通3-2）。すなわち、所得税法施行令第14条、第15条にいう「職業」には、学芸、技術の習得も含めることとなります。

例えば、子女が米国の大学に留学した場合、いずれ日本に帰って来るので日本に住民登録を残したままにして出国した場合でも、所得税法上は、国内に住所を有しないものと推定されます。

## (4) アメリカ合衆国の軍隊の構成員、軍属、それらの家族

アメリカ合衆国軍隊の構成員及び軍属並びにそれらの家族が日本に滞在する期間は、日本の租税の賦課上、国内に居所又は住所を有しない期間として取り扱われます（日米地位協定13②、同1）。

したがって、例えば、これらの者がアルバイト収入を得るような場合は、非居住者として課税されます。

例えば、米国軍人の配偶者が、英会話学校で講師のアルバイトを行った場合、報酬に対し非居住者として20.42％源泉所得税が課税されます。

① 「合衆国軍隊の構成員」とは、日本国にあるアメリカ合衆国の陸軍、海軍又は空軍に属する人員で、現に服役中のものをいう。
② 「軍属」とは、合衆国の国籍を有する文民で、日本国にある合衆国軍隊に雇用されて勤務し又は随伴するものをいう。
③ 「家族」とは、(イ)配偶者及び21歳未満の子、(ロ)父・母及び21歳以上の子で、その生計費の半額以上を合衆国軍隊の構成員又は軍属に依存するものをいう。

## (5) 双方居住者

日本においては、居住者と非居住者の区分は「住所の有無等」により判定することとなっていますが、国によっては「年間の滞在日数が183

33

日を超える」などの基準により判定する国もあります。その場合には、日本とその国との双方で居住者となってしまいます。

　この場合は、租税条約による一定の基準に従って、どちらの国の居住者か判定することになりますが、双方居住者の振り分けができない場合は、政府間の協議により、いずれか一方の国の居住者とすることになっています。

　双方居住者の振り分けの判断基準として、例えば日米租税条約では、恒久的住居の所在、重要な利害関係の中心、常用の住居、国籍等の基準を挙げています（日米租税条約§4.3）。

## 6　課税所得の範囲

### (1)　居住形態別課税所得の範囲

　納税者の課税所得は、永住者、非永住者、非居住者のいずれに該当するかによって次の表のとおりとなります（所法5、7）。

| 居住者 | 永住者 | ①国内源泉所得<br>②国外源泉所得　（すなわち全ての所得） |
|---|---|---|
| | 非永住者 | ①国外源泉所得以外の所得<sup>(注)</sup><br>②国外源泉所得で国内において支払われたもの<br>③国外源泉所得で国外から送金されたもの |
| 非居住者 | | 国内源泉所得のみ |

　（注）　平成26年度税制改正で、非永住者の課税所得の範囲の定義①の部分が、「国内源泉所得」（旧所法7①二）から「国外源泉所得以外の所得」（所法7①二）と改正されました。この改正は、外国税額控除における国外源泉所得の範囲が明確化されたことに伴うものです（所法95④）。なお、この改正は、平成29年分以後の所得税について適用し、平成28年分以前の所得税については、従前どおりとされています（平26法10改正附則3③）。

　さらに、平成29年度税制改正で、非永住者①の部分が「国外源泉所得（国外にある有価証券の譲渡により生ずる所得として政令で定めるものを含む）以外の所得」と改正されました（所法7①二）。この改正は、平成29年4月1日以後に行う有価証券の譲渡により生ずる所得について適用し、平成29年3月31日以前に行った有価証券の譲渡により生ずる所得については、従前の例によるとされています（平29法4改正附則2）。

## (2)　国内において支払われたものの意義

　「国内において支払われ……たもの」とは、次のようなものをいいます（所基通7-4）。

①　その非永住者の国外にある営業所等と国外の顧客との間に行われた商取引の対価で、為替等により、その非永住者の国内にある営業所等に直接送付され、若しくは当該国内にある営業所等に係る債権と相殺され、又は当該国内にある営業所等の預金口座に、直接振り込まれたもの。

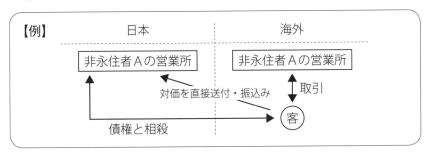

②　その非永住者の国外にある不動産等の貸付けによる賃貸料で、為替等によりその非永住者に直接送付され、又はその非永住者の国内にある預金口座に、直接振り込まれたもの。

（注） 源泉徴収の場合の「国内払い」は、国内においてその支払事務が取り扱われるものをいうと解されています。しかし、ここでいう国内支払いは、その債務の履行地が国内にある場合をいいます。

## (3) 送金の範囲

「送金」には、次のような行為が含まれます（所基通7－6）。

① 国内への通貨の持込み又は小切手、為替手形、信用状その他の支払手段による通常の送金

② 貴金属、公社債券、株券その他の物を国内に携行し又は送付する行為で、通常の送金に代えて行われたと認められるもの

③ 国内において借入れをし又は立替払を受け、国外にある自己の預金等によりその弁済債務を弁済することとするなどの行為で、通常の送金に代えて行われたと認められるもの

　例えば、国外預金口座を引落し口座とするクレジットカードを国内で使用した場合や国外の預金口座から国内でキャッシュカードを使って引き出した場合も、送金に該当します。

　すなわち、「送金」には、金融機関等を利用して行う通常の送金のほか、自己又は第三者の手による国内への通貨の持込みその他実質的に送金と同様の効果を有する行為が含まれます。

## (4)　国外源泉所得のうち、国外から送金されたものの範囲

　送金課税の詳細については、Ｑ２−52で説明していますが、簡単な事例で説明すると次のとおりです。

**【事例】**　※送金額210とする。

|  | 非国外源泉所得（650）<sup>(注)</sup> | 国外源泉所得（150） |
|---|---|---|
| 国内払い | ①　450 | ③　100 |
| 国外払い | ②　200 | ④　50 |

　（注）　非国外源泉所得とは、国外源泉所得以外の所得をいいます（所令17④一）。

⇒　この事例の場合、国外払い250（②＋④）のうち、まず、非国外源泉所得の国外払い200（②）の分の送金であるとみなし、残り10（210−200）を国外源泉所得の国外払い（④）からの支払いであるとみなして課税します（所令17④一）。

【参考1】

《非永住者の課税所得の範囲》H28.12.31まで（旧所法7①二）

(1)　国内源泉所得

(2)　これ以外の所得で国内において支払われ、又は国外から送金されたもの

> 国外の株式譲渡は、非課税

H29.1.1（H26税制改正）

(1)　所法95①に規定する国外源泉所得（以下国外源泉所得）以外の所得

(2)　国外源泉所得で国内において支払われ、又は国外から送金されたもの

> 国外の株式譲渡は、課税

H29.4.1（H29税制改正）

(1)　所法95①に規定する国外源泉所得（国外にある有価証券の譲渡により生ずる所得として政令で定めるもの※を含む。以下国外源泉所得）以外の所得

(2)　国外源泉所得で国内において支払われ、又は国外から送金されたもの

※　政令で定めるもの

次に掲げるものの譲渡により生ずる所得（所令17①）

① 外国金融商品市場において譲渡がされるもの

② 外国金融商品取引業者への一定の売委託により譲渡が行われるもの

③ 外国金融商品取引業者等の国外にある営業所等に開設された口座に係る国外における振替口座簿に類するものに記載等がされ、又はその口座に保管の委託がされているもの

▶ ただし、平成29年4月1日以後取得したもので、譲渡した日以前10年以内において非永住者であった期間に取得したものは除く（平29政105改正附則3）。
　→　つまりこれは課税される。
　例えば、入国前（非居住者期間中）に取得して、入国後、非永住者期間中に譲渡したものは非課税となる。

▶ 譲渡した日以前10年以前に取得した有価証券は、非課税。

> 国外の株式譲渡は、一定のもの以外は課税

【例】

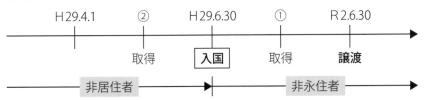

※　①は課税（∵H29.4.1以後取得したもので R 2.6.30に譲渡した場合、譲渡日以前10年以内において、非永住者期間中に取得したものなので課税）

②は非課税（∵H29.4.1以後取得したものですが、非居住者期間中に取得したものなので非課税）

【参考２】

| 区　分 | | 課税所得の範囲 | | | | |
|---|---|---|---|---|---|---|
| | | 国内源泉所得／非国外源泉所得 | | 国外源泉所得 | | |
| | | | | 国内払い | 国外払い | |
| | | 国内払い | 国外払い | | 国外から送金されたもの | 国外から送金されないもの |
| 居住者 | 永住者 | 全額課税 | 全額課税 | 全額課税 | 全額課税 | 全額課税 |
| | 非永住者 | 全額課税 | 全額課税 | 全額課税 | 全額課税 | 非課税 |
| 非居住者 | | 原則として課税 | 非課税 | | | |

※　国内源泉所得とは、国内にその所得の発生原因があると認められる所得をいい、国外源泉所得とは、国外にその所得の発生原因があると認められる所得をいいます。

※　非居住者が稼得した国内源泉所得は、国内法では全額課税となりますが、さらに非居住者の居住する国との租税条約を検討する必要があります。

# 2　課税方法

　居住者は、原則として総合課税の方法により課税されますが、非居住者は、次の表のような課税関係となっています（所基通164－1）。

**【非居住者に対する課税関係の概要】**

| 所得の種類<br>（所法161①） ＼ 非居住者の区分<br>（所法164①） | 恒久的施設を有する者 | | 恒久的施設を有しない者（所法164①二、②二） | 源泉徴収（所法212①213①） |
|---|---|---|---|---|
| | 恒久的施設帰属所得（所法164①一イ） | その他の国内源泉所得（所法164①一ロ、②一） | | |
| （事業所得） | 【総合課税】<br>（所法161①一） | 【課税対象外】 | | 無 |
| ①資産の運用・保有により生ずる所得　（所法161①二）※下記⑦～⑮に該当するものを除く。 | | 【総合課税（一部）】<sup>(注2)</sup> | 【総合課税（一部）】<sup>(注2)</sup> | 無 |
| ②資産の譲渡により生ずる所得（〃　三） | | | | 無 |
| ③組合契約事業利益の配分（〃　四） | | 【課税対象外】 | | 20.42% |
| ④土地等の譲渡対価（〃　五） | | | | 10.21% |
| ⑤人的役務の提供事業の対価（〃　六） | | 【源泉徴収の上、総合課税】 | | 20.42% |
| ⑥不動産の賃貸料等（〃　七） | 【源泉徴収の上、総合課税】<br>（所法161①一） | | | 20.42% |
| ⑦利子等（〃　八） | | 【源泉分離課税】 | | 15.315% |
| ⑧配当等（〃　九） | | | | 20.42% |
| ⑨貸付金利子（〃　十） | | | | 20.42% |
| ⑩使用料等（〃　十一） | | | | 20.42% |
| ⑪給与その他人的役務の提供に対する報酬、公的年金等、退職手当等（〃　十二） | | | | 20.42% |

| | | | |
|---|---|---|---|
| ⑫事業広告宣伝のための賞金<br>（　〃　十三） | | | 20.42％ |
| ⑬生命保険契約に基づく年金<br>等　　　（　〃　十四） | | | 20.42％ |
| ⑭定期積金の給付補塡金等<br>（　〃　十五） | | | 15.315％ |
| ⑮匿名組合契約等に基づく利<br>益の分配（　〃　十六） | | | 20.42％ |
| ⑯その他の国内源泉所得<br>（　〃　十七） | 【総合課税】<br>（所法161①一） | 【総合課税】 | 無 |

(注)1　恒久的施設帰属所得が、上記の表①から⑯までに掲げる国内源泉所得に
　　　重複して該当する場合があります。
　　2　上記の表②資産の譲渡により生ずる所得のうち恒久的施設帰属所得に該
　　　当する所得以外のものについては、所令第281条第1項第1号から第8号
　　　までに掲げるもののみ課税されます。
　　3　措置法の規定により、上記の表において総合課税の対象とされる所得の
　　　うち一定のものについては、申告分離課税又は源泉分離課税の対象とされ
　　　る場合があります。
　　4　措置法の規定により、上記の表における源泉徴収税率のうち一定の所得
　　　に係るものについては、軽減又は免除される場合があります。

（参照：国税庁ホームページ）

## 【源泉徴収の対象となる国内源泉所得の範囲の概要】

| 所得の区分 | 内　容 |
|---|---|
| 組合契約事業利益の配分（所法161①四） | 　組合契約に基づいて恒久的施設を通じて行う事業から生ずる利益（その事業から生ずる収入からその収入に係る費用（所法第161条第1項第5号から第16号までに掲げる国内源泉所得について源泉徴収された所得税及び復興特別所得税を含みます。）を控除したもの）について、その組合契約に基づいて配分を受けるもの（所令281の2）。<br>　この場合の「組合契約」とは、次に掲げる契約をいいます。<br>①　民法第667条第1項に規定する組合契約 |

| | |
|---|---|
| | ②　投資事業有限責任組合契約に関する法律第3条第1項に規定する投資事業有限責任組合契約<br>③　有限責任事業組合契約に関する法律第3条第1項に規定する有限責任事業組合契約<br>④　外国における契約で、①〜③に類する契約 |
| 土地等の譲渡対価<br>（所法161①五） | 国内にある次に掲げる土地等の譲渡対価のうち、その土地等を自己又はその親族の居住の用に供するために譲り受けた個人から支払われるもの（譲渡対価が1億円を超えるものを除きます。）以外のもの（所令281の3）<br>①　土地又は土地の上に存する権利<br>②　建物及び建物の附属設備<br>③　構築物 |
| 人的役務の提供事業の対価<br>（所法161①六） | 国内において行う人的役務の提供を主たる内容とする事業で、次に掲げる者の役務提供の対価（所令282）<br>①　映画又は演劇の俳優、音楽家その他の芸能人、職業運動家<br>②　弁護士、公認会計士、建築士、その他の自由職業者<br>③　科学技術、経営管理、その他の分野に関する専門的知識又は特別な技能を有する者 |
| 不動産の賃貸料等<br>（所法161①七） | 国内にある不動産、不動産の上に存する権利若しくは採石権の貸付け、租鉱権の設定又は居住者若しくは内国法人に対する船舶・航空機の貸付けによる対価 |
| 利子等<br>（所法161①八） | 利子等のうち、次に掲げるもの<br>①　日本国の国債、地方債又は内国法人の発行する債券の利子<br>②　外国法人の発行する債券の利子のうち恒久的施設を通じて行う事業に係るもの<br>③　国内にある営業所に預けられた預貯金の利子<br>④　国内にある営業所に信託された合同運用信託、公社債投資信託又は公募公社債等運用投資信託の収益の分配 |
| 配当等<br>（所法161①九） | 配当等のうち、次に掲げるもの<br>①　内国法人から受ける剰余金の配当、利益の配当、剰余金の分配、金銭の分配又は基金利息<br>②　国内にある営業所に信託された投資信託（公社債投資信託及び公募公社債等運用投資信託を除きます。）又は特定受益証券発行信託の収益の分配 |
| 貸付金の利子<br>（所法161①十） | 国内において業務を行う者に対する貸付金で、その業務に係るものの利子（所令283） |
| 使用料等<br>（所法161①十一） | 国内において業務を行う者から受ける次の使用料又は対価で、その業務に係るもの（所令284）<br>①　工業所有権等の使用料又はその譲渡による対価 |

42

| | |
|---|---|
| | ②　著作権等の使用料又はその譲渡による対価 |
| | ③　機械、装置及び車両等の使用料 |
| 給与等の人的役務の提供に対する報酬等<br>（所法161①十二） | ①　俸給、給料、賃金、歳費、賞与又はこれらの性質を有する給与その他人的役務の提供に対する報酬のうち、国内において行う勤務その他の人的役務の提供に基因するもの（所令285①）<br>②　公的年金等（所令285②）<br>③　退職手当等のうち受給者が居住者であった期間に行った勤務その他の人的役務の提供に基因するもの（所令285③） |
| 事業の広告宣伝のための賞金<br>（所法161①十三） | 国内において事業を行う者からその事業の広告宣伝のために、賞として支払いを受ける金品、その他の経済的利益（所令286） |
| 生命保険契約に基づく年金等<br>（所法161①十四） | 国内にある営業所等を通じて保険業法に規定する生命保険会社又は損害保険会社の締結する保険契約等に基づいて受ける年金等（公的年金等を除きます。）（注2）（所令287） |
| 定期積金の給付補填金等<br>（所法161①十五） | 国内にある営業所等が受け入れたもので次に掲げるもの<br>①　定期積金の給付補填金<br>②　銀行法第2条第4項の契約に基づく給付補填金<br>③　抵当証券の利息<br>④　金投資口座等の差益<br>⑤　外貨投資口座等の為替差益<br>⑥　一時払養老保険、一時払損害保険等の差益 |
| 匿名組合契約等に基づく利益の分配<br>（所法161①十六） | 国内において事業を行う者に対する出資のうち、匿名組合契約等に基づいて行う出資により受ける利益の分配（所令288） |

（注）1　所得税法第161条第1項第4号から第16号までに掲げる対価、使用料、給与、報酬等（以下「対価等」といいます。）には、その対価等として支払われるものばかりでなく、その対価等に代わる性質を有する損害賠償金その他これに類するものも含まれます。また、「その他これに類するもの」には、和解金、解決金のほか、対価等の支払いが遅延したことに基づき支払われる遅延利息とされる金員で、その対価等に代わる性質を有するものが含まれます（所基通161-46）。

　　　2　平成25年1月1日以後に支払いを受けるべき生命保険契約等に基づく年金のうち、年金の支払いを受ける者と保険契約者とが異なる契約などの一定の契約に基づく年金を除きます。

（参照：国税庁ホームページ）

《P.40～43の表の活用の仕方》

【例】非居住者で、日本国内に賃貸建物を所有している人がいると
　　　します。その人の日本での課税関係はどうなるのでしょうか。
　　　P.40～43の表を使って説明します。これらの表は、所得税法をも
　とに国税庁が作成したものですが、非居住者の課税関係を考える場
　合、分かりやすいものとなっています。

【解説】

1．非居住者は国内源泉所得のみ課税となりますので、まず、日本
　国内にある建物の貸付けが国内源泉所得に該当するかどうか考え
　ます。P.42の表を見ると、「不動産の賃貸料等」があり、「国内に
　ある不動産……の貸付けによる対価」となっていますので、国内
　源泉所得と判断できます。

2．次に、課税方式はどうなるか考えますと、P.40の表を見ると、
　「⑥不動産の賃貸料等」というのがあります。貸付建物は恒久的
　施設に該当しないので、恒久的施設を有しない者の欄を見ると「源
　泉徴収の上、総合課税」となっており、源泉徴収の欄を見ると
　「20.42％」となっています。

3．以上のことから、20.42％源泉徴収された上で、確定申告を行
　うこととなると判断できます。なお、この非居住者は、居住地国
　で外国税額控除の適用を受けて、日本で課税された税額の調整を
　行うこととなります。

　※　不動産貸付以外の所得の課税方式についても、この表を用い同様に課
　　税関係を判断することができます。

# 3 所得控除

　所得控除は、永住者及び非永住者は各種控除が適用されますが、非居住者は雑損控除、寄附金控除及び基礎控除のみ適用されます（所法165、所令292）。

　ただし、退職所得の選択課税の申告においては、基礎控除をはじめすべての所得控除を受けることができません。

## 4　税額控除

### 1　配当控除

　外国人の方で、外国法人の株式を所有し配当を受け取っている方がいますが、配当控除の対象となるのは、内国法人からの配当だけで外国法人からの配当は対象になりません（所法92①）。

### 2　外国税額控除

　外国税額控除は各国間で生じる二重課税を排除するための制度で、外国で納付した税額を、国外所得金額に我が国の実効税率（所得税、道府県民税、市町村民税）を乗じて算出した控除限度額の範囲内で我が国の税額から控除する制度です。

　また、非永住者は課税所得の範囲が、国外源泉所得以外の所得及び国外源泉所得のうち国内において支払われ、又は国外から送金されたものに限定されているので、外国税額控除の適用に当たって国外所得金額とされるものは、国内において支払われ、又は国外から送金された国外源泉所得に係る部分に限られます（所令222③かっこ書）。

　なお、国際課税の課税方式が、総合主義から帰属主義に見直されたことに伴い、非居住者の恒久的施設が本店所在地国以外の第三国で稼得した所得についても、恒久的施設帰属所得として我が国の所得税の課税対象とされることから、その第三国と我が国における二重課税を調整するため、非居住者に係る外国税額の控除制度が創設されました（所法165の 6 ）。この改正は、非居住者が平成29年 1 月 1 日以後に行う行為又は計算について適用されます（平26法10改正附則12）。

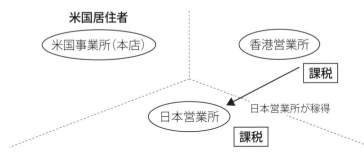

【例】 米国居住者（個人で事業を行い、米国に本店となる事業所を有し日本と香港に営業所を有している。）

米国居住者

米国事業所（本店）　　　　　　　香港営業所

課税

日本営業所　　日本営業所が稼得

課税

　総合主義では、香港営業所での利益は国外源泉所得なので日本営業所の申告の際、課税対象外であったが、帰属主義では、日本営業所が稼得した所得ならば、課税対象となる。

　その結果、香港でも課税されていた場合、二重課税の問題が生じるため、日本営業所の確定申告をする際に、外国税額控除の適用が認められることとなった。

## 3　住宅借入金等特別控除

　外国人であっても、要件を満たせば住宅借入金等特別控除の適用があります。

　また、非居住者であっても、平成28年4月1日以後に住宅の新築・取得又は増改築等を行った場合、現行の居住者が満たすべき要件と同様の要件の下で、住宅借入金等特別控除の適用を受けることができます（措法41～41の3の2、41の19の2～41の19の4）。

　なお、確定申告を行う場合、住宅借入金等特別控除を受けるに当たり必要となる添付書類は、居住者の場合と同様です。

# 5 確定申告が必要な方

## (1) 居住者（永住者）の方

　居住者（永住者）の場合は、一般の居住者の日本人と全く変わるところはありません。

## (2) 居住者（非永住者）の方

　居住者（非永住者）の場合は、国外源泉所得以外の所得及び国外源泉所得で国内において支払われ、又は国外から送金されたものが課税の対象となりますので、送金課税の対象となるものがあるかどうか検討する必要があります。

## (3) 非居住者の方

　非居住者の場合は、国内に恒久的施設を有する者、有しない者の区分により、総合課税の対象となる国内源泉所得の範囲が異なります。総合課税の対象となる国内源泉所得を有する場合、申告、納付等に関しては一部読み替え規定があるものの、おおむね居住者の規定が準用されます（所法166、所令292、293）。

# 6 租税条約

　国際間での二重課税は、所得の源泉地国と居住地国との課税権が競合するため発生するわけですが、例えば日本では、永住者は国内及び国外で稼得したすべての所得が課税対象となり、非居住者はその所得の発生した国の源泉所得のみが課税対象とされています。

　そのため、永住者は、源泉地国で既に課税された所得（国外源泉所得）についても日本で課税され、そこに二重課税が発生することとなります。このような国際間における二重課税は、国際間の正常な経済的交流や人的交流を妨げることとなるため、租税条約において、それぞれの締約国が自国の国内法の規定にかかわらず、特定の所得に対し課税の軽減、免除等を定め、二重課税を排除するよう努めています。

　租税条約は、国内法に優先して適用されますので、外国人課税について検討するためには、租税条約も検討した上で判断する必要があります。

　なお、租税条約の適用は、適用を受ける人の国籍ではなく、どこの国の居住者かで判断します。

　※　租税条約は、外務省ホームページで日本語版及び英語版を確認することができます。

# 第 2 編

# 外国人の税務

## 実践編

## 7 居住形態の判定

### Q2-1　居住者、非居住者の判定

> **Q** 私は、米国法人の日本支店に勤務する外国人社員です。派
> 遣期間は特に定めず来日してから1年半になりますが、その
> 間、日本支店が用意した社宅に住んでいます。家族は米国にある自
> 宅に住んでおり、財産はほとんど米国においてあります。このよう
> な場合、日本で居住者として課税されるのでしょうか。

**A** 日本で居住者（非永住者）として課税されます。

（解説）

1　居住者とは「国内に住所を有し、又は現在まで引き続いて1年以上
　居所を有する個人をいう」（所法2①三）とされ、住所とは「各人の生
　活の本拠をいい、生活の本拠であるかどうかは客観的事実によって判
　定する。」（所基通2-1）とされています。客観的事実には、例えば、
　住居、職業、資産の所在、親族の居住状況、国籍などが挙げられます。

2　居所については、所得税法では定義した規定はありませんが、一般
　的には、人が相当期間継続して居住しているものの、その場所との結
　びつきが住所ほど密接でないもの、すなわち、そこがその者の生活の
　本拠であるというまでには至らない場所をいうものとされています。

したがって、ホテル住まいであっても、そこを拠点として生活しているのであれば居所とされます。

3　また、「居住者のうち、日本の国籍を有しておらず、かつ、過去10年以内において国内に住所又は居所を有していた期間の合計が5年以下である個人」は、非永住者とされています。

4　あなたは、会社が用意した社宅に住み、来日以来そこを拠点として生活していることから、日本に住所を有すると判断され日本の居住者となります。日本で住所を有している期間は1年半ですので、非永住者としての課税がされることとなります。

## Q２－２　非永住者期間の計算

 　非永住者の定義は、「居住者のうち、日本の国籍を有して
おらず、かつ、過去10年以内において国内に住所又は居所を
有していた期間の合計が５年以下である個人をいう。」とされてい
ます。具体的にどのように、５年とか10年の日数をカウントしたら
よいのでしょうか。

**A** 　居住期間の計算においては、以下の点に留意して行う必要があ
ります。

【期間計算を行う場合の基本的な考え方】

(1)　居住期間の計算の起算日

　居住期間の計算の起算日は、<u>入国の日の翌日</u>となります（所基通２－
４）。

(2)　過去10年以内の計算

　「過去10年以内」とは、<u>判定する日の10年前の同日から、判定する日
の前日まで</u>をいいます（所基通２－４の２）。

(3)　国内に住所又は居所を有していた期間の計算

　「国内に住所又は居所を有していた期間」は、暦に従って計算し、１
月に満たない期間は日をもって数えます。

　また、当該期間が複数ある場合（何回か入出国している場合）には、こ
れらの年数、月数及び日数をそれぞれ合計し、日数は30日をもって１月
とし、月数は12月をもって１年とします。

　なお、過去10年以内に住所又は居所を有することとなった日（入国の
日）と住所を有しないこととなった日（出国の日）がある場合には、当

該期間は、入国の日の翌日から出国の日までとなります（所基通2－4
の3）。

【具体例】

> **Q**　米国人Bの入出国は、次のとおりです。令和2年4月8日
> 現在において、Bは非永住者に該当するでしょうか。
> ①　平成26年4月20日に入国、平成29年3月19日に出国
> ②　平成31年2月2日に入国、令和2年4月8日現在、日本に在留中
> ③　過去、日本への入国はこの2回のみ。

**A**　判定する時期は令和2年4月8日ですので、「過去10年以内」
とは、平成22年4月8日から令和2年4月7日までの期間となり
ます。（∵判定する日の10年前の同日から、判定する日の前日まで）

(イ)　上記①での居住期間：平成26年4月21日（∵H26.4.20入国）～平成
29年3月19日

　　H26.4.21～H29.2.20　⇒　2年10月（まず、月で区切りの良いところま
で数える。）

　　H29.2.21～H29.3.19　⇒　27日　∴ 2年10月27日

(ロ)　上記②での居住期間：平成31年2月3日（∵H31.2.2入国）～令和2
年4月8日

　　H31.2.3～R2.4.2　⇒　1年2月（まず、月で区切りの良いところまで数
える。）

　　R2.4.3～R2.4.8　⇒　6日　∴ 1年2月6日

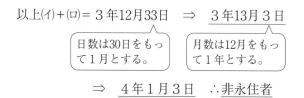

以上(イ)＋(ロ)＝ 3 年12月33日　⇒　3 年13月 3 日

> 日数は30日をもって 1 月とする。

> 月数は12月をもって 1 年とする。

⇒　4 年 1 月 3 日　∴非永住者

【図示】

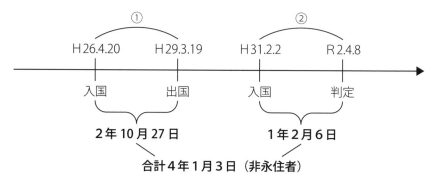

## Ｑ２－３　居住形態等に関する確認書

**Q** 　外国人の場合は、確定申告のときに「居住形態等に関する確認書」を提出すると聞きました。外国人はこの書類を必ず提出する必要があるのでしょうか。また、記載方法は、どのようにすればよろしいのでしょうか。

**A** 　非永住者であった期間を有する者は、確定申告書を提出する場合は、「居住形態等に関する確認書」を申告書に添付しなければなりません。

### 解 説

　非永住者であった期間を有する居住者は、居住形態及び課税所得の範囲を明らかにするために、確定申告書を提出する場合には、その者の国籍、国内に住所又は居所を有していた期間等を記載した「居住形態等に関する確認書」を確定申告書に添付する必要があります（所法120⑦、所規47の４）。

　※　具体的な記載例は、次ページのとおりです。前問の事例を基にしています（ただし本問では、判定時期が令和２年12月31日現在となっています。）。

<u>居住形態等に関する確認書</u>

Confirmation of the Type of Resident Status, Etc.

（令和 2 年分）

| 氏　名<br>Name (Last, First, Middle) | Smith William |
| --- | --- |
| 住所又は居所<br>Domicile or residence | 港区麻布台Ｘ－Ｘ－Ｘ |
| 電話番号<br>Telephone number | 03－XXXX－XXXX |
| 国　籍<br>Nationality | 米国 |
| 在留カード番号等<br>Residence Card number<br>or<br>Alien Registration number | WDXXXXXEA |

一面

居 住 形 態 等（Type of Resident Status）

1　下記事項を記入してください。（Please fill out the following items.）

(1)　当初の入国年月日（Date of original entry into Japan）　(Year) 2014 年　(Month) 4 月　(Day) 20 日

> 複数回入出国がある場合は一番最初の入国年月日を記載します。

(2)　在留資格（Visa status in Japan）　企業内転勤

(3)　在留期間（Permitted period of stay in Japan）　2019.2.2 ～ 2022.2.2

2　令和２年中に出国しましたか。（Did you leave Japan anytime during 2020?）　☑(Yes)はい　□(No)いいえ

3　2の答えが「はい」の人は下の欄に記入してください。
　（If your answer to 2 is "Yes", please fill out the following items.）

(1)　出国の期間（Period of absence from Japan）　8 月 1 日～ 8 月 11 日
　　月　日～　月　日
　　月　日～　月　日

(2)　出国の目的（Purpose of absence from Japan）　ホームリーブ（帰省）

> 事例の場合、8月1日〜8月11日まで出国期間がありますが、身分はあくまで非永住者ですので、非永住者期間の欄に1月1日〜12月31日と記載します。

4　令和２年中の居住形態による期間区分（Period of each type of resident status during 2020）

(1)　非居住者期間（Period of Non-resident Taxpayer）　月　日～　月　日

(2)　非永住者期間（Period of Non-permanent Resident Taxpayer）　1 月 1 日～12 月 31 日

(3)　永住者期間（Period of Permanent Resident Taxpayer）　月　日～　月　日

5　(1)　4 (2)の非永住者期間があるときは、その期間中に国外に源泉のある所得はありますか。
　（If you were a Non-permanent Resident Taxpayer during any period of 2020, did you receive any foreign source income during that period?）　□(Yes)はい　☑(No)いいえ

> 送金課税について検討を行います。

　(2)　(1)の答えが「はい」の人は下の欄に記入してください。
　　（If your answer to (1) is "Yes", please fill out the following items.）

　　①　国外に源泉のある所得の金額（Amount of foreign source income）　円

　　②　①のうち国内で支払われた金額（Amount of ① paid in Japan）　円

　　③　①のうち国外から送金された金額（Portion of ① remitted to Japan）　円

58

## 住所又は居所を有していた期間の確認表
### Confirmation Table of the Period of Resident Status

二
面

○　平成22年1月1日から令和元年12月31日までにおいて国内に住所又は居所を有していた期間を記入してください。

Please fill out the periods during which you have maintained domicile or residence in Japan within the preceding 10 years（2010～2019）.

| 住所又は居所を有していた期間<br>（Periods during which you have maintained domicile or residence in Japan） | | | | | | 年数・月数・日数<br>(The number of years, months and days) | | |
|---|---|---|---|---|---|---|---|---|
| (Year) | (Month) | (Day) | (Year) | (Month) | (Day) | | | |
| 2014 年 | 4 月 | 21 日 | ～2017 年 | 3 月 | 19 日 | 2 年 | 10 月 | 27 日 |
| 2019 年 | 2 月 | 3 日 | ～2019 年 | 12 月 | 31 日 | 年 | 10 月 | 29 日 |
| 年 | 月 | 日 | ～ 年 | 月 | 日 | 年 | 月 | 日 |
| 年 | 月 | 日 | ～ 年 | 月 | 日 | 年 | 月 | 日 |
| 年 | 月 | 日 | ～ 年 | 月 | 日 | 年 | 月 | 日 |
| 年 | 月 | 日 | ～ 年 | 月 | 日 | 年 | 月 | 日 |
| 年 | 月 | 日 | ～ 年 | 月 | 日 | 年 | 月 | 日 |
| 年 | 月 | 日 | ～ 年 | 月 | 日 | 年 | 月 | 日 |
| 年 | 月 | 日 | ～ 年 | 月 | 日 | 年 | 月 | 日 |

居住期間を記載するので、初日不算入で計算します。

| 住所又は居所を有していた期間の合計（Total）<br>(注)　年数、月数及び日数をそれぞれ合計し、30日を1月、12月を1年として計算します。<br>Please add the above number of years, months, days respectively.<br>If the total number of days is over 30, 30 days is calculated as 1 month.<br>If the total number of months is over 12, 12 months is calculated as 1 year. | 3 年 9 月 26 日 |
|---|---|

居住期間の判定を行います。

○　令和2年において国内に住所又は居所を有していた期間を記入してください。

Please fill out the periods during which you have maintained domicile or residence in Japan during 2020.

| 住所又は居所を有していた期間<br>（Periods during which you have maintained domicile or residence in Japan） | | | | 年数・月数・日数<br>(The number of years, months and days) | | |
|---|---|---|---|---|---|---|
| (Month) | (Day) | (Month) | (Day) | | | |
| 1 月 | 1 日 | ～ 12 月 | 31 日 | 1 年 | 0 月 | 0 日 |
| 月 | 日 | ～ 月 | 日 | 年 | 月 | 日 |
| 月 | 日 | ～ 月 | 日 | 年 | 月 | 日 |

| 住所又は居所を有していた期間の合計（Total）<br>(注)　年数、月数及び日数をそれぞれ合計し、30日を1月、12月を1年として計算します。<br>Please add the above number of years, months, days respectively.<br>If the total number of days is over 30, 30 days is calculated as 1 month.<br>If the total number of months is over 12, 12 months is calculated as 1 year. | 1 年 0 月 0 日 |
|---|---|

（令和 2 年分）

## Q2-4　外国人派遣社員（エキスパット）の居住形態

**Q** 米国本店に勤務する外国人社員で、米国本店との契約で2年間日本支店に勤務するため来日した者がいます。住居は既に日本支店が用意しています。この者は、いつから居住者と考えればよいのでしょうか。

**A** 入国した日から、居住者に該当します。

#### 解説

1　国内に居住することとなった個人が、国内において継続して1年以上居住することを通常必要とする職業を有することとなった場合には、その者は、国内に住所を有するとの推定を受けることとなります（所令14①一）。

　　また、国内において職業に従事するため国内に居住することとなった者は、国内における在留期間が契約等によりあらかじめ1年未満であることが明らかであると認められる場合を除き、国内において継続して1年以上居住することを通常必要とする職業を有する者として取り扱われます（所基通3-3）。

2　本件外国人社員は、米国本店との契約により2年間日本支店に勤務することが明らかで、かつ住居も入国したときから用意されているので、入国した日から居住者として取り扱われることとなります。

　　なお、「1年以上」の期間計算をする場合においては、起算日は入

国の日の翌日からとなりますが（所基通2－4）、入国をした日から住
所を有している場合には、「…住所を有することになった日以後は居
住者」（所基通2－3(2)）とされていることから、入国をした日から居
住者として取り扱われることとなります。

## Q2-5 当初長期滞在の予定が変更になり短期滞在となった場合

**Q** 米国本店に勤務する外国人社員で、米国本店との契約で2年間日本支店に勤務するため来日した者がいます。しかし、7か月を経過した時点で体調を崩し、途中で帰国し、今後、米国本店で勤務することとなりました。この者の居住形態は、どのように判断したらよろしいでしょうか。

**A** 入国した日から出国した日までは居住者、出国した日の翌日からは非居住者として取り扱われます。

### 解 説

1 国内に居住することとなった個人が、国内において継続して1年以上居住することを通常必要とする職業を有することとなった場合には、その者は、国内に住所を有する者との推定を受けることとなります（所令14①一）。

　また、国内において職業に従事するため国内に居住することとなった者は、国内における在留期間が契約等によりあらかじめ1年未満であることが明らかであると認められる場合を除き、国内において継続して1年以上居住することを通常必要とする職業を有する者として取り扱われます（所基通3-3）。

2 一方、国外において職業に従事するため国外に居住することとなった者は、国外における在留期間が契約等によりあらかじめ1年未満で

あることが明らかであると認められる場合を除き、国外において継続
して１年以上居住することを通常必要とする職業を有する者として取
り扱われます（所基通３−３）。

3　本件外国人社員は、米国本店との契約により２年間日本支店に勤務
することが明らかですので、入国した日から居住者として取り扱われ
ることとなります。

　また、今後は米国本店で勤務するとのことですので、出国した日の
翌日からは非居住者として取り扱われることとなります。

　なおこの場合、入国した日にさかのぼって非居住者として取り扱わ
れることはありません。

## Q2-6　当初短期滞在の予定が変更になり長期滞在となった場合

 　米国本店に勤務する外国人社員で、米国本店との契約で8か月間日本支店に勤務するため来日した者がいます。しかし、8か月を経過した時点で、更に引き続き日本支店で2年間勤務する旨の命令がなされました。この者の居住形態は、どのように判断したらよろしいでしょうか。

**A** 　入国した日から事情変更の命令がなされた日までは非居住者、翌日以降は居住者として取り扱われます。

### 解説

1　国内に居住することとなった個人が、国内において継続して1年以上居住することを通常必要とする職業を有することとなった場合は、その者は、国内に住所を有するとの推定を受けることとなります（所令14①一）。

　また、国内において職業に従事するため国内に居住することとなった者は、国内における在留期間が契約等によりあらかじめ1年未満であることが明らかであると認められる場合を除き、国内において継続して1年以上居住することを通常必要とする職業を有する者として取り扱われます（所基通3-3）。

2　本件外国人社員の方は、入国した時は、国内における在留期間が契約等によりあらかじめ1年未満であることが明らかですので、入国し

た日から非居住者として取り扱われます。しかし、更に2年国内で勤務するよう命じられた時から、国内において継続して1年以上居住することを通常必要とする職業を有する者に該当しますので、居住者として取り扱われることになります。

## Ｑ２－７　入出国を繰り返す外国人の場合

> **Q** 　米国法人の日本支店に勤務する外国人で、マンションを賃借し住民登録を行い、家族とともに日本に６年間居住している者がいます。しかし、仕事の内容は海外出張が多く、海外出張の日数を合計すると年の半分以上は海外で仕事をしています。本人が海外に出張している間、家族は日本の賃貸マンションに居住しています。この者の居住形態は、どのように判断したらよろしいでしょうか。

 **A** 　日本の居住者となります。

### 解 説

1　所得税法では、居住者の定義を「国内に住所を有し、又は現在まで引き続いて１年以上居所を有する個人をいう。」としています（所法２①三）。

　また、所得税基本通達では、国内に居所を有していた者が国外に赴き再び入国した場合において、国外に赴いていた期間中、国内に、配偶者その他生計を一にする親族を残し、再入国後起居する予定の家屋若しくはホテルの一室等を保有し、又は生活用動産を預託している事実があるなど、明らかにその国外に赴いた目的が一時的なものであると認められるときは、当該在外期間中も引き続き国内に居所を有する者として法第２条第１項第３号及び第４号（居住者、非永住者）の規定を適用する、（所基通２－２）とされています。

2 本件外国人社員の方は、年の半分以上を海外で滞在していますが、海外出張中も家族は日本に住んでおり、マンションも賃借しているわけですので、国外に赴いた期間はあくまでも一時的なものと判断され、日本における居住形態は居住者に該当することになります。

## Q2-8　観光ビザ（短期滞在ビザ）で入国し日本で働いている外国人の場合

> **Q**　3か月間の観光ビザで入国しているのにもかかわらず、日本でアルバイトを行っている外国人がいます。この外国人の税金上の取扱いは、どのようになるのでしょうか。

**A**　日本の非居住者として、稼得した所得に対して課税されます。

### 解　説

　法律上、観光ビザで入国した者が就労することが禁じられていたとしても、そのことが、所得税法上の居住形態の判定及び課税に影響を及ぼすことはありません。

　したがって、その外国人の日本での滞在が違法であったとしても、居住期間が1年未満の外国人ですので、非居住者としての課税がなされることになります。

## Q2-9 国外での勤務期間があらかじめ定められて いない場合

**Q** 米国法人の日本支店に勤務する外国人ですが、シンガポール支店に派遣されることとなりました。派遣される期間は、明確に決まっていませんが、日本で居住しているマンションの賃貸契約は解除し、家族とともに赴任する予定です。この者の居住形態は、どのように判断したらよろしいのでしょうか。

**A** 出国の日の翌日から、非居住者として取り扱われます。

**解説**

1　国外に居住することとなった個人が、国外において継続して1年以上居住することを通常必要とする職業を有することとなった場合には、その者は、国内に住所を有しないとの推定を受けることとなります（所令15①一）。

　　また、国外において職業に従事するため国外に居住することとなった者は、国外における在留期間が契約等によりあらかじめ1年未満であることが明らかであると認められる場合を除き、国外において継続して1年以上居住することを通常必要とする職業を有する者として取り扱われます（所基通3-3）。

2　本件外国人社員は、シンガポール支店での勤務期間があらかじめ定められていないので、シンガポールにおける在留期間が1年未満であ

ることが明らかであるとは言えません。

　したがって、本件の者は、シンガポールにおいて継続して1年以上居住することを通常必要とする職業を有するものとして取り扱われ、出国の日の翌日から非居住者としての課税がされることになります。

# 8　利子所得

## Q 2 − 10　利子所得の課税

**Q**　外国人が受け取る利子所得には、どのような課税がされるのでしょうか。

**A**　課税関係について永住者、非永住者、非居住者別に表にまとめると次のようになります。

| | 日本国内の利子所得 | 海外の利子所得 |
|---|---|---|
| 永住者 | ▶預貯金の利子は、20.315％（所得税15.315％、住民税5％）の源泉分離課税。<br>▶特定公社債の利子は、20.315％源泉徴収の上、申告不要又は20.315％申告分離課税を選択。一般公社債の利子は、20.315％源泉分離課税。<br>▶公募公社債投信の収益分配金は、20.315％源泉徴収の上、申告不要又は20.315％申告分離課税を選択。私募公社債投信の収益分配金は、20.315％源泉分離課税。 | ▶預貯金の利子は、総合課税（利子所得）。<br>▶特定公社債の利子は、20.315％申告分離課税。一般公社債の利子は、総合課税（利子所得）。<br>▶公募公社債投信の収益分配金は、20.315％申告分離課税。私募公社債投信の収益分配金は、総合課税（利子所得）。<br>▶外国で課された所得税は、外国税額控除を受けることができる。 |
| 非永住者 | ▶預貯金の利子は、20.315％（所得税15.315％、住民税5％）の源泉分離課税。<br>▶特定公社債の利子は、20.315％源泉徴収され申告不要又は20.315％ | 国内において支払われたもの及び国外から送金されたもので、<br>▶預貯金の利子は、総合課税（利子所得）。<br>▶特定公社債の利子は、20.315％ |

| 非永住者 | 申告分離課税を選択。一般公社債の利子は、20.315％源泉分離課税。<br>▶公募公社債投信の収益分配金は、20.315％源泉徴収の上、申告不要又は20.315％申告分離課税を選択。私募公社債投信の収益分配金は、20.315％源泉分離課税。 | 申告分離課税。一般公社債の利子は、総合課税（利子所得）。<br>▶公募公社債投信の収益分配金は、20.315％申告分離課税。私募公社債投信の収益分配金は、総合課税（利子所得）。<br>▶外国で課された所得税は、外国税額控除を受けることができる。 |
|---|---|---|
| 非居住者（注） | ▶恒久的施設を有する者は、預貯金の利子、特定公社債の利子、一般公社債の利子は、15.315％源泉徴収（非居住者なので住民税は課されない。）。恒久的施設に帰属する場合は、さらに総合課税。<br>▶恒久的施設を有する者で恒久的施設に帰せられない、あるいは恒久的施設を有しない者は、預貯金の利子、特定公社債の利子、一般公社債の利子は、15.315％源泉分離課税。 | 非課税 |

（注）　非居住者の課税関係については、必ず租税条約の確認が必要です。

**9** 配当所得

## Ｑ２-11　配当所得の課税

**Q** 外国人が受け取る配当所得には、どのような課税がされるのでしょうか。

**A** 課税関係について永住者、非永住者、非居住者別に表にまとめると次のようになります。

| | 内国法人からの配当所得 | 海外の外国法人からの配当所得 |
|---|---|---|
| 永住者 | ▶上場株式の配当は20.315％（所得税15.315％、住民税5％）源泉徴収され、申告不要（上限金額なし）又は確定申告（総合課税又は申告分離課税を選択）。<br>▶非上場株式の配当は20.42％（所得税20.42％、住民税賦課徴収）源泉徴収され、少額配当以外は総合課税。 | ▶上場株式の配当は、確定申告（総合課税又は申告分離課税を選択）。配当控除はできない。外国で課された所得税は、外国税額控除を受けることができる。<br>▶非上場株式の配当は、確定申告（総合課税）。配当控除はできない。外国で課された所得税は、外国税額控除を受けることができる。 |
| 非永住者 | ▶上場株式の配当は20.315％（所得税15.315％、住民税5％）源泉徴収され、申告不要（上限金額なし）又は確定申告（総合課税又は申告分離課税）を選択。<br>▶非上場株式の配当は20.42％（所得税20.42％、住民税賦課徴収）源泉徴収され、少額配当以外は総合 | 国内において支払われたもの及び国外から送金されたもので、<br>▶上場株式の配当は、確定申告（総合課税又は申告分離課税を選択）。配当控除はできない。外国で課された所得税は、外国税額控除を受けることができる。<br>▶非上場株式の配当は、確定申告 |

| | | |
|---|---|---|
| 非永住者 | 課税。 | （総合課税）。配当控除はできない。外国で引かれた税金は、外国税額控除を受けることができる。 |
| 非居住者(注) | ▶恒久的施設を有する者は、上場株式の配当は15.315％源泉徴収。恒久的施設に帰属する場合は、さらに総合課税。非上場株式の配当は20.42％源泉徴収の上、少額配当以外は総合課税。<br>▶恒久的施設を有する者で恒久的施設に帰せられない、あるいは恒久的施設を有しない者は、上場株式の配当は15.315％源泉分離課税、非上場株式の配当は20.42％源泉分離課税。 | 非課税 |

（注）　非居住者の課税関係については、必ず租税条約の確認が必要です。

# 10　不動産所得

## Q 2 －12　不動産所得の課税

**Q** 外国人の不動産所得は、どのような課税がされるのでしょうか。

**A** 課税関係について永住者、非永住者、非居住者別に表にまとめると次のようになります。

| | 日本国内の不動産所得 | 海外の不動産所得 |
|---|---|---|
| 永住者 | ▶総合課税。 | ▶総合課税。<br>▶注意すべき点は、日本の税法に従って所得及び税額計算すること。<br>▶外国で課された所得税は、日本で確定申告するときに外国税額控除の適用を受けるか必要経費に算入することができる。<br>▶邦貨換算レートは原則TTM。ただし継続適用を条件として、収入はTTB、必要経費はTTSを使うこともできる。 |
| 非永住者 | ▶総合課税。収入及び必要経費の計上時期、減価償却費の計算、税額計算等、計算方法は永住者と全く同様。 | ▶国内において支払われたもの及び国外から送金されたものは、確定申告が必要（総合課税）。外国で課された所得税は、日本で確定申告するときに外国税額控除の適用を受けるか必要経費に算入するこ |

| | | |
|---|---|---|
| 非永住者 | | とができる。<br>▶年の中途で非永住者から永住者になった場合、非永住者期間中の申告が不要であっても永住者期間中の申告は必要になる（下図参照）。 |
| 非居住者<br>(注) | ▶賃料支払いの際に20.42％源泉徴収され、その後確定申告（総合課税）で精算。ただし、個人の賃借人が自己又は親族の居住の用に供する場合には、源泉徴収は不要（所令328二）。租税条約は、ほとんどの国が不動産所在地国課税。規定がない国は国内法どおりの課税となる。 | 非課税 |

（注）　非居住者の課税関係については、必ず租税条約の確認が必要です。

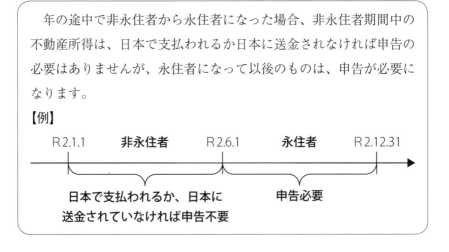

　年の途中で非永住者から永住者になった場合、非永住者期間中の不動産所得は、日本で支払われるか日本に送金されなければ申告の必要はありませんが、永住者になって以後のものは、申告が必要になります。

【例】

　R2.1.1　　　**非永住者**　　　R2.6.1　　　**永住者**　　　R2.12.31

　日本で支払われるか、日本に　　　　申告必要
　送金されていなければ申告不要

## Ｑ２－13　国外賃貸不動産から生ずる不動産所得の邦貨換算

> **Q**　私（米国人・永住者）は、米国に賃貸マンションを所有し不動産所得があります。
>
> 米国の不動産業者から年１回、収入及び必要経費の各項目ごとの年間合計額を米国ドル建で記載した損益計算書が送られてきます。
>
> 確定申告の際、邦貨換算はどのように行ったらよいでしょうか。

**A**　原則は電信売買相場の仲値（TTM）で収入及び必要経費を邦貨換算しますが、継続適用を条件として、収入金額については電信買相場（TTB）、必要経費については電信売相場（TTS）の年平均レートにより邦貨換算することができます。

### 解説

　国外において不動産所得、事業所得、山林所得、雑所得を生ずる個人で、その業務について損益計算書、収支内訳書を外国通貨表示で作成している場合は、その年の年末における為替相場により邦貨換算することができます（所基通57の３－７）。

　この邦貨換算に当たっては、継続適用を条件としてその年の電信売買相場の仲値（TTM）、電信買相場（TTB）、電信売相場（TTS）の年平均値を使用して邦貨換算することができます（所基通57の３－７注書）。

　また、不動産所得、事業所得、山林所得、雑所得の所得金額の計算は、継続適用を条件として収入、資産については電信買相場（TTB）、必要経費、負債については電信売相場（TTS）によることができます（所基

通57の3－2ただし書）。

　以上のことから、本件の場合、継続適用を条件として、収入金額については電信買相場（TTB）、必要経費については電信売相場（TTS）の年平均レートにより邦貨換算することができます。

　※　収支内訳書の作成例は、次のとおりです。

## 【記載例】国外賃貸不動産の申告

《Point！》
1．減価償却費の計算をはじめ不動産所得の計算については、日本の税法に従って計算する。
2．使用する邦貨換算レートは、原則はTTM。ただし、継続適用を条件として収入はTTB、必要経費はTTSを使用することもできる（所基通57の3－2ただし書）。
3．土地付建物（マンション等）の場合、土地及び建物の取得価額の按分については、現地の時価、現地の不動産業者の資料等を参考に合理的な按分方法で行う。

## 【事例】

▶　米国人（永住者）。米国の不動産賃貸収入（マンション）のみ。白色申告。
▶　米国の会計士が作成した令和2年分の収入・必要経費の内訳

| 不動産収入 | Rent | USD | 40,000 |
|---|---|---|---|
| 損害保険料 | Insurance | USD | 2,000 |
| 修繕費 | Repair | USD | 500 |
| 管理費 | Management Fee | USD | 4,000 |
| 電気料・ガス料 | Electric、Gas | USD | 400 |

| 減価償却費 | Depreciation | USD　8,000 |
|---|---|---|
| 所得金額 | Net Income | USD　25,100 |

（注）　毎月の収入金額、必要経費の内訳は不明。年間の合計金額しか分からない
ものと仮定します。実務上は、そのようなケースが多いと思います。

▶　マンションの取得年月日・取得価額

取得年月日　　平成29年10月2日（新築）

取得価額　　　USD　300,000

内土地の価額　USD　　60,000

**解　説**

令和2年分所得税の確定申告（日本）／令2・年平均レート：TTB
￥109.00、TTS￥111.00とする。

| 不動産収入 | Rent | USD　40,000 | @￥109.00 | 4,360,000円 |
|---|---|---|---|---|
| 損害保険料 | Insurance | USD　2,000 | @￥111.00 | 222,000円 |
| 修繕費 | Repair | USD　500 | 〃 | 55,500円 |
| 管理費 | Management Fee | USD　4,000 | 〃 | 444,000円 |
| 電気料・ガス料 | Electric、Gas | USD　400 | 〃 | 44,400円 |
| 減価償却費 | Depreciation | － | － | (注)590,198円 |
| 所得金額 | Net Income | USD　25,100 | | 3,003,902円 |

（注）　USD240,000（300,000－60,000（土地の価額））×JPY111.78（平29.10.2のTTB）
＝26,827,200円

26,827,200円×0.022（耐用年数47年、定額法）＝590,198円

※　確定申告書の記載例は省略。

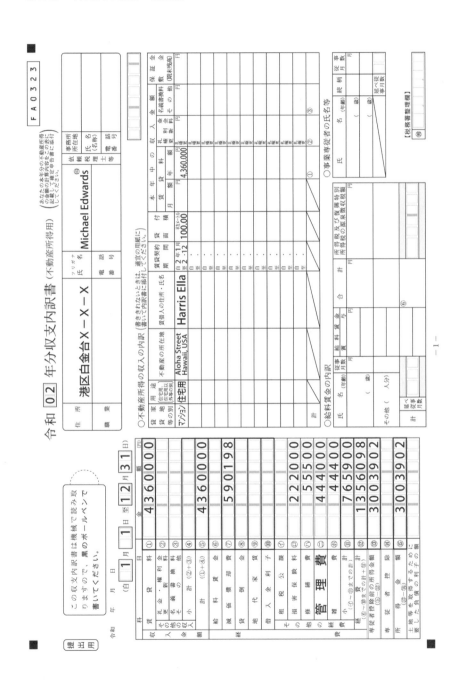

○減価償却費の計算

| 減価償却資産の名称等（繰延資産を含む）| 面積又は数量 | 取得年月 | ⑦取得価額（償却保証額）| ⑪償却の基礎になる金額 | 償却方法 | 耐用年数 | 償却率又は改定償却率 | 本年中の償却期間 | ⑥本年分の普通償却費（⑪×⑨×⑩）| ⑦割増（特別）償却費 | ⑥本年分の償却費合計（⑥＋⑦）| ⑨貸付割合 | ⑩本年分の必要経費算入額（⑥×⑨）| ⑱未償却残高（期末残高）| 摘要 |
|---|---|---|---|---|---|---|---|---|---|---|---|---|---|---|---|
| 建物（マンション）| 100㎡ | 29・10 | 26,827,200（　　）| 26,827,200 | 定額 | 47 | 0.022 | 12/12 | 590,198 | | 590,198 | 100% | 590,198 | 26,517,303 | |
| | | | | | | | | 12/12 | | | | | | | |
| | | | | | | | | 12/12 | | | | | | | |
| | | | | | | | | 12/12 | | | | | | | |
| | | | | | | | | 12/12 | | | | | | | |
| | | | | | | | | 12/12 | | | | | | | |
| 計 | | | | | | | | | 590,198 | | 590,198 | | 590,198 | 26,517,303 | |

（注）平成19年4月1日以後に取得した減価償却資産について定額法を採用する場合にのみ⑦欄のカッコ内に償却保証額を記載します。

○借入金利子の内訳（金融機関を除く）

| 支払先の住所・氏名 | 期末現在の借入金等の金額 | 本年中の借入金利子 | 左のうち必要経費算入額 |
|---|---|---|---|
| | 円 | 円 | 円 |

○修繕費の内訳

| 支払先の住所・氏名 | 工事名又は資材の品名 | 支払年月日 | 本年中の支払金額 | 左のうち必要経費算入額 |
|---|---|---|---|---|
| | | ・　・ | 円 | 円 |
| | | ・　・ | | |
| | | ・　・ | | |

○貸付不動産の保有状況（空家・空地を含めて記入してください。）

| 用途・種類・種類等 | 数量等 | | 用途・種類・種類等 | 数量等 | |
|---|---|---|---|---|---|
| 住宅用 | 建物 | 一戸建 室 | 屋根付 | 建物 | 一戸建 台 |
| | | 一戸建以外 件 | 駐車場 | | 一戸建以外 件 |
| | | 契約件数 件 | | | 契約件数 件 |
| | 土地 | 総面積 ㎡ | 青空 | 土地 | 総面積 ㎡ |

○地代家賃の内訳

| 支払先の住所・氏名 | 賃借物件 | 本年中の賃借料・権利金等 | 左のうち必要経費算入額 |
|---|---|---|---|
| | | 権 | 円 |
| | | 更 | |
| | | 賃 | |

○税理士・弁護士等の報酬・料金の内訳

| 支払先の住所・氏名 | 本年中の報酬等の金額 | 左のうち必要経費算入額 | 所得税及び復興特別所得税の源泉徴収税額 |
|---|---|---|---|
| | 円 | 円 | 円 |

◎本年中における特殊事情・保証金等の運用状況（借地権の設定に係る保証金などの預り金がある場合には、その運用状況を記載してください。）

## Q2－14　不動産所得（非居住者の青色申告）

 私は現在米国に住んでいる米国人ですが、日本国内に賃貸マンションを所有しているので、日本の税務署に確定申告する必要があります。非居住者ですが、青色申告できるのでしょうか。

**A** 非居住者であっても、青色申告することができます。

( 解　説 )

1　非居住者が日本国内に所在する不動産を賃貸する場合、その所得は国内源泉所得に該当（所法161①七）し、確定申告を行う必要があります。

2　非居住者の総合課税に係る所得税の申告、納付及び還付については、居住者の申告、納付及び還付に係る各規定を準用することとされており（所法166）、所得税法第143条（青色申告）についても同様に準用されます。

# Q2－15　国外中古建物の不動産所得に係る損益通算等

> **Q** 私は米国人（永住者）ですが、米国に中古の賃貸建物があり、毎年、給与所得とともに確定申告しています。
>
> 令和2年度の税制改正で、国外中古建物の不動産所得について改正があったと聞いています。詳しい内容を教えていただけますでしょうか。

**A** 令和2年度の税制改正で、国外中古建物の貸付けにより損失が生じた場合で耐用年数を簡便法等で行っているときは、減価償却費に相当する額については、損失が生じなかったものとみなされ、その部分は他の所得（本問の場合は給与所得）と損益通算することができなくなりました。

この改正は、令和3年分以後の所得税から適用されます。

## 解説

1　令和2年度税制改正により、国外不動産所得の計算を行う上で、減価償却費の計算にあたり、耐用年数を簡便法あるいは使用可能期間の見積りが適当でない方法により行っていた場合は、国外不動産所得の計算上生じた損失はなかったものとみなされます（措法41の4の3①、措令26の6の3①一）。したがって、その部分の損失は、給与所得と損益通算できません。ただし、損益通算できないのは、あくまでも簡便法等の耐用年数により生じた部分だけですので、それ以外の部分の損失については、給与所得と損益通算できます。

2　国外中古建物が複数ある場合は、建物ごとに計算します（措令26の
　　6の3③一）。なお、国内の不動産から生じる不動産所得との内部通
　　算もできません。

3　1の適用を受けた国外中古建物を譲渡した場合、取得費の計算にあ
　　たっては、当該特例の規定により生じなかったものとみなされた損失
　　は、取得費として計上できることとされています（措法41の4の3③、
　　措令26の6の3④）。

## 11 給与所得

### Q2−16 給与所得の課税

**Q** 外国人の給与所得は、どのような課税がされるのでしょうか。

**A** 外国人の給与の課税関係について永住者、非永住者、非居住者別に表にまとめると次のようになります。

|  | 日本国内の給与所得 | 海外の給与所得 |
|---|---|---|
| 永住者 | ▶総合課税。源泉徴収され年末調整（年収2,000万円超は確定申告）。 | ▶総合課税。源泉徴収されないので、他の所得と合算して確定申告。 |
| 非永住者 | ▶総合課税。源泉徴収され年末調整（年収2,000万円超は確定申告）。 | ▶国内において支払われたもの及び国外から送金されたものは、他の所得と合算した確定申告が必要（総合課税）。外国で課された所得税は、日本で確定申告するときに外国税額控除を受けることができる。<br>▶ただし、内国法人の役員が受け取る給与は、国内源泉所得とみなされ課税される（所法161①十二イかっこ書、所令285①一）。 |
| 非居住者 | ▶国内源泉所得として20.42％の源泉分離課税（確定申告できない）。 | ▶国外源泉所得として非課税。<br>▶ただし、内国法人の役員が受け取る給与は、国内源泉所得とみなされ課税される（所法161①十二イかっこ書、所令285①一）。 |

## Q 2 -17　給与所得（経済的利益）

> **Q** 外国人派遣社員（エキスパット）は、いろいろな手当を支給されているようですが、具体的にどのような手当があり、課税はどのようになるのでしょうか。

**A**　海外から派遣されている社員は、日本で勤務するに当たり各種手当を支給されている場合があります。主な手当及び課税関係は、次のとおりです。給与所得として課税されます。

| 手当 | 内容及び課税関係 |
|---|---|
| 生活費手当<br>(Cost of Living Allowance, COLA) | 各国で物価水準が異なるので、生活費を補うため支給される。全額給与所得として課税される。 |
| 住宅手当<br>(Housing Allowance) | ①通常の給与に加算して支給される場合は、全額給与所得として課税される。<br>②法定家賃の計算により計算し（所基通36－40～36－48）、使用人の場合は賃料相当額の50％以上、役員の場合は賃料相当額を徴収していれば課税なし。 |
| ホームリーブ費用<br>(Home Leave) | 日本国内において長期間引き続き勤務する外国人に対し、就業規則等に基づき、おおむね年1回の休暇のための帰国旅費が支給された場合、最も経済的かつ合理的と認められる部分については課税されない。その者と生計を一にする配偶者、親族の分も同様である（昭和50年1月16日直法6－1（例規））。<br>なお、日本国内で採用された外国人社員（ローカル採用）については、帰国旅費は課税となる。 |

| 水道光熱費手当<br>（Utilities） | 本来個人が負担すべき個人の生活のための手当であり、全額課税される。 |
|---|---|
| 子女教育費<br>（Tuition, School Fee） | 原則として全額課税。なお、勤務先の会社がアメリカンスクール等一定の寄附金募集に基づいて行う寄附により、社員が授業料を免除される場合の経済的利益については、課税されない場合もあるため、学校に確認する必要がある。 |
| 語学レッスン費用<br>（Language Lesson） | 使用者が業務上の必要に基づき、役員又は使用人の職務に直接必要な知識等を習得させる費用は、適正な金額であれば課税しなくて差し支えない（所法9①十五、所基通36-29の2）。その者の家族のレッスン費用は課税される。 |
| メイド費用手当<br>（Maid Fee） | 本来個人が負担すべき個人の生活のための手当であり、全額課税される。 |
| 家具手当<br>（Furniture） | 本来個人が負担すべき個人の生活のための手当であり、全額課税される。 |

## Ｑ２−18　給与所得（株式報酬）

> **Q** 外国人社員で、この度、海外にある親会社からリストリク
> テッド・ストック等の株式報酬を受け取った者がいます。ど
> のような申告をしたらよろしいのでしょうか。

**A** 　外国人社員で、外国にある親会社から、ストック・オプション
やリストリクテッド・ストックなどの株式報酬を受け取る者がい
ますが、主な株式報酬及び課税関係は、次のとおりです。

### 《外国親会社からの株式報酬》

### １．Stock Option（ストック・オプション）
### 「税制非適格ストック・オプション」

　株式会社が、一定の期間に一定の価額（権利行使価額）で一定の株数
の自社株を購入する権利を与える制度。

#### 《制度の流れ》

Grant（付与）→ Vesting period（権利行使制限期間）
→ Exercise（権利行使）→ Sale（売却・譲渡）

#### 《課税関係》

　権利行使時に給与所得課税。譲渡時に株式譲渡所得課税。日本国内の
子会社からもらう給与と合算した確定申告が必要。

#### 《労働社会保険の取扱い》

　「ストック・オプション制度では、権利付与を受けた労働者が権利行

使を行うか否か、また権利行使するとした場合において、その時期や株式売却時期をいつにするかを労働者が決定するものとしていることから、この制度から得られる利益は、それが発生する時期及び額ともに労働者の判断に委ねられているため、労働の対償ではなく、労働基準法第11条の賃金には当たらないものである。」（平成９年６月１日付基発第412号）よって、ストック・オプション制度から得られる利益は社会保険料の算定対象に含まれない。

【例】

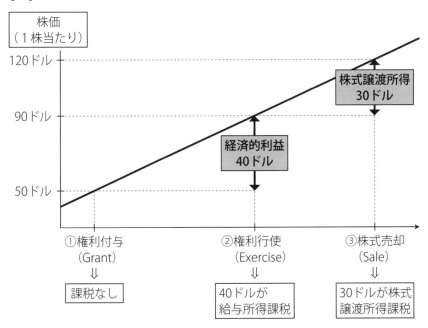

解 説

①１株50ドルで権利付与された。すなわち、将来、権利行使するときに、

時価が50ドル以上に上がっていても、50ドルで購入できる権利を付与されたということ。権利を付与されただけで、この時は経済的利益を得ているわけではないので課税なし。

② 1株90ドルのときに権利行使した。すなわち、90ドルのものを50ドルで購入できるので、差額40ドルが経済的利益となり給与所得として課税される。

③ 1株120ドルのときに株式を譲渡した。すなわち、120ドルと90ドルの差額30ドルが株式譲渡所得として課税される。

※　実際は②権利行使と③株式売却は同時に行われることが多い。その場合は、売却価額（90ドル）と取得価額（時価90ドル／有償50ドル＋無償40ドル）は同額となり株式売却益は発生しない。

## 2．Restricted Stock／RS（リストリクテッド・ストック／譲渡制限株式）

株式会社が、一定の期間経過後に一括してあるいは何年かに分けて、自社株を無償で交付する制度。現物株式が付与されるため制度内容によっては制限期間中であっても、付与された従業員等は、議決権の行使や配当金を受ける権利を有することがある。ストック・オプションと異なり、権利行使しなくても期間が経過すれば利益を得ることができる。退職すると権利を失う。また、ストック・オプションと異なり行使価額はゼロ。

《制度の流れ》

Grant（付与）→ Vesting period（制限期間）→ Vest（制限期間解除）
　　　　　　　　Dividend（配当）　　　　　　 Dividend（配当）
→ Sale（売却・譲渡）

**《課税関係》**

制限期間経過時（制限期間解除時）の時価と取得価額（通常０）の差額に給与課税される。

▶ RSから生ずる配当金は、配当所得として課税される。

**【例】**

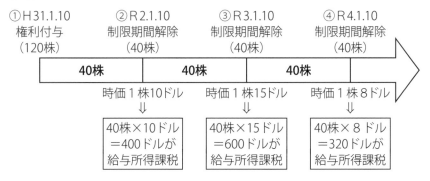

**解説**

①H31.1.10 無償で120株を権利付与された。

１年経過ごとに毎年40株ずつ制限期間が解除されるという条件。

②R2.1.10 １年経過し、40株が制限期間解除された。

時価10ドルの株式を無償で取得したので、40株×10ドル＝400ドルが、令和２年分の給与所得として課税される。

③R3.1.10 さらに１年経過し、40株が制限期間解除された。

時価15ドルの株式を無償で取得したので、40株×15ドル＝600ドルが、令和３年分の給与所得として課税される。

④R4.1.10 さらに１年経過し、40株が制限期間解除された。

時価８ドルの株式を無償で取得したので、40株×８ドル＝320ドルが、

令和4年分の給与所得として課税される。

## 3．Restricted Stock Unit／RSU
### （リストリクテッド・ストック・ユニット／制限株式ユニット）

　株式会社が、期間経過後に一括してあるいは何年かに分けて、株式と等価のユニット（交換単位権）を無償で交付する制度。ユニットは現物株式ではないので直接の議決権はなく、配当相当額のユニットを受け取ることが多い。

　リストリクテッド・ストック（RS）とリストリクテッド・ストック・ユニット（RSU）は、良く似た制度ではあるが、RSは譲渡制限付きの株式現物の交付を受けるのに対して、RSUは株式現物ではなく株式と等価のユニットを取得するものである。

### 《制度の流れ》

Grant（付与）→ Vesting period（制限期間）
　　　　　　　　　　　Deemed dividend（配当相当手当）
→ Vest（制限期間解除）
　　Deemed dividend（配当相当手当）
→ Convert（転換／ストック・ユニットを株に変えることができる期間）
→ Sale（売却・譲渡）

### 《課税関係》

　制限期間経過時（制限期間解除時）の時価に給与所得課税される。配当金相当額のユニットも制限期間経過時の時価で給与所得課税される。日本国内の子会社からもらう給与と合算した確定申告が必要。

▶　配当相当金額は、給与所得として課税される。

## 4．Employee Stock Purchase Plan／ESPP
### （エンプロイー・ストック・パーチェイス・プラン／従業員持株購入制度）

　自社株を割引（通常15％引き）で購入できる制度。外国法人の国内子
会社が、その役員・使用人の税引き後の給与から、毎月、役員・使用人
が自ら定めた金額又は一定の率を基本給等に乗じて計算した金額を控除
する。そしてこの金額を外国法人経由で、外国法人と外国証券会社との
契約に基づいて開設された役員・使用人の外国証券会社の個人口座に移
動する。役員・使用人は毎年一定時期に、自らの個人口座に積み立てら
れた資金を基に、外国法人の株式を市場価格に対して割り引かれた金額
で購入できる。アメリカ企業に多くみられる。

《制度の流れ》

ESPP deduction（給与控除）→ Pooling（積み立て）
→ Discount purchase（割引購入）→ Sale（売却）

《課税関係》

・15％相当額を内国法人が支払った場合 ⇒ 給与所得として源泉徴収
・15％相当額を外国法人が支払った場合 ⇒ 株の時価と給与天引額の差
　　　　　　　　　　　　　　　　　　　　額を確定申告（総合課税）
・株式売却時の時価と購入時の株価との差額が株式譲渡所得として課
　税。

【例】

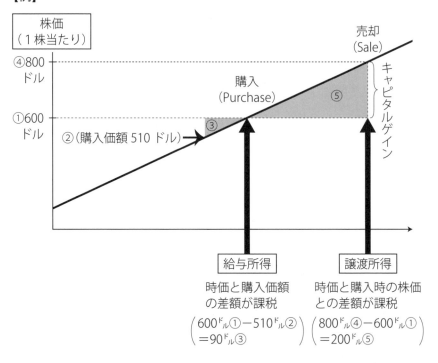

## 5．Performance Share（パフォーマンス・シェア）

　役員・使用人の勤務成績に応じて一定数の株式が当初付与（Initial grant）され、2～3年の制限期間（Vesting period）経過後に、制限期間中（Vesting period）の勤務成績に応じた株数が、最終付与（Final grant）される。当初付与（Initial grant）は、毎年されることが多い。

　当初付与された株数と最終付与された株数は同じ場合もあるが、制限期間中の成績が加味されるため、必ずしも付与された株数と同じ株数が最終付与されるとは限らない。制限期間中の業績を加味させることにより、役員・使用人のモチベーションを高めることができるので、インセンティブとしての効果がRSやRSUと比べて大きいといえる。

《制度の流れ》

Initial grant（当初付与）→ Vesting period（制限期間）
→ Final grant（最終付与）→ Sale（譲渡）

《課税関係》

　制限期間が解除され、最終付与されたときの株式の時価で給与所得課税される。

【例】

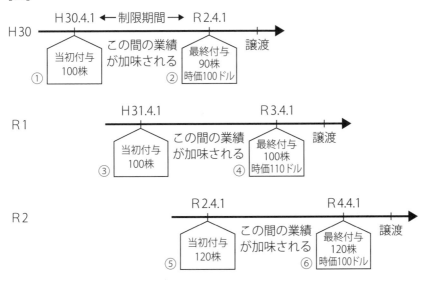

解　説

①H30.4.1　100株が当初付与された。

②R2.4.1　H30.4.1〜R2.3.31までの業績が加味され、当初付与より減らされた90株が最終付与された。

90株×100ドル＝9,000ドルが、令和2年分の給与所得として課税される。

③H31.4.1　新たに100株が当初付与された。

④R3.4.1　H31.4.1〜R3.3.31までの業績が加味され、当初付与どおり100株が最終付与された。

100株×110ドル＝11,000ドルが、令和3年分の給与所得として課税される。

⑤R2.4.1　新たに120株が当初付与された。

⑥R4.4.1　R2.4.1〜R4.4.1までの業績が加味され、当初付与どおり120株が最終付与された。

120株×100ドル＝12,000ドルが、令和4年分の給与所得として課税される。


## 6．Phantom Stock（ファントム・ストック）、Deemed Stock

仮想株式（ファントム・ストック）を従業員に付与し、一定期間経過後、仮想株式の価値相当額を現金で支払う制度。仮想株式の価値として、自社株の時価、純資産価値、理論株価等がある。仮想株式には議決権はないが、配当相当額が支払われる。


### 《課税関係》

価値相当額、配当相当額が支払われた時点の給与所得として確定申告。

《コラム》

　外国親会社等からストック・オプション等の経済的利益が供与等されると、「外国親会社等が国内の役員等に供与等をした経済的利益に関する調書」が、毎年3月末までに税務署に提出されます。税務署では、この調書と申告内容を照合し、疑義があるときは納税者に問い合わせがなされます。

【例】

令和 2 年分　外国親会社等が国内の役員等に供与等をした経済的利益に関する調書

| 経済的利益の供与等を受けた者 | 住所又は居所 | 中央区銀座X－X－X | | | 居住者等の区分 | | 居住者 非居住者 | |
|---|---|---|---|---|---|---|---|---|
| | 氏　名 | Williams Sophia | | | 個　人　番　号 | | | |

| 供与等の年月日 | 経済的利益の内容 | 供与等を受けた株式の価額又は金銭その他の経済的利益の額 | 基礎となる株式又は権利の数 | 1単位当たりの金額 | 表示通貨 |
|---|---|---|---|---|---|
| 2・3・30 | 株式の交付（無償） | 20,000 | 100 | 200 | USD |
| ・　・ | | | | | |
| ・　・ | | | | | |

| 権利付与年月日 | 権　利　の　種　類 | 取得できる株式等の総数若しくは金銭等の総額又は付与された権利の総数 | 単　位 |
|---|---|---|---|
| 30・8・31 | 制限株式ユニット | 400 | 株 |

| 契約に係る期間等 | 役員 使用人 | 自 | 平成29 年 令和4 年 | 1 月 12 月 | 1 日 31 日 |
|---|---|---|---|---|---|
| | | 至 | | | |

| 外国親会社等（付与会社） | 名称 | タックスユニオンUSA | 法人番号 | | 所在地の国　名 | 米国 |
|---|---|---|---|---|---|---|
| (摘要) | | | | | | |

| 提出者 | 所在地 | 中央区日本橋X－X－X | | | |
|---|---|---|---|---|---|
| | 名　称 | タックスユニオン証券株式会社（電話） | 法　人　番　号 | | |

| 整　理　欄 | ① | | ② | |
|---|---|---|---|---|

369

※　この法定調書をもとにした申告書の記載例は、次ページのとおりです。

## Q２-19　給与所得（リストリクテッド・ストック・ユニットの事例）

>  外国人派遣社員（永住者）が、海外の親会社からリストリクテッド・ストック・ユニットを受け取った場合、確定申告書はどのように記載するのでしょうか。

**A**　次の事例で説明します。

《Point！》

1．課税年分は、制限期間が解除された日の属する年分となる。

2．所得の種類は、給与所得となる。

3．金額の計算に当たり、邦貨換算レートはTTMを使う（所基通57の３-２）。

4．非居住者の場合は、国内源泉所得のみ申告対象となる。国内・国外源泉所得の区分は、勤務した期間により按分計算する（所基通161-41）。

【事例】　※前ページの法定調書を基にした事例

▶　外資系証券会社勤務の外国人（米国人）（45歳、役員ではない）。

▶　給与収入　タックス・ユニオン証券㈱（米国法人）

給与収入　6,000,000円（源泉徴収税額147,500円）

▶　リストリクテッド・ストック

制限解除日　令和２年３月30日

解除された株数　100株

制限解除日の時価　　USD200

為替レート（TTM）USD 1 ／JPY107.68

▶　社会保険料　　　　　　660,000円

　　生命保険料控除　　　　　40,000円

　　配偶者控除　　　　　　380,000円

　　扶養控除（1人・一般）380,000円

　　基礎控除　　　　　　　480,000円

　　所得控除計　　　　　1,940,000円

━━━━━━━━━━━━━━━━━

（解説）━━━━━━━━━━━━━━━━━━━━━━━━━━━━━━━━━━

(1)　タックス・ユニオン証券㈱からの給与収入6,000,000円は年末調整済み。

(2)　リストリクテッド・ストックは、外国親会社タックスユニオンUSAから直接付与されたものであり、源泉徴収はされていない。

(3)　リストリクテッド・ストックの課税年分は、制限期間が解除された日の属する令和2年分となる。

(4)　リストリクテッド・ストックの金額の算定に当たっては、制限解除された日のTTMレートを使う。

USD200×100株×JPY107.68＝JPY2,153,600

　(注)　使用する邦貨換算レートは、原則として本人の主たる取引金融機関のものによることとするが、合理的なものを継続して使用している場合には、それも認められる（所基通57の3－2（注）1）。

　　　　ちなみに、三菱UFJリサーチ&コンサルティングのホームページで、日々の邦貨換算レートを検索することができる。

(5)　給与収入6,000,000円と邦貨換算後のリストリクテッド・ストック収入2,153,600円を合算した申告書を作成する。

■ 京橋 税務署長
令和＿＿年＿＿月＿＿日　令和 02 年分の 所得税及び復興特別所得税 の確定申告書A　FA2000

第一表（令和二年分以降用）

| 住 所（又は居所） | 中央区銀座X－X－X | 個人番号 | |
|---|---|---|---|
| | | フリガナ | |
| | | 氏名 | Williams Sophia |
| 令和3年1月1日の住所 | 同上 | 世帯主の氏名 | 世帯主との続柄 |
| | | 生年月日 | 3 5 0 0 9 1 1 |

電話番号 自宅・勤務先・携帯
整理番号

（単位は円）

| 収入金額等 | 給 与 | ㋐ | 8153600 |
|---|---|---|---|
| | 雑 公的年金等 | ㋑ | |
| | 雑 業務 | ㋒ | |
| | 雑 その他 | ㋓ | |
| | 配 当 | ㋔ | |
| | 一 時 | ㋕ | |
| 所得金額等 | 給 与 | ① | 6238240 |
| | 公的年金等 | ② | |
| | 雑 業務 | ③ | |
| | 雑 その他 | ④ | |
| | ②から④までの計 | ⑤ | |
| | 配 当 | ⑥ | |
| | 一 時 | ⑦ | |
| | 合 計（①+⑤+⑥+⑦） | ⑧ | 6238240 |
| 所得から差し引かれる金額 | 社会保険料控除 | ⑨ | 660000 |
| | 小規模企業共済等掛金控除 | ⑩ | |
| | 生命保険料控除 | ⑪ | 40000 |
| | 地震保険料控除 | ⑫ | |
| | 寡婦、ひとり親控除 | ⑬～⑭ | 0000 |
| | 勤労学生、障害者控除 | ⑮～⑯ | 0000 |
| | 配偶者（特別）控除 | ⑰～⑱ | 380000 |
| | 扶 養 控 除 | ⑲ | 380000 |
| | 基 礎 控 除 | ⑳ | 480000 |
| | ⑨から⑳までの計 | ㉑ | 1940000 |
| | 雑 損 控 除 | ㉒ | |
| | 医療費控除 | ㉓ | |
| | 寄附金控除 | ㉔ | |
| | 合 計（㉑+㉒+㉓+㉔） | ㉕ | 1940000 |

| 税金の計算 | 課税される所得金額（⑧ － ㉕） | ㉖ | 4298000 |
|---|---|---|---|
| | 上の㉖に対する税額 | ㉗ | 432100 |
| | 配 当 控 除 | ㉘ | |
| | （特定増改築等）住宅借入金等特別控除 | ㉙ | 0 0 |
| | 政党等寄附金等特別控除 | ㉚～㉜ | |
| | 住宅耐震改修特別控除等 | ㉝～㉟ | |
| | 差引所得税額（㉗-㉘-㉙-㉚-㉝-㉟） | ㊱ | 432100 |
| | 災害減免額 | ㊲ | |
| | 再差引所得税額（基準所得税額）（㊱-㊲） | ㊳ | 432100 |
| | 復興特別所得税額（㊳ × 2.1%） | ㊴ | 8074 |
| | 所得税及び復興特別所得税の額（㊳+㊴） | ㊵ | 441174 |
| | 外国税額控除等 | ㊶～㊸ | |
| | 源泉徴収税額 | ㊸ | 147500 |
| | 申告納税額 納める税金 | ㊹ | 293600 |
| | （㊵-㊶-㊸-㊸）還付される税金 | ㊺ | |
| その他 | 公的年金等以外の合計所得金額 | ㊻ | |
| | 配偶者の合計所得金額 | ㊼ | |
| | 雑所得・一時所得の源泉徴収税額の合計額 | ㊽ | |
| | 未納付の源泉徴収税額 | ㊾ | |
| 延納の届出 | 申告期限までに納付する金額 | ㊿ | 0 0 |
| | 延納届出額 | 51 | 0 0 0 |

㊴・㊵・㊹又は㊺の記入をお忘れなく。

還付される税金の受取場所

| | 銀行・金庫・組合・農協・漁協 | 本店・支店出張所本所・支店 |
|---|---|---|
| 郵便局名等 | 預金種類　普通 当座 納税準備 貯蓄 | |
| 口座番号記号番号 | | |

整理欄

税理士署名押印電話番号　＿＿－＿＿－＿＿ ㊞

【Point】給与を2ヵ所から支給されている場合の書き方と同じです。

FA2100

令和 [02] 年分の 所得税及び復興特別所得税 の確定申告書A

| 住　所 | 中央区銀座X－X－X |
|---|---|
| フリガナ<br>氏　名 | Williams Sophia |

## ○ 所得の内訳（所得税及び復興特別所得税の源泉徴収税額）

| 所得の種類 | 種目 | 給与などの支払者の名称・所在地等 | 収入金額 | 源泉徴収税額 |
|---|---|---|---|---|
| 給与 | | タックスユニオン証券㈱ | 6,000,000 | 147,500 |
| 給与 | | タックスユニオン USA | 2,153,600 | 0 |
| | | | | |
| | | | | |
| | | ㊸源泉徴収税額の合計額 | | 147,500 |

## ○ 一時所得に関する事項（⑦）

| 収入金額 | 支出金額 | 差引金額 |
|---|---|---|
| 円 | 円 | 円 |

## ○ 本人に関する事項（⑬～⑯）

| □ 死別　□ 生死不明 | 勤労学生 | |
|---|---|---|
| □ 離婚　□ 未帰還 | □ 年調以外かつ専修学校等 | |

## ○ 寄附金控除に関する事項（㉔）

| 寄附先の名称等 | | 寄附金 | |
|---|---|---|---|

## ○ 配偶者や親族に関する事項（⑯～⑲）

| 氏　名 | 個　人　番　号 | 続柄 | 生　年　月　日 | 障害者 | 国外居住 | 住民税 | その他 |
|---|---|---|---|---|---|---|---|
| X | | 配偶者 | 明・大㊲平・令 50.6.10 | 障・特障 | 国外・年調 | 16・調整 | 調 |
| Y | | 子 | 明・大㊲平・令 14.3.10 | 障・特障 | 国外・年調 | 16・調整 | 調 |
| | | | 明・大昭・平・令 | 障・特障 | 国外・年調 | 16・調整 | 調 |
| | | | 明・大昭・平・令 | 障・特障 | 国外・年調 | 16・調整 | 調 |
| | | | 明・大昭・平・令 | 障・特障 | 国外・年調 | 16・調整 | 調 |
| | | | 明・大昭・平・令 | 障・特障 | 国外・年調 | 16・調整 | 調 |

## ○ 住民税に関する事項

| 住民税 | 非上場株式の少額配当等を含む配当所得の金額 | 非居住者 | 配当割額控除額 | 給与、公的年金等以外の所得に係る住民税の徴収方法 特別徴収・自分で納付 | 都道府県、市区町村への寄附（特例控除対象） | 共同募金、日赤その他の寄附 | 都道府県条例指定寄附 | 市区町村条例指定寄附 |
|---|---|---|---|---|---|---|---|---|
| | | | | | | | | |

| 上記の配偶者・親族のうち別居の者の氏名・住所 | 氏名 | | 住所 | |
|---|---|---|---|---|

一連番号

## ○ 保険料控除等に関する事項（⑨～⑫）

| | 保険料等の種類 | 支払保険料等の計 | うち年末調整等以外 |
|---|---|---|---|
| ⑨社会保険料控除 | 源泉徴収票のとおり | 660,000 円 | 円 |
| | 合　計 | 660,000 | |
| ⑩小規模企業共済等 | | 円 | 円 |
| | 合　計 | | |
| ⑪生命保険料控除 | 新生命保険料 | 200,000 円 | 円 |
| | 旧生命保険料 | | |
| | 新個人年金保険料 | | |
| | 旧個人年金保険料 | | |
| | 介護医療保険料 | | |
| ⑫地震保険料控除 | 地震保険料 | 円 | 円 |
| | 旧長期損害保険料 | | |

## ○ 雑損控除に関する事項（㉒）

| 損害の原因 | 損害年月日 | 損害を受けた資産の種類など |
|---|---|---|
| | | |

| 損害金額 | 円 | 保険金などで補塡される金額 | 円 | 差引損失額のうち災害関連支出の金額 | 円 |
|---|---|---|---|---|---|

## ○ 特例適用条文等

## Q２−20　給与所得（準確定申告／172条申告）

> **Q**　私（外国人）は外国に親会社を有する日本子会社に、昨年末まで勤務していましたが、今年本国に帰国後、昨年１年間日本に勤務していた分の賞与を外国親会社から受け取りました。この賞与に対する日本の税金は、どのようになるのでしょうか。

**A**　当該賞与は、日本国内において行う勤務に基づくものとして国内源泉所得となり、日本で課税されます。所得税法第172条により、確定申告を行うこととなります。

### 解　説

1　当該賞与は、あなたが昨年１年間日本に勤務していたことに基づく賞与ということですので、国内源泉所得となり日本の所得税が課せられることとなります（所法161①十二イ）。

　　課税方式は、非居住者が外国親会社から受け取る国内源泉所得の国外払い給与ですので、所得税法第172条による確定申告及び納付を翌年３月15日までに行うこととなります。

　　税率は、所得税及び復興特別所得税を合わせ20.42％です。給与所得控除は適用せず、収入に20.42％をかけて税額を算出します（所法170、172①、復興財確法13）。

　　なお、納税管理人を定め、「納税管理人の届出書」を納税者本人の納税地を所轄する税務署に提出する必要があります（通法117）。

（注）　当社が外国に本店がある日本支店の場合は、日本支店が源泉徴収義務を負うこととなります（所法212②）。（P.103の図参照）

2　所得税法第172条では、申告書の提出期限について、その年の翌年
　３月15日（同日前に国内に住所を有しないこととなる場合には、その有し
　ないこととなる日）までに申告書を提出しなければならないと定めて
　います。

　　つまり、出国という文言は使われていないので、納税管理人の届出
　書が提出されているかどうかにかかわらず、申告期限は翌年３月15日
　となります。ただし、国内に住所を有しないこととなる場合は、その
　日までに申告書を提出する必要があります。提出しなければ期限後申
　告となります。出国までに納税管理人の届出書を提出していても申告
　期限が３月15日になるわけではないので、国内に住所を有しなくなる
　場合には、有しないこととなる日までに申告する必要があり、３月15
　日が申告期限となるわけではありません。

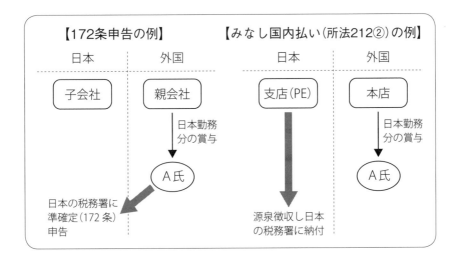

【例題】

　Fostersさんは、帰国後、昨年１年間、日本子会社に勤務していた分

の賞与として、外国親会社から10,000ドル受け取った。

　（注）　邦貨換算レートは、1ドル100円とする（TTMを使用する。）。
　　　　賞与の金額　10,000ドル×100円＝1,000,000円

個人番号(Individual Number)

## 令和 2＊年分所得税及び復興特別所得税の準確定申告書

(所得税法第 172 条第 1 項及び東日本大震災からの復興のための施策を実施するために必要な財源の確保に関する特別措置法第 17 条第 5 項に規定する申告書)

Income Tax and Special Income Tax for Reconstruction Quasi-Final Return (Under Article 172, Paragraph 1 of the Income Tax Law and Article 17, Paragraph 5 of Special Measures Act for the Reconstruction Funding After the Great East Japan Earthquake)

| 受付印 | ＊ Calendar year for which you file this Return (enter year of Heisei era) | 京橋 税務署長 Name of the Tax Office where your return should be filed | (Year) (Month) (Date) 令和　年　月　日 Date of filing your return |
|---|---|---|---|

| 氏　名 Name(last,first,middle initial) | Fosters Emma | 署名なつ印 Signature or seal of the taxpayer |
|---|---|---|

| 住所又は居所 Domicile or residence | 中央区京橋Ｘ－Ｘ－Ｘ | 電話番号 Telephone number 03-XXXX-XXXX |
|---|---|---|

| 生年月日 Date of birth | 1975年 9 月11日 | 性別 sex | 男(male) □ 女(female) ○ | 国籍 Nationality | 米国 |
|---|---|---|---|---|---|

下記事項を記入してください。
Please fill out the following items.

| 当初の入国許可年月日 The date of original entry into Japan | 2018年 4 月10日 | 在　留　期　間 The period you are permitted to stay in Japan | From 2018 年 4 月 10 日から To 2020 年 4 月 10 日まで |
|---|---|---|---|
| 在　留　資　格 Your visa status in Japan | 企業内転勤 | この申告に係る非居住者期間 The period in this tax year you were classified as a non-resident(Enter the beginning and ending dates during this calendar year.) | From 年 月 日から To 年 月 日まで |

| 日本における勤務、人的役務の内容 Description of employment or other personal services performed in Japan | マネージャー |
|---|---|

### 1．給与又は報酬の明細 (Details of your income)

源泉徴収の方法により納付済のものは記入しないでください。
(Do not enter receipts from which income tax and special income tax for reconstruction has been withheld at source.)

| 所得の種類(該当する所得を○で囲む) Type of income(circle the applicable income.) | 給与所得 · 退職所得 · 人的役務の提供による所得 Employment income · Retirement income · Income from the provision of personal services | |
|---|---|---|
| 支払者の氏名又は名称 Name or title of the payer | 支払者の住所若しくは居所又は本店若しくは主たる事務所の所在地 Domicile residence place of head office or place of main office of the payer | 収　入　金　額 Amount of receipts |
| タックスユニオンInc | 596 ABC Street, Chicago USA | 1,000,000 |
| | 課 税 所 得 金 額 Amount of taxable income (The same amount of receipts.) Ⓐ | 1,000,000 |

### 2．納める税金の計算 (Calculation of your tax)

| 課税所得金額 (Amount of taxable income) | | 所得税の税率 (Income tax rate) | 所得税額（基準所得税額) (Amount of (base) income tax)) |
|---|---|---|---|
| Ⓐ 1,000,000 円 | × | $\frac{20}{100}$ | ＝ | Ⓑ 200,000 円 |

1,000 円未満の端数は切り捨ててください。
(Any fractional sum of less than ¥1,000 shall be discarded.)

| 基準所得税額 (Amount of base income tax) | | 復興特別所得税の税率 Special income tax for reconstruction rate | 復興特別所得税の額 Amount of special income tax for reconstruction |
|---|---|---|---|
| Ⓑ 200,000 円 | × | $\frac{2.1}{100}$ | ＝ | Ⓒ 4,200 円 |

所得税及び復興特別所得税の申告納税額（Ⓑ＋Ⓒ) Amount of income tax and special income tax for reconstruction ＝ 204,200 円

(100 円未満の端数は切り捨ててください。)
(Any fractional sum of less than ¥100 shall be discarded.)

| 税理士 署名押印 | ㊞ | 整理番号 | 納管 | 事業 | 住民 | 検算 | 通信日付印の年月日 | 一連番号 |
|---|---|---|---|---|---|---|---|---|
| 電話番号 － － | | 0 | | | | | 年 月 日 | |
| | | 番号確認 身元確認 確認書類 | | | | | | |
| | | □ 済 □ 未済 | 個人番号カード／通知カード・運転免許証 その他（ ） | | | | | |

## Q2-21　給与所得（帰国後の会社負担の税金／グロスアップ計算）

**Q** 　外国に本店を有する証券会社の日本支店に、本年4月まで勤務し、その後帰国した外国人社員がいましたが、本国に帰国後6月に、区役所から住民税の賦課決定通知書が届きました。この住民税は日本支店が負担することとしましたが、日本の税金はどのようになるのでしょうか。

**A** 　当該住民税は国内源泉所得となり、非居住者に対する租税手当として、源泉徴収することとなります。グロスアップ計算が必要になります。

### 解説

　当該外国人社員が本国に帰国して非居住者となった後、会社が負担した税金についても、国内における勤務に基づいて支払いを受ける租税手当なので、国内源泉所得として課税されます（所法161①十二イ）。

　税額の計算の仕方は、非居住者に対して給与を支払うときは20.42%の源泉徴収を行うことになりますが、この租税手当（給与）に係る税金も日本支店が負担することになりますので、次のような計算方法でグロスアップ計算を行い、税額を算出することとなります（所法164②二、169、170、212②、213①一、復興財確法28①②）。

（計算例）　会社が負担した住民税の金額を100,000円とした場合
　　100,000円÷（100%－20.42%）＝125,659.71…円

⇒<u>125,659円</u>（１円未満の端数切捨て）→グロスアップ後の租税手当収入

125,659円×20.42％＝25,659.56…円　⇒25,659円

⇒<u>25,659円</u>（１円未満の端数切捨て）→源泉徴収税額

## Q2-22　短期滞在者免税とは

> **Q** 租税条約に短期滞在者免税というものがあり、非居住者で、日本国内の勤務日数が183日以下で他の要件も満たせば、日本の税金はかからないと聞きました。この制度について教えてください。

**A**　OECDモデル条約では、給与等の報酬について、原則として勤務が行われた国で課税できることになっています（OECDモデル条約§15）。

しかし、勤務した国において課税される場合、その勤務した者の居住地国が勤務地国と異なる場合、勤務地国と居住地国の双方で税金が課されてしまいます。この二重課税を避けるために、次の条件を満たせば、勤務地国での課税を免除することとしています。

① 当該課税年度において開始し、又は終了するいずれの12か月間においても、報酬の受領者が、当該他方の締約国（例えば日本）に滞在する期間が、合計183日を超えないこと。

② 報酬が当該他方の締約国（例えば日本）の居住者でない雇用者又はこれに代わる者から支払われるものであること。

③ 報酬が雇用者の当該他方の締約国内（例えば日本）に有する恒久的施設（例えば支店）によって負担されるものでないこと。

（注）　かっこ書は、筆者が加筆した。


各国の租税条約では、要件が異なるものもあるので、実際の検討に当たっては、必ず租税条約を確認することが必要です。

【例】日本で短期滞在者免税を受けられる要件（図で説明すると次の
とおりです。）

要件①：日本での滞在が、183日を超えないこと

要件②：外国の会社から給与　　要件③：日本の支店が給与を
　　　　が支払われること　　　　　　　負担しないこと

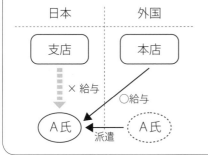

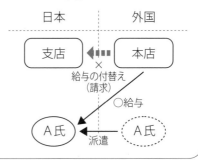

## Q2－23　短期滞在者免税における滞在日数の計算

> **Q**　短期滞在者免税において滞在日数の計算をする場合、入出国の日は含めるのでしょうか。

**A**　OECDモデル条約コメンタリー第15条関係では、短期滞在者免税における滞在日数は、入出国の両日とも加えて判定することとされています。

また、同コメンタリー第15条関係では、次のような説明がなされています。

### (1)　滞在日数に含めるもの

　1日のうちの一部、到着日、出発日、役務提供地での土曜日・日曜日・国民的祝日・休日（役務提供前、期間中及び終了後）、役務提供地国での短期間の休暇、病気（当人が出国することができない場合を除く。）の日数、家族の病気や死亡、研修、ストライキ、ロックアウト、供給の遅延により役務提供地国で過ごした日数

### (2)　滞在日数に含まれないもの

　活動の当該国の外にある2地点間のトランジット、役務提供地外で費やされた休暇、短期間の休暇（理由を問わない。）

　なお、実際の検討に当たっては、必ず各国との租税条約の検討が必要です。

## Q2-24 短期滞在者免税における滞在期間・課税免除の判定

> **Q** 短期滞在者免税において滞在期間及び滞在日数について、各国の租税条約によって規定のされ方が異なると聞きました。どのように異なるのでしょうか。

**A** OECDモデル条約では、短期滞在者免税を受けるための要件の一つとして、「当該課税年度において開始し、又は終了するいずれの12か月間においても、報酬の受領者が、当該他方の締約国（例えば日本）に滞在する期間が、合計183日を超えないこと。」ということを掲げています。

　（注）　かっこ書は、筆者が加筆した。

　この日数の要件は、租税条約によって異なっていますが、主に次のパターンがあります。

### ⑴　課税年度中合計183日以内

　租税条約の文言は、国により若干の相違はありますが「その報酬の受領者が当該課税年度を通じて合計183日を超えない期間、<u>当該他方の締約国内に滞在し</u>」（アイルランド）等と規定されている租税条約。

> アイルランド、エジプト、バングラディシュ、ルーマニア等

### ⑵　暦年中合計183日以内

　租税条約の文言は、国により若干の相違はありますが「<u>その報酬の受</u>

領者がその年を通じて合計183日を超えない期間、当該他方の締約国内に滞在し」（イタリア）等と規定されている租税条約。

> イスラエル、イタリア、インドネシア、カナダ、韓国、スイス、スペイン、タイ、中国、ハンガリー、フィリピン、ブラジル、ブルガリア、ベトナム、ポーランド、マレーシア、ルクセンブルク等

（注）　タイとの租税条約は、暦年中合計180日以内となっています。

### (3)　継続する12か月を通じて合計183日以内

租税条約の文言は、国により若干の相違はありますが「当該課税年度又は賦課年度において開始し、又は終了するいずれの12か月の期間においても、報酬の受領者が当該他方の締約国内に滞在する期間が、合計183日を超えないこと」（イギリス）等と規定されている租税条約。

> アメリカ、イギリス、オーストラリア、オーストリア、オランダ、サウジアラビア、シンガポール、ドイツ、デンマーク、ニュージーランド、ノルウェー、パキスタン、フランス、ブルネイ、ベルギー、メキシコ、ロシア、香港等

■ 以上の状況を図示すると、次のようになります。

(1) (2) **課税年度中／暦年中合計183日以内**

【パターン1】

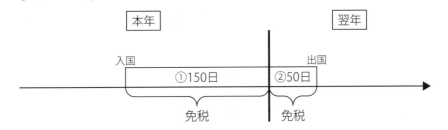

▶年をまたいで国内に滞在しており、本年①と翌年②で200日になりますが、それぞれの年では183日以内ですので、本年も翌年も免税となります。

【パターン2】

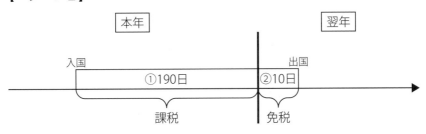

▶本年①は183日を超えるので課税、翌年②は183日以内なので免税となります。

【パターン3】

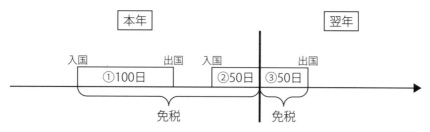

▶2回目の国内滞在②③は年をまたいでいて①②③合計200日となりますが、それぞれの年では183日以内ですので、本年も翌年も免税となります。

【パターン4】

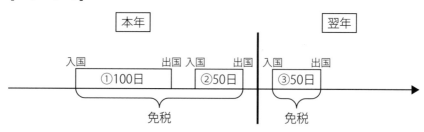

▶本年中に2回の入出国がありますが、2回の滞在期間①と②を合計しても183日以内ですので本年は免税、翌年③も183日以内なので免税となります。

【パターン５】

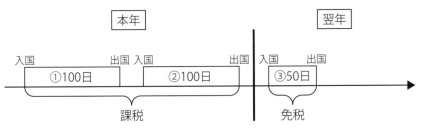

▶本年中に２回の入出国がありますが、２回の滞在期間①と②を合計すると183日を超えますので本年は課税、翌年③は183日以内なので免税となります。

## (3)　継続する12か月を通じて合計183日以内

【パターン６】

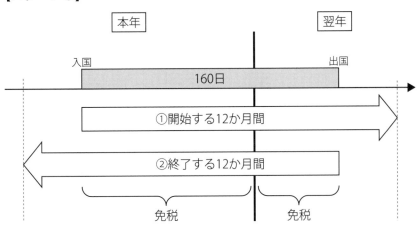

▶①開始する12か月間、②終了する12か月間とも160日で183日以内なので、本年、翌年とも免税となります。

▶入出国が複数回ある場合は、その入出国の都度、判定することとなり

ます。

【パターン７】

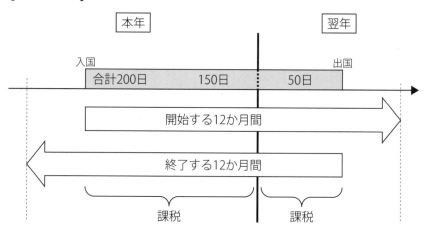

▶①開始する12か月間、②終了する12か月間とも200日で183日を超えて
　いるので、本年、翌年とも課税となります。

## Q 2 −25　短期滞在者免税における支払者の要件（日本法人負担）

>  私はオーストラリア人ですが、この度、ワーキングホリデーのビザを取得し、5か月の滞在予定で来日しました。滞在中は、日本の会社に勤務して給与を受け取ることになります。短期滞在者免税の適用はありますでしょうか。

**A**　給与の支払者が日本法人であるため、租税条約による短期滞在者免税の規定は適用されません。

（解 説）

1　あなたは5か月の滞在期間なので非居住者に該当しますが、国内において行う勤務に基づき支払いを受ける給与は国内源泉所得とされますので（所法161①十二イ）、国内法では日本において課税されます。

2　次に、あなたは日本の非居住者、オーストラリアの居住者なので、日豪租税条約について検討する必要があります。

　日豪租税条約第14条第2項では、短期滞在者免税の要件として次のことが挙げられています。

①　当該他方の締約国（日本）における当該課税年度において開始し、又は終了するいずれの12か月の期間においても、報酬の受領者が、当該他方の締約国内（日本）に滞在する期間が合計183日を超えないこと。

②　報酬が当該他方の締約国（日本）の居住者でない雇用者又はこれ

に代わる者から支払われるものであること。

③　報酬が雇用者の当該他方の締約国内（日本）に有する恒久的施設
　によって負担されるものでないこと。

（注）　かっこ書は、筆者が加筆した。

あなたの場合、①の要件は満たしていますが、②の要件を満たしてお
らず、短期滞在者免税の適用はありません。

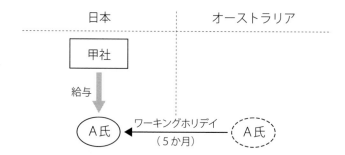

## Q 2 −26　短期滞在者免税における支払者の要件（日本支店に付替え）

 　　私は米国に本店がある証券会社で働いていますが、今回、日本支店に 5 か月間の予定で派遣されました。私の給与は本店から支払われますが、翌月に本店から支店に付替え（charge）がなされ、日本支店で負担しています。

　　私は、短期滞在者免税を受けることができるのでしょうか。

**A** 　　あなたの給与は、結果として日本支店が負担しているため、租税条約による短期滞在者免税の規定は適用されません。

### 解 説

1　あなたは 5 か月の滞在期間なので非居住者に該当しますが、国内において行う勤務に基づき支払いを受ける給与は国内源泉所得とされますので（所法161①十二イ）、国内法では日本において課税されます。

2　次に、あなたは日本の非居住者、米国の居住者なので、日米租税条約について検討する必要があります。

　　日米租税条約第14条第 2 項では、短期滞在者免税の要件として次のことが挙げられています。

①　当該課税年度において開始又は終了するいずれの12か月の期間においても、報酬の受領者が当該他方の締約国内（日本）に滞在する期間が合計183日を超えないこと。

②　報酬が当該他方の締約国（日本）の居住者でない雇用者又はこれ

に代わる者から支払われるものであること。

③　報酬が雇用者の当該他方の締約国内（日本）に有する恒久的施設
によって負担されるものでないこと。

（注）　かっこ書は、筆者が加筆した。

あなたの場合、①の要件は満たしていますが、③の要件を満たしていないため、短期滞在者免税の適用はありません。

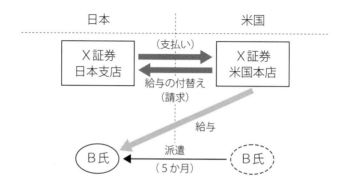

# Q2-27　フィリピンの研修生に対する研修手当

> **Q**　この度、フィリピンの関係会社から、プログラマーの研修
> を行うために研修生を受け入れることになりました。滞在期
> 間は3か月で、滞在期間中は研修手当（生活費）として月60,000円
> を渡す予定です。税務上、何か問題は発生しますでしょうか。

**A**　「研修ビザ」で入国する場合は、ビザ申請の際に必要となる「研
修生処遇概要書」に基づいて支払うもので生活費として実費相当
額ならば、税務署に特に手続きを取ることなく非課税となります。

### 解説

　フィリピンからの研修生が、研修ビザで来日するか否かにより分けて
検討する必要があります。

(1)　研修ビザで来日し、当社が研修生に支給するビザ申請の際に認めら
　れた月60,000円の金額ならば、研修手当（食費等）は、生活費として
　の実費弁償的なものであり、人的役務の提供による対価とはいえない
　ため非課税です。

　　しかし、ビザ申請の際に認められた金額を超えた金額を支払った場
　合や研修以外に実際に仕事をしてもらって、その対価として賃金を支
　払ってしまうと給与所得として課税されます。その場合、60,000円以
　上の部分だけが課税されるのではなく、60,000円も含めた全額が課税
　されます。

(2)　研修ビザではなく他の種類のビザで入国した場合は、課税となる

ケースもあると考えられます。

　例えば、就労ビザで入国した場合、実際は研修であっても人的役務の提供とみなされてしまう可能性があります。観光ビザ（短期滞在）で入国した場合は、観光ビザ（短期滞在）はあくまでも観光のためのビザですので、税務上、同様の問題が起きますし、入国管理の観点からも問題が生じかねないといえます。

(3)　なお、就労ビザで入国し就労した場合、その給料に対しての課税は、日比租税条約を検討する必要があります。

　日比租税条約では、①事業修習者、②事業習得者、③政府計画参加者の3種類について定めています（日比租税条約§21）。

①　事業修習者とは、決められた定義はありませんが、一般には、企業内の見習研修生や日本の職業訓練所等において訓練、研修を受ける者とされています。事業修習者の場合、次のものは日本の税金が課されません。

　　イ　生計、教育、勉学、研究又は訓練のための国外（フィリピン）からの送金

　　ロ　滞在地国（日本）内の人的役務提供所得で年間1,500米ドルまで

　　ハ　公益団体からの交付金、手当、奨学金

②　事業習得者も、決められた定義はありませんが、一般には、企業の使用人として又は契約に基づき、当該企業以外の者から高度な職業上の経験等を修得する者とされています。事業習得者の場合は、滞在1年以内であって、国外（フィリピン）からの送金及び関連報酬の合計金額が、年間4,000米ドルまでが免税とされています。

③　政府計画参加者の場合は、滞在1年以内であって、国外（フィリ

ピン）からの送金及び関連報酬の合計金額が、年間4,000米ドルまで
が免税とされています。

（注）　かっこ書は、筆者が加筆した。

（研修用）

# 研修生処遇概要書

1　研修経費等

| 区　　　　　分 | 支　給　者 | 支給額（負担内容） | 備　　　　考 |
|---|---|---|---|
| 入国渡航費（１人当たり） | | 円 | |
| 帰国渡航費（１人当たり） | | 円 | |
| 研修手当（１人１月当たり） | | 円 | |
| 宿泊施設 | | 寮・寄宿舎，その他（　　　　　　　　　　） | |
| *（実務研修を含む場合のみ記載）* | | 名　　称 | |
| | | 所在地 | |
| | | 宿舎規模　　㎡ 収容人員　　人 1人当たり居室　㎡ | |
| 研修費（１人当たり） | | 教材費 | |
| | | 施設費 | |
| | | 講師費 | |
| | | その他 | |

（注）支給者欄記号
A　受入れ機関　　B　A以外の受入れ機関（機関名　　　　　　　　　　　　　　　）
C　送出し機関（所属機関）　D　C以外の送出し機関（機関名　　　　　　　　　　　）
E　研修生負担　　F　研修生負担（受入れ機関が一部補助）　　G　あっせん機関

2　研修実施日及び研修時間
　　研修実施日（１週間のうち，原則として　　曜日から　　曜日まで。週　　　日）
　　　　　　　　休日：祝祭日，その他の休日（有・無）
　　研修時間（１日原則　　時間。　　　時　　分から　　時　　分まで）

3　死亡・疾病・負傷の保障措置　*（実務研修を含む場合に記載）*
①　保険加入（下記記載）　　②　別途保障（保障証明書を添付）

| 加　入　保　険　種　類 | 保　険　会　社　名 | 給　　付　　内　　容 | |
|---|---|---|---|
| 民間保険 | | 傷害死亡・後遺傷害 | 円 |
| | | 傷害治療 | 円 |
| | | 疾病死亡 | 円 |
| | | 疾病治療 | 円 |
| | | 賠償責任 | 円 |
| | | 救援者費用等 | 円 |
| | | その他 | 円 |

4　その他特記事項

　　　　　　　　　　　　　　年　　　月　　　日　作成

　　　受入れ機関名

　　　責任者　役職・氏名　　　　　　　　　　　　　　　　　　印

# Q2-28　中国人研修生に対する研修手当

**Q** 当社は製造業を営む会社ですが、中国人研修生を受け入れており、研修生に対して研修手当を支給しています。当社に得意先から大量の発注があったため、この研修生に研修以外に残業をしてもらって、残業部分に対して研修手当以外に超過勤務手当を支給することとしました。源泉徴収は必要でしょうか。

**A** 源泉徴収は必要ありません。

### 解説

日中租税条約第21条では、次のように規定しています。

「<u>専ら教育若しくは訓練</u>を受けるため又は<u>特別の技術的経験を習得</u>するため、一方の締約国内（日本）に滞在する<u>学生</u>、<u>事業修習者又は研修員</u>であって、現に他方の締約国（中国）の居住者であるもの又はその滞在の直前に他方の締約国（中国）の居住者であったものが、その<u>生計、教育又は訓練のために受け取る給付又は所得</u>については、当該一方の締約国（日本）の租税を免除する。」

（注）　下線及びかっこ書は、筆者が加筆した。

したがって、超過勤務手当的な部分があるからといって、免税が受けられなくなるというわけではありません。

ただし、「専ら…訓練を受けるため又は特別の技術的経験を習得するため、日本に滞在する…学生、事業修習者又は研修員」に適用されるものであるため、研修としての実態がなく、通常の就労と何ら変わらない

場合には、研修生が受け取る手当は、給与として源泉徴収が必要になります。

　なお、日中租税条約第21条の適用を受けるためには、「租税条約に関する届出書（様式8）」（P.129、130参照）及び「訓練を受ける施設又は事業所の発行する事業、職業又は技術の修習者であることを証する書類」（実特令8①九）の提出が必要になります。

# Q 2 - 29 中国人及びインド人の学生アルバイト

> **Q** 当社では、中国やインドから来た留学生をアルバイトとして雇っていますが、これらの留学生については、租税条約による所得税の免税措置を受けられるのでしょうか。

**A** 中国の場合とインドの場合とで、税務上の取扱いが異なります。

## (1) 中国からの留学生

イ 日中租税条約第21条では、次のように規定しています。

「専ら教育若しくは訓練を受けるため又は特別の技術的経験を習得するため、一方の締約国内（日本）に滞在する学生、事業修習者又は研修員であって、現に他方の締約国（中国）の居住者であるもの又は、その滞在の直前に他方の締約国（中国）の居住者であったものが、その生計、教育又は訓練のために受け取る給付又は所得については、当該一方の締約国（日本）の租税を免除する。」

（注） 下線及びかっこ書は、筆者が加筆した。

したがって、中国から来た留学生の日本での生活費や学費に充てる程度のアルバイト代であれば、免税とされます。

なお、日中租税条約第21条の適用を受けるためには、「租税条約に関する届出書（様式8）」の提出が必要になります（P.129、130参照）。

ロ 既に源泉徴収をしてしまっている場合は、「租税条約に関する源泉徴収税額の還付請求書（様式11）」（P.131、132参照）を「租税条約に関する届出書（様式8）」とともに提出することにより、還付を受けることができます。

## (2)　インドからの留学生

　専ら教育を受けるために日本に滞在する学生で、現にインドの居住者である者又はその滞在の直前にインドの居住者であった者が、その生計、教育のために受け取る給付は、免税とされます。ただし、日本の国外から支払われるものに限られます（日印租税条約§20）。

　したがって、インドから来た留学生が受け取る日本でのアルバイトによる所得は、国外から支払われるものではありませんので、免税とされません。この場合、その給与等については、その留学生が居住者か非居住者かの判定を行った上、それぞれの区分に応じた源泉徴収を行うこととなります。

（注）　日本が締結した租税条約の学生条項は、免税とされる給付の範囲等が国によって様々であり、租税条約の適用に当たっては、各国との租税条約の内容を必ず確認する必要があります。

（参照：国税庁ホームページ）

様式 8
FORM

会社印
を押す

払者受付印　税務署受付印
支

税金
商事

渋谷　税務署長殿
To the District Director, _____Tax Office

租 税 条 約 に 関 す る 届 出 書
APPLICATION FORM FOR INCOME TAX CONVENTION

教授等・留学生・事業等の修習者・交付金等の受領者の報酬・交付金等に
対する所得税及び復興特別所得税の免除
Relief from Japanese Income Tax and Special Income Tax for Reconstruction on
Remunerations, Grants, etc., Received by Professors, Students, or Business  Apprentices

この届出書の記載に当たっては、別紙の注意事項を参照してください。
See separate instructions.

税務署整理欄
For official use only

適用；有、無

番号　　　　身元
確認　　　　確認

1　適用を受ける租税条約に関する事項；
　Applicable Income Tax Convention
　日本国と____中華人民共和国_____との間の租税条約第 21 条第___項___
　The Income Tax Convention between Japan and_____, Article____, para.___

2　報酬・交付金等の支払を受ける者に関する事項；
　Details of Recipient of Remuneration, etc.

| 氏　　　　　　　　名<br>Full name | 王　鮮明 | |
|---|---|---|
| 日 本 国 内 に お け る 住 所 又 は 居 所<br>Domicile or residence in Japan | 渋谷区渋谷Ｘ－Ｘ－Ｘ | （電話番号 Telephone Number）<br>XX-XXXX-XXXX |
| 個 人 番 号 （ 有 す る 場 合 の み 記 入 ）<br>Individual Number (Limited to case of a holder) | 9 8 7 6 5 4 3 2 1 0 0 0 | |
| 入 国 前 の 住 所<br>Domicile before entry into Japan | 中国　四川省○○ | （電話番号 Telephone Number） |

| （年齢 Age） | （国籍 Nationality） | （入国年月日 Date of Entry） | （在留期間 Authorized Period of Stay） | （在留資格 Status of Residence） |
|---|---|---|---|---|
| 28 | 中国 | 2019.9.1 | 2年間 | 留学 |

| 下記「4」の報酬・交付金等につき居住者として課<br>税される国及び納税地(注6)<br>Country where the recipient is taxable as resident<br>on Remuneration, etc., mentioned in 4 below and<br>the place where he is to pay tax (Note 6) | 中国　入国前の住所地と同じ | （納税者番号 Taxpayer Identification Number） |
|---|---|---|
| 日本国において教育若しくは研<br>究を行い又は在学し若しくは訓<br>練を受ける学校、事業所等<br>School or place of business in<br>Japan where the Recipient<br>teaches, studies or is trained | 名　称<br>Name | ○○大学 | |
| | 所 在 地<br>Address | 文京区○○ | （電話番号 Telephone Number）<br>03-XXXX-XXXX |

3　報酬・交付金等の支払者に関する事項；
　Details of Payer of Remuneration, etc.

| 氏　名　又　は　名　称<br>Full name | 税金商事株式会社 | |
|---|---|---|
| 住所（居所）又は本店（主たる事務所）の所在地<br>Domicile (residence) or Place of head office (main<br>office) | 港区西麻布Ｘ－Ｘ－Ｘ | （電話番号 Telephone Number） |
| 個 人 番 号 又 は 法 人 番 号<br>（ 有 す る 場 合 の み 記 入 ）<br>Individual Number or Corporate Number (Limited to case of a holder) | 1 2 3 4 5 6 7 8 9 1 0 0 0 | |
| 日本国内にある事務所等<br>Office, etc. located in Japan | 名　称<br>Name | 同上 | （事業の内容 Details of Business）<br>貿易業 |
| | 所 在 地<br>Address | 同上 | （電話番号 Telephone Number） |

4　上記「3」の支払者から支払を受ける報酬・交付金等で「1」の租税条約の規定の適用を受けるものに関する事項；
　Details of Remuneration, etc., received from the Payer to which the Convention mentioned in 1 above is applicable

| 所 得 の 種 類<br>Kind of Income | 契 約 期 間<br>Period of Contract | 報酬・交付金等の支払日<br>Due Date for Payment | 報酬・交付金等の支払方法<br>Method of Payment of<br>Remunerations, etc. | 報酬・交付金等の金額及び月額・年額の区分<br>Amount of Remunerations, etc.<br>(per month, year). |
|---|---|---|---|---|
| 給与 | 令和２年1月～ | 毎月末 | 現金 | 時給1,000円 |
| 報酬・交付金等の支払を受ける者の資格及び提供する役務の内容<br>Status of Recipient of Remuneration, etc., and the<br>Description of Services rendered | アルバイト | | | |

5　上記「3」の支払者以外の者から日本国内における勤務又は人的役務の提供に関して支払を受ける報酬・給料に関する事項（注7）；
　Other Remuneration, etc., paid by Persons other than 3 above for Personal Services, etc., performed in Japan (Note 7)

【裏面に続きます (Continue on the reverse) 】

129

6　その他参考となるべき事項（注８）；
　　Others (Note 8)

私は、この届出書の「４」に記載した報酬・交付金等が「１」に掲げる租税条約の規定の適用を受けるものであることを、「租税条約等の実施に伴う所得税法、法人税法及び地方税法の特例等に関する法律の施行に関する省令」及び「復興特別所得税に関する省令」の規定により届け出るとともに、この届出書（及び付表）の記載事項が正確かつ完全であることを宣言します。

In accordance with the provisions of the Ministerial Ordinance for the Implementation of the Law concerning the Special Measures of the Income Tax Act, the Corporation Tax Act and the Local Tax Act for the Enforcement of Income Tax Conventions and the Ministerial Ordinance concerning Special Income Tax for Reconstruction, I hereby submit this application form under the belief that the provisions of the Income Tax Convention mentioned in 1 above is applicable to Remuneration, etc., mentioned in 4 above and also hereby declare that the statement on this form (and attachment form) is correct and complete to the best of my knowledge and belief.

Date　2020 年　1 月　4 日

報酬・交付金等の支払を受ける者の署名
Signature of the Recipient of Remuneration, etc.

王　鮮明 ●

自筆による
署名が必要

○　代理人に関する事項　；　この届出書を代理人によって提出する場合には、次の欄に記載してください。
　　Details of the Agent　；　If this form is prepared and submitted by the Agent, fill out the following columns.

| 代理人の資格<br>Capacity of Agent in Japan | 氏　名　（名　称）<br>Full name | | 納税管理人の届出をした税務署名<br>Name of the Tax Office where the Tax Agent is registered |
|---|---|---|---|
| □　納税管理人　※<br>　　Tax Agent<br>□　その他の代理人<br>　　Other Agent | 住所（居所・所在地）<br>Domicile　（Residence<br>or location） | （電話番号 Telephone Number） | 税務署<br>Tax Office |

※　「納税管理人」とは、日本国の国税に関する申告、申請、請求、届出、納付等の事項を処理させるため、国税通則法の規定により選任し、かつ、日本国における納税地の所轄税務署長に届出をした代理人をいいます。

※　"Tax Agent" means a person who is appointed by the taxpayer and is registered at the District Director of Tax Office for the place where the taxpayer is to pay his tax, in order to have such agent take necessary procedures concerning the Japanese national taxes, such as filing a return, applications, claims, payment of taxes, etc., under the provisions of Act on General Rules for National Taxes.

○　適用を受ける租税条約が特典条項を有する租税条約である場合；
　　If the applicable convention has article of limitation on benefits

特典条項に関する付表の添付　　　□有Yes
"Attachment Form for Limitation on Benefits Article" attached
　　　　　□添付省略 Attachment not required
　　　　　（特典条項に関する付表を添付して提出した租税条約に関する届出書の提出日　　　年　　　月　　　日）
　　　　　Date of previous submission of the application for income tax convention with the "Attachment Form for Limitation on Benefits Article

様式11
FORM

会社印
を押す

税金
商事

**租税条約に関する源泉徴収税額の還付請求書**
（発行時に源泉徴収の対象となる割引債及び芸能人等の役務提供事業の対価に係るものを除く。）

APPLICATION FORM FOR REFUND OF THE OVERPAID WITHHOLDING TAX
OTHER THAN REDEMPTION OF SECURITIES WHICH ARE SUBJECT TO
WITHHOLDING TAX AT THE TIME OF ISSUE AND REMUNERATION DERIVED
FROM RENDERING PERSONAL SERVICES EXERCISED BY AN ENTERTAINER
OR A SPORTSMAN IN ACCORDANCE WITH THE INCOME TAX CONVENTION
この還付請求書の記載に当たっては、裏面の注意事項を参照してください。
See instructions on the reverse side.

（税務署整理欄）
For official use only

| | |
|---|---|
| 通信日付印 | ・ ・ |
| 確認印 | |
| 還付金；有、無 | |

| 番号確認 | 身元確認 |
|---|---|

渋谷　税務署長殿
To the District Director, _____ Tax Office

1　還付の請求をする者（所得の支払を受ける者）に関する事項；
　Details of the Person claiming the Refund (Recipient of Income)

| フリガナ Furigana<br>氏　名　又　は　名　称（注5）<br>Full name (Note 5) | （納税者番号 Taxpayer Identification Number）<br>王　鮮明 |
|---|---|
| 住所（居所）又は本店（主たる事務所）の所在地<br>Domicile (residence) or Place of head office (main office) | （電話番号 Telephone Number）<br>渋谷区渋谷Ｘ－Ｘ－Ｘ |

| 個　人　番　号　又　は　法　人　番　号<br>（有　す　る　場　合　の　み　記　入）<br>Individual Number or Corporate Number (Limited to case of a holder) | 9 8 7 6 5 4 3 2 1 0 0 0 |
|---|---|

2　還付請求金額に関する事項；
　Details of Refund

(1)　還付を請求する還付金の種類；（該当する下記の条項の□欄に✓印を付けてください（注6）。）
　　Kind of Refund claimed;　(Check applicable box below (Note 6).)

租税条約等の実施に伴う所得税法、法人税法及び地方税法
の特例等に関する法律の施行に関する省令第15条第1項
Ministerial Ordinance of the Implementation of
the Law concerning the Special Measures of the
Income Tax Act, the Corporation Tax Act and the
Local Tax Act for the Enforcement of Income Tax
Conventions, paragraph 1 of Article15

□第1号（Subparagraph 1）
□第3号（Subparagraph 3）
□第5号（Subparagraph 5）
□第7号（Subparagraph 7）

に掲げる還付金
Refund in accordance with
the relevant subparagraph

(2)　還付を請求する金額；
　　Amount of Refund claimed

　¥　　**27,120**　　円

(3)　還付金の受領場所等に関する希望；（該当する下記の□欄に✓印を付し、次の欄にその受領を希望する場所を記入してください。）
　　Options for receiving your refund;　(Check the applicable box below and enter your information in the corresponding fields.)

| 受取希望場所<br>Receipt by transfer to: | 銀行<br>Bank | 支店<br>Branch | 預金種類及び口座<br>番号又は記号番号<br>Type of account and<br>account number | 口座名義人<br>Name of account holder |
|---|---|---|---|---|
| ☑ 日本国内の預金口座<br>a Japanese bank account | ○○○ | ××× | 普通123456 | 王　鮮明 |
| □ 日本国外の預金口座<br>a bank account outside Japan | 支店住所（国名, 都市名）Branch Address (Country ,City): | | | |
| □ ゆうちょ銀行の貯金口座<br>an ordinary savings account at the Japan Post Bank | — | | | |
| □ 郵便局等の窓口受取を希望する場合<br>the Japan Post Bank or the post office (receipt in person) | | | | |

3　支払者に関する事項；
　Details of Payer

| 氏　名　又　は　名　称<br>Full name | 税金商事株式会社 |
|---|---|
| 住所（居所）又は本店（主たる事務所）の所在地<br>Domicile (residence) or Place of head office (main office) | （電話番号 Telephone Number）<br>港区西麻布Ｘ－Ｘ－Ｘ |

| 個　人　番　号　又　は　法　人　番　号<br>（有　す　る　場　合　の　み　記　入）<br>Individual Number or Corporate Number (Limited to case of a holder) | 1 2 3 4 5 6 7 8 9 1 0 0 0 |
|---|---|

4　源泉徴収義務者の証明事項；
　Items to be certified by the withholding agent

| (1) 所得の種類<br>Kind of Income | (2) 所得の支払期日<br>Due Date for Payment | (3) 所得の支払金額<br>Amount paid | (4)(3)の支払金額から源泉徴収した税額<br>Withholding Tax on (3) | (5)(4)の税額の納付年月日<br>Date of Payment of (4) | (6)租税条約を適用した場合に源泉徴収すべき税額<br>Tax Amount to be withheld under Tax Convention | (7)還付を受けるべき金額<br>Amount to be refunded<br>((4)−(6)) |
|---|---|---|---|---|---|---|
| 給与 | 令和2年1〜9月 | 890,000 円<br>yen | 27,120 円<br>yen | 毎翌月10日 | 0 円<br>yen | 27,120 円<br>yen |
| | | | | | | |

上記の所得の支払金額につき、上記のとおり所得税及び復興特別所得税を徴収し、納付したことを証明します。
I hereby certify that the tax has been withheld and paid as shown above.

2020 年 10 月 1 日
Date

源泉徴収義務者<br>Signature of withholding agent　　税金商事株式会社　　印

【裏面に続きます（Continue on the reverse）】

131

私は、日本国と＿＿＿＿＿＿＿＿＿＿＿＿＿＿との間の租税条約
第＿＿条第＿＿項の規定の適用を受ける上記「4」の所得について源泉
徴収された税額につき、「租税条約の実施に伴う所得税法、法人税法及
び地方税法の特例等に関する法律の施行に関する省令」及び「復興特別所
得税に関する省令」の規定により還付の請求をするとともに、この還付請
求書の記載事項が正確かつ完全であることを宣言します。

In accordance with the provisions of the Ministerial Ordinance for the
Implementation of the Law concerning the Special Measures of the
Income Tax Act, the Corporation Tax Act and the Local Tax Act for
the Enforcement of Income Tax Conventions and the Ministerial
Ordinance concerning Special Income Tax for Reconstruction, I hereby
claim the refund of tax withheld on the Income of 4 above to which
subparagraph＿＿＿＿of paragraph＿＿＿of Article＿＿＿of Income
Tax Convention between Japan and＿＿＿＿＿＿＿＿＿＿＿＿＿is
applicable and also hereby declare that the above statement is correct
and complete to the best of my knowledge and belief.

Date **2020**年 **10**月 **1**日

還付の請求をする者又はその代理人の署名
Signature of the Applicant or his Agent

王　鮮明

自筆による署名が必要

○　代理人に関する事項　；この届出書を代理人によって提出する場合には、次の欄に記載してください。
　　Details of the Agent　；If this form is prepared and submitted by the Agent, fill out the following columns.

| 代理人の資格<br>Capacity of Agent<br>in Japan | 氏名（名称）<br>Full name | | 納税管理人の届出をした税務署名<br>Name of the Tax Office where<br>the Tax Agent is registered |
|---|---|---|---|
| □　納税管理人　※<br>　　Tax Agent<br>□　その他の代理人<br>　　Other Agent | 住所（居所・所在地）<br>Domicile　(Residence<br>or location) | （電話番号　Telephone Number） | 税務署<br>Tax Office |

※　「納税管理人」については、「租税条約に関する届出書」の裏面の説
　　明を参照してください。

※　"Tax Agent" is explained on the reverse side of the "Application Form
　　for Income Tax Convention".

────注意事項────

**還付請求書の提出について**

1　この還付請求書は、還付を請求する税額の源泉徴収をされた所得の支
　払者（租税特別措置法第9条の3の2第1項に規定する利子等の支払の
　取扱者を含みます。以下同じです。）ごとに作成してください。

2　この還付請求書は、上記1の所得につき租税条約の適用を受け
　るための別に定める様式（様式1～様式3、様式6～様式10及び様式
　19）による「租税条約に関する届出書」（その届出書に付表や書類を添
　付して提出することとされているときは、それらも含みます。）ととも
　に、それぞれ正副2通を作成して所得の支払者に提出し、所得の支払者
　は還付請求書の「4」の欄の記載事項について証明をした後、還付請求
　書及び租税条約に関する届出書の正本をその支払者の所轄税務署長に提
　出してください。

3　この還付請求書を納税管理人以外の代理人によって提出する場合に
　は、その委任関係を証する委任状をその翻訳文とともに添付してくださ
　い。

4　この還付請求書による還付金を代理人によって受領することを希望す
　る場合には、還付請求書にその旨を記載してください。また、その
　代理人が納税管理人以外の代理人であるときは、その委任関係を証する
　委任状及び還付請求をする者（所得の支払を受ける者）のサイン証明書
　または印鑑証明書を、これらの翻訳文とともに添付してください。

**還付請求書の記載について**

5　納税者番号とは、租税の申告、納付その他の手続を行うために用いる
　番号、記号その他の符号でその手続をすべき者を特定することができるも
　のをいいます。支払を受ける者の居住地である国に納税者番号に関する
　制度が存在しない場合や支払を受ける者が納税者番号を有しない場合に
　は納税者番号を記載する必要はありません。

6　還付請求書の「2(1)」の条項の区分は、次のとおりです。

□　第1号……　租税条約の規定の適用を受ける人的役務の対価として
　　　　　　　　の給与その他の報酬を2以上の支払者から支払を受ける
　　　　　　　　ため、その報酬につき「租税条約に関する届出書」を提出
　　　　　　　　できなかったこと又は免税の金額基準が設けられている
　　　　　　　　租税条約の規定の適用を受ける株主等対価の支払を受け
　　　　　　　　るため、その対価につき「租税条約に関する届出書」を
　　　　　　　　提供できなかったことに基因して源泉徴収をされた税額
　　　　　　　　について還付の請求をする場合

□　第3号……　第1号及び第5号以外の場合で、租税条約の規定の適
　　　　　　　　用を受ける所得につき「租税条約に関する届出書」を提
　　　　　　　　出しなかったことに基因して源泉徴収をされた税額につ
　　　　　　　　いて還付の請求をする場合

□　第5号……　特定社会保険料を支払った又は控除される場合におい
　　　　　　　　て、当該給与又は報酬につき源泉徴収をされた税額につ
　　　　　　　　いて還付の請求をする場合

□　第7号……　租税条約の規定が遡及して適用されることとなったた
　　　　　　　　め、当該租税条約の効力発生前に支払を受けた所得につ
　　　　　　　　き既に源泉徴収をされた税額について還付の請求をする
　　　　　　　　場合

────INSTRUCTIONS────

Submission of the FORM

1　This form must be prepared separately for each Payer of Income
　who withheld the tax to be refunded(including Person in charge of
　handling payment of Interrest or other payment who prescribed in
　paragraph 1 of Article 9-3-2 of the Act on Special Measures
　Concerning Taxation; the same applies below).

2　Submit this form in duplicate to the Payer of Income concerned
　together with the "Application Form for Income Tax Convention"
　(Forms 1 to 3, 6 to 10 and 19) prepared in duplicate for the
　application of Income Tax Convention to the income above(including
　attachment forms or documents if such attachment and documents
　are required). The Payer of the Income must certify the item in 4 on
　this form and then file the original of each form with the District
　Director of Tax Office for the place where the Payer resides.

3　An Agent other than the Tax Agent must attach a power of
　attorney together with its Japanese translation.

4　The applicants who wishes to receive refund through an Agent
　must state so on this form. If the Agent is an Agent other than a Tax
　Agent, a power of attorney and a guarantee of signature or seal-
　impression of the applicant (recipient of income) must be attached
　together with their Japanese translations.

Completion of the FORM

5　The Taxpayation Identification Number is a number, code or symbol
　which is used for filing of return and payment of due amount and
　other procedures regarding tax, and which identifies a person who
　must take such procedures. If a system of Taxpayer Identification
　Number does not exist in the country where the recipient resides, or
　if the recipient of the payment does not have a Taxpayer
　Identification Number, it is not necessary to enter the Taxpayer
　Identification Number.

6　The distinction of the provisions of the item 2 (1) on this form is as
　follows:

□ Subpara.1…　For the refund of tax on salary or other
　　　　　　　　remuneration for personal services withheld to the
　　　　　　　　benefits of the Income Tax Convention which was
　　　　　　　　withheld due to the failure to file the "Application
　　　　　　　　Form for Income Tax Convention" because there are
　　　　　　　　more than two Payers of Income. Alternatively,
　　　　　　　　regarding the payment of stockholder value entitled
　　　　　　　　according to the benefits of the Income Tax
　　　　　　　　Convention, which provides an exemption amounts
　　　　　　　　standard, the failure to file the "Application Form for
　　　　　　　　Income Tax Convention" for the value.

□ Subpara.3…　For the refund of tax on income entitled to the
　　　　　　　　benefits of the Income Tax Convention which was
　　　　　　　　withheld due to the failure to file the "Application
　　　　　　　　Form for Income Tax Convention" in cases other
　　　　　　　　thanSubpara.1 and Subpara.5.

□ Subpara.5…　For the refund of tax which was withheld at the
　　　　　　　　source from wages or remuneration with which
　　　　　　　　designated insurance premiums were paid or from which
　　　　　　　　said premiums are deducted.

□ Subpara.7…　For the refund of tax withheld on income paid before
　　　　　　　　the coming into effect of Income Tax Convention when
　　　　　　　　the Convention became applicable retroactively.

## Q 2 - 30　専修学校等の就学生に対する免税条項の適用の是非

> **Q**　内国法人Ａ社は、日本語学校に在学している外国人就学生をアルバイトとして雇用することになりました。
> 　多くの租税条約では、学生や事業修習者について所得税の免税条項があるようですが、Ａ社が雇用する外国人就学生も同様と考えてよいでしょうか。

**A**　日本語学校などの専修学校又は各種学校に在学する就学生については、学生、事業修習者又は事業習得者の免税条項の適用はありません。

「学生」、「事業修習者」及び「事業習得者」の範囲については、国内法の規定により解釈することとなりますが、一般的には次のようになります。

(1)　学生……学校教育法第1条に規定する学校の児童、生徒又は学生
　(参考)　学校教育法第1条
　　　　この法律で、学校とは、幼稚園、小学校、中学校、高等学校、中等教育学校、特別支援学校、大学及び高等専門学校とする。

(2)　事業修習者…企業内の見習研修者や日本の職業訓練所等において訓練、研修を受ける者
(3)　事業習得者…企業の使用人として又は契約に基づき、当該企業以外の者から高度な職業上の経験等を習得する者

したがって、日本語学校などの各種学校の就学生は、そのことのみを

もって免税条項の適用はなく、これらの者に対するアルバイト給与については、居住者か非居住者かの判定を行った上で、それぞれの区分に応じた源泉徴収を行うこととなります。

（参照：国税庁ホームページ）

## Q 2 −31 ワーキング・ホリデーで来日し働いている 外国人に係る税金

**Q** 私はオーストラリア人で、6か月間のワーキング・ホリデーで来日し、日本の会社でアルバイトをして働き給料をもらっています。私の税金は、どのようになるのでしょうか。

**A** 非居住者として、給料から20.42％の源泉徴収がされます。

### 解説

ワーキング・ホリデーで働いている外国人は、日本における滞在期間は、基本的に1年未満であるため、所得税法上は、非居住者としての扱いになります（所令14①一）。

したがって、給与を支払うときは、非居住者として20.42％の源泉徴収が行われます。源泉分離課税ですので、課税関係は源泉徴収で終了し、本人は確定申告を行うことはできません。

なお、1年を超える滞在となった場合は、居住者としての課税が行われることとなります。

## Q 2 - 32　給与計算期間中に出国した者の源泉徴収

**Q**　外国人社員で給与の計算期間中に出国した者がおり、出国後にその計算期間中の給与を支給しました。源泉徴収はどのように行えばよいのでしょうか。

**A**　国内勤務分に係る給与については、原則として支給時に源泉徴収を行いますが、給与の計算期間が1月以下の場合は、給与の総額を源泉徴収の対象外とすることもできます。

（解説）

　給与を支給されている社員が、給与の計算期間中に出国した場合、国内で役務を提供した期間があるときは、その期間分は国内源泉所得となるため、国内勤務に相当する期間分は、給与の支給時に原則として源泉徴収を行う必要があります。

　ただし、給与の計算期間が1月以下で、当該期間中に国内での役務提供期間と国外での役務提供期間が混在している場合は、給与の総額を源泉徴収対象外とすることもできます（所基通212-5）。

　例えば、給与の計算期間が11月1日から11月30日で、支給日が11月25日、出国日が11月15日だったとします。この場合、11月中に国内役務提供期間と国外役務提供期間が混在していますが、給与の計算期間は1か月なので、給与の総額を源泉徴収の対象外とすることができます。

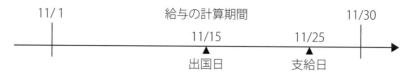

# 12　退職所得

## Q2-33　退職所得の選択課税（帰国後受け取った退職金）

**Q**　私は米国人ですが、日本の会社に10年間勤務し、昨年会社を退職し本国に帰国しました。日本の会社から退職金を受け取ったのですが、20.42％の日本の所得税が引かれていました。この税金を取り戻すために、何か方法はあるのでしょうか。

**A**　日本で確定申告を行うことにより、税金の還付を受けることができます。

### 解説

1　非居住者に支払われる退職金は、居住者であった期間に行った勤務部分について、国内源泉所得として支払いの際に20.42％の源泉徴収がなされます（所法161①十二ハ、164②二、169、170、復興財確法28①②）。

　国内源泉所得の計算は、国内で行った勤務の期間により按分計算します（所基通161-41）。

　この退職金は、退職所得の選択課税の適用を受けることができ（所法171）、確定申告することによって源泉徴収された所得税の全部又は一部の還付を受けることができます（所法173）。申告した方が有利な場合、申告を行うこととなります。

2　この選択課税の申告は、退職金の支給を受けた年の翌年1月1日以

後に行うこととなりますが、同日前に退職手当等の総額が確定した場合には、その確定した日以後に申告することができます（所法173①）。したがって、その年中に他に退職手当等の支給がなければ、翌年1月1日前であっても申告することができます。

　なお、確定申告を行うに当たっては、納税管理人を定め税務署に届け出る必要があります（通法117）。提出先は納税者本人の納税地を所轄する税務署です。

3　確定申告書を提出するときは、申告書に源泉徴収された事実の説明となるべき事項を記載した明細書を添付する必要があります（所令297①、所規71①）。一般的には「非居住者等に支払われる給与、報酬、年金及び賞金の支払調書」になります。

　※　「退職所得の選択課税」の申告書の具体的な記載例は、次ページ以降のとおりです。

## 【事例】

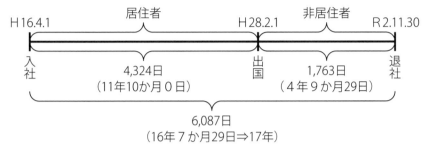

※　**退職金の額2,000万円**

令和　2　年分　非居住者等に支払われる給与、報酬、年金及び賞金の支払調書

| 支払を受ける者 | 居所又は所在地 | 110 XXXave Chicago USA | | | | |
|---|---|---|---|---|---|---|
| | 氏名又は名称 | Davis Daniel | | | 個人番号又は法人番号 | |
| 区　　分 | 計算の基礎 | | 支　払　金　額 | | 源泉徴収税額 | |
| 退職手当 | 支払総額2,000万円 | | 14 207 327 | | 2 901 136 | |
| | ×4,324日／6,087日 | | | | | |
| | | | | | | |
| | | | | | | |
| 納税管理人 | 住所又は居所 | | | 氏　　名 | | |
| 退職所得控除額 | | 勤　続　年　数 | 就　職　年　月　日 | | 退　職　年　月　日 | |
| 680　万円 | | 17　年 | 平成16 年 4 月 1 日 | | 令和2 年 11 月 30 日 | |
| (摘要) | | | | | | |
| 支払者 | 住所(居所)又は所在地 | 港区六本木1−3−2 | | | | |
| | 氏名又は名称 | AIB証券　　（電話） | | | 個人番号又は法人番号 | |
| 整　理　欄 | | ① | | ② | | |

右の「個人番号又は法人番号」欄に個人番号（12桁）を記載する場合には、右詰で記載します。

339

(注)1　退職手当等に対する国内源泉所得の範囲は、総額のうち居住者であった
期間に対応する部分の金額が国内源泉所得となり、20.42％源泉徴収されま
す。
国内源泉所得の計算は、次のように行います（所基通161−41（注）2）。

$$退職手当等の総額 \times \frac{退職手当等の総額の計算の基礎となった期間のうち、居住者であった期間に行った勤務期間等}{退職手当等の総額の計算の基礎となった期間}$$

2　退職手当総額は、国外源泉所得も含めて計算します。つまり総額2,000万円で申告します。

3　退職所得控除額計算上の勤続年数は、非居住者期間も含めた全勤続期間となります。

4　所得控除は受けることができません。基礎控除も適用がありません。

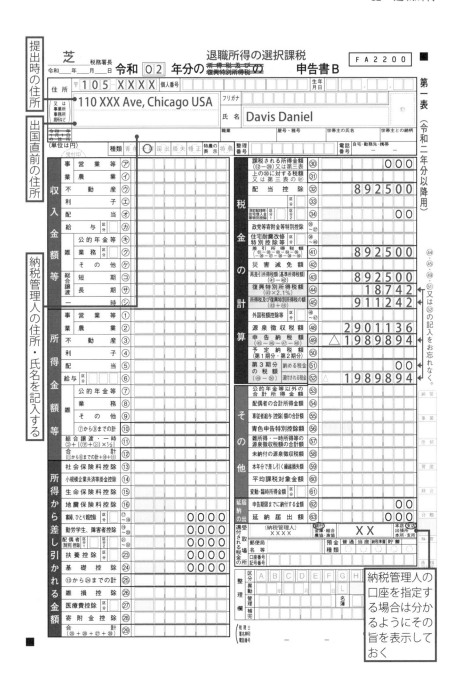

退職所得の選択課税

令和 02 年分の　　　　　の確定申告書B

整理番号 ☐☐☐☐☐☐☐☐　　FA2300

| 住　所<br>屋　号<br>フリガナ<br>氏　名 | 港区三田X－X－X<br><br>Davis Daniel |
|---|---|

## ○ 所得の内訳（所得税及び復興特別所得税の源泉徴収税額）

| 所得の種類 | 種目 | 給与などの支払者の名称・所在地等 | 収入金額 | 源泉徴収税額 |
|---|---|---|---|---|
| 退職 | | AIB 証券 | 円 20,000,000 | 円 2,901,136 |
| | | | | |
| | | | | |

| ㊽ 源泉徴収税額の合計額 | 2,901,136 |
|---|---|

## ○ 総合課税の譲渡所得、一時所得に関する事項（⑪）

| 所得の種類 | 収入金額 | 必要経費等 | 差引金額 |
|---|---|---|---|
| 譲渡（短期） | 円 | 円 | 円 |
| 譲渡（長期） | | | |
| 一　時 | | | |

## ○ 特例適用条文等

## ○ 配偶者や親族に関する事項（⑳～㉓）

| 氏　名 | 個人番号 | 続柄 | 生年月日 | 障害者 | 国外居住 | 住民税 | その他 |
|---|---|---|---|---|---|---|---|

## ○ 事業専従者に関する事項（㊺）

| 事業専従者の氏名 | 個人番号 | 続柄 | 生年月日 | 従事月数・程度・仕事の内容 | 専従者給与（控除）額 |
|---|---|---|---|---|---|

## ○ 住民税・事業税に関する事項

## ○ 保険料控除等に関する事項（⑬～⑯）

| | 保険料等の種類 | 支払保険料等の計 | うち年末調整等以外 |
|---|---|---|---|
| ⑬社会保険料控除 | | 円 | 円 |
| ⑭小規模企業共済等掛金控除 | | 円 | 円 |
| ⑮生命保険料控除 | 新生命保険料 | 円 | 円 |
| | 旧生命保険料 | | |
| | 新個人年金保険料 | | |
| | 旧個人年金保険料 | | |
| | 介護医療保険料 | | |
| ⑯地震保険料控除 | 地震保険料 | 円 | 円 |
| | 旧長期損害保険料 | | |

## ○ 本人に関する事項（⑰～⑳）

## ○ 雑損控除に関する事項（㉖）

## ○ 寄附金控除に関する事項（㉘）

142

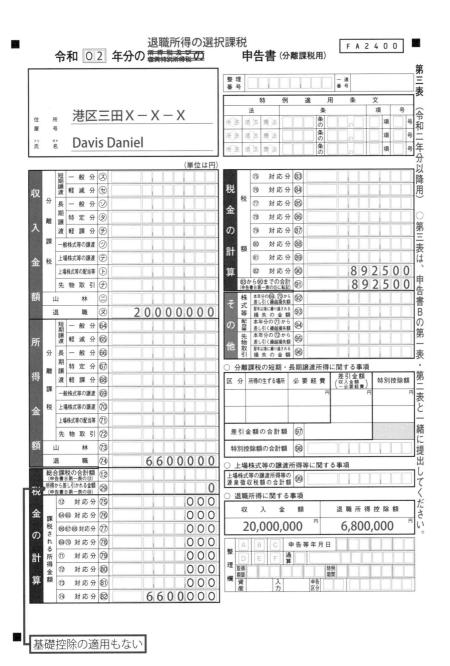

## Q2-34　退職所得の選択課税（厚生年金の脱退一時金）

**Q**　私（外国人）は、米国法人の日本子会社に2年間勤務し、その間、日本の厚生年金に加入し保険料を支払っていました。帰国後、脱退一時金の申請を行い脱退一時金を受け取りました。

　源泉所得税が20.42％引かれていますが、還付を受けることは可能でしょうか。

**A**　日本の税務署に確定申告を行い、源泉徴収された税金の還付を受けることができます。

### 解説

1　外国人が、厚生年金を脱退し出国した場合、日本年金機構に一定の手続きを行うことにより、脱退一時金を受け取ることができます。

　　非居住者が受け取る厚生年金の脱退一時金は、「所得税法第30条第1項（退職所得）に規定する退職手当等のうち、その支払いを受ける者が居住者であった期間に行った勤務に基因するもの」（所法161①十二ハ）に該当するので国内源泉所得となり、支給時に20.42％の源泉徴収が行われます（所法164②二、169、170、復興財確法28①②）。

2　厚生年金の脱退一時金は、厚生年金法の規定に基づく一時金であり、退職手当等とみなす一時金（所法31①一）に該当します。そして、非居住者が受け取る退職所得ですので退職所得の選択課税を受け（所法171）、税金の還付を受けることができます（所法173）。

3　退職所得の選択課税による還付申告は、退職金の支給を受けた年の翌年1月1日以後に行うことができますが、同日前に退職手当等の総額が確定した場合には、その確定した日以後に行うことができます（所法173①）。

　なお、確定申告を行うに当たっては、非居住者なので、納税管理人を定め、「納税管理人の届出書」を納税者本人の納税地を所轄する税務署に届け出る必要があります（通法117）。

4　確定申告に当たっては、添付書類が必要になりますが（所令297①、所規71）、具体的には、日本年金機構から送付される「国民年金・厚生年金保険　脱退一時金支給決定通知書」あるいはその写しが必要となります。

「国民年金・厚生年金保険　脱退一時金支給決定通知書」の見本及び確定申告書の記載例は、次ページ以降のとおりです。

---

【事例】

　Mia Jonesさんは、2年間厚生年金に加入していたが、令和元年6月に脱退し、帰国後、令和2年2月15日に厚生年金の脱退一時金の支給を受けた。支給額500,000円、所得税及び復興税102,100円、差引支払額397,900円であった。

---

## 【サンプル】

国民年金・厚生年金保険　脱退一時金支給決定通知書

National Pension / Employees' Pension Insurance
Notice of Entitlement: Your Lump-sum Withdrawal Payments

右記のとおり決定しましたので通知します。

This is to notify you that you are entitled to the Lump-sum Withdrawal Payments as shown on the right side.

2020 年 2 月 15日
Year　Month　Date

厚生労働大臣
Minister of Health,
Labour and Welfare

日本年金機構
Japan Pension Service

(〒168-8505 東京都杉並区高井戸西3丁目5番14号)

(3-5-24, Takaido-nishi, Suginami-ku, Tokyo 158-8505 Japan)

この決定に不服があるときは、この決定があったことを知った日の翌日から起算して3か月以内に、厚生労働省社会保険審査会に対して審査請求できます。

なお、この決定の取消の訴えは、審査請求の決定を経た後でないと、提起できませんが、審査請求があった日から3か月を経過しても審査会の決定がないとき、決定の執行等による著しい損害を避けるため緊急の必要があるとき、その他正当な理由のあるときは、審査請求の決定を経なくても提起できます。また、処分の取消の訴えは、処分の送達を受けた日の翌日から起算して6か月以内に、国を被告として（代表者は法務大臣）提起できます。ただし、原則として審査請求の決定の日から1年を経過したときは訴えを提起できません。

If you are dissatisfied with this administrative decision, you may request the Social Insurance Examination Committee in the Ministry of Health, Labour and Welfare to review the decision. The request must be made within three months from the day following the date when you are informed the decision.
In principle, you cannot appeal (filing an action in a court for revocation of this administrative decision before the Committee makes its decision. However, you may appeal to the court before the Committee makes its decision, if its decision is not made within two months of your request, or when there is urgent need in order to prevent serious loss or damage (penalty caused by the administrative decision, or there is very good reason for doing so).
You may appeal for revocation of the administrative decision against the Japanese government (the representative official is the Minister of Justice), within six months from the day following the date when you learn about the Committee's decision. In principle, however, you cannot appeal beyond one year after the date of the Committee's decision.

| 脱退一時金整理番号<br>Your Lump-sum Withdrawal<br>Payments number | XXXX |
|---|---|

USA

### 国民年金　National Pension system

| 支給額<br>Payments amount | 円<br>Yen | 保険料納付済期間（第1号）<br>Contribution fully paid months<br>(Category I insured period) | 月<br>Months |
|---|---|---|---|
| 支給決定年月日<br>Date of entitlement | 年 月 日<br>Year Month Date | 保険料4分の1免除期間（3/4）<br>3/4-contribution-exempt months<br>x 3/4 | 月<br>Months |
| 基準月<br>Last combined month<br>(base month) | 年 月<br>Year Month | 保険料半額免除期間（1/2）<br>Half-contribution-exempt months<br>x 1/2 | 月<br>Months |
| 合計<br>Total | 月<br>Months | 保険料4分の3免除期間（1/4）<br>3/4-contribution-exempt months<br>x 1/4 | 月<br>Months |

### 厚生年金保険　Employees' Pension Insurance system

| 支給額<br>Payments amount | 500,000 円<br>Yen | 支給決定年月日<br>Date of entitlement | 2020年 2 月 15 日<br>Year Month Date |
|---|---|---|---|
| 所得税額および復興特別所得税額<br>Income Tax and Special Income Tax for Reconstruction | 102,100 円<br>Yen | 被保険者期間<br>（実月数）<br>Coverage periods | 24月<br>Months |
| 支払額<br>Net payment amount | 397,900 円<br>Yen | 終結月<br>Last month of coverage | 2019年 6 月<br>Year Month |

| 内訳 Details | 被保険者期間<br>（実月数）<br>Coverage periods | 支給率<br>Payments Multiplier | 平均標準報酬（月）額<br>Average (Monthly)<br>Standard Remuneration |
|---|---|---|---|
| 一般厚生年金<br>General Employees' Pension | 24 月<br>Months | 2.1 | 280,000 円<br>Yen |
| 公務員厚生年金<br>Workers Pension for Public Officials | 月<br>Months | | 円<br>Yen |
| 私学厚生年金<br>Workers Pension for Private Schools | 月<br>Months | | 円<br>Yen |

| 基礎年金番号<br>Your Basic Pension Number | 2263 XXXX |
|---|---|

（裏面の注意事項を読んでください。）
(See notes on the reverse side.)

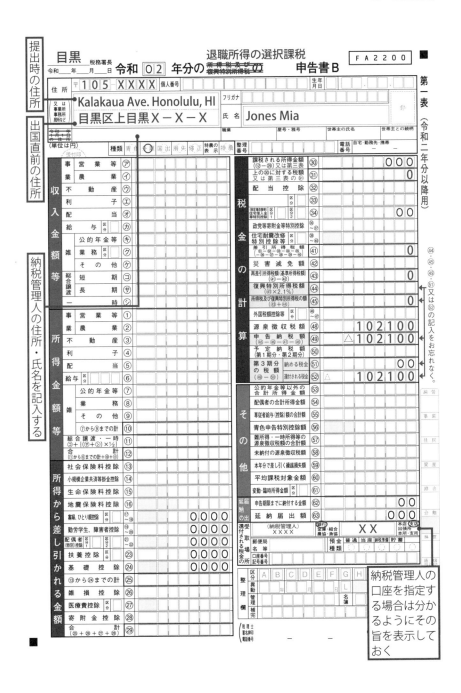

令和 **02** 年分の 所得税及び復興特別所得税 の確定申告書B

整理番号 ☐☐☐☐☐☐☐　　FA2300

| 住　所 | 目黒区上目黒Ｘ－Ｘ－Ｘ |
| 屋　号 | |
| フリガナ　氏　名 | Jones Mia |

○ 所得の内訳（所得税及び復興特別所得税の源泉徴収税額）

| 所得の種類 | 種目 | 給与などの支払者の名称・所在地等 | 収入金額 | 源泉徴収税額 |
|---|---|---|---|---|
| 退職 | | 日本年金機構 | 500,000 円 | 102,100 円 |

㊽ 源泉徴収税額の合計額　102,100

○ 総合課税の譲渡所得、一時所得に関する事項（⑪）

| 所得の種類 | 収入金額 | 必要経費等 | 差引金額 |
|---|---|---|---|
| 譲渡（短期） | 円 | 円 | 円 |
| 譲渡（長期） | | | |
| 一　時 | | | |

○ 特例適用条文等

○ 配偶者や親族に関する事項（⑳～㉓）

| 氏　名 | 個人番号 | 続柄 | 生年月日 | 障害者 | 国外居住 | 住民税 | その他 |
|---|---|---|---|---|---|---|---|
| | | 配偶者 | 明・大・昭・平・令 ． ． | 障・特障 | 国外・年調 | 同一・別居 | 調整・専従 |
| | | | 明・大・昭・平・令 ． ． | 障・特障 | 国外・年調 | (16)・別居 | 調整・専従 |
| | | | 明・大・昭・平・令 ． ． | 障・特障 | 国外・年調 | (16)・別居 | 調整・専従 |
| | | | 明・大・昭・平・令 ． ． | 障・特障 | 国外・年調 | (16)・別居 | 調整・専従 |
| | | | 明・大・昭・平・令 ． ． | 障・特障 | 国外・年調 | (16)・別居 | 調整・専従 |
| | | | 明・大・昭・平・令 ． ． | 障・特障 | 国外・年調 | (16)・別居 | 調整・専従 |

○ 事業専従者に関する事項（�55）

| 事業専従者の氏名 | 個人番号 | 続柄 | 生年月日 | 従事月数・程度・仕事の内容 | 専従者給与（控除）額 |
|---|---|---|---|---|---|
| | | | 明・大昭・平 ． ． | | |
| | | | 明・大昭・平 ． ． | | |

○ 住民税・事業税に関する事項

| 住民税 | 非上場株式の少額配当等を含む配当所得の金額 | 非居住者 | 配当割額控除額 | 株式等譲渡所得割額控除額 | 給与、公的年金等以外の所得に係る住民税の徴収方法 特別徴収／自分で納付 | 都道府県、市区町村への寄附（特例控除対象） | 共同募金、日赤その他の寄附 | 都道府県条例指定寄附 | 市区町村条例指定寄附 |
|---|---|---|---|---|---|---|---|---|---|
| | 円 | | 円 | 円 | | 円 | 円 | 円 | 円 |

| 事業税 | 非課税所得など | 番号 | 所得金額 | 損益通算の特例適用前の不動産所得 | | 前年中の開（廃）業 | 開始・廃止 月日 |
|---|---|---|---|---|---|---|---|
| | 不動産所得から差し引いた青色申告特別控除額 | | | 事業用資産の譲渡損失など | | 他都道府県の事務所等 | |

| 上記の配偶者・親族・事業専従者のうち別居の者の氏名・住所 | 氏名 住所 | | 所得税で控除対象配偶者などとした専従者 | 氏名 | 給与 | 一連番号 |

○ 保険料控除等に関する事項（⑬～⑯）

| | 保険料等の種類 | 支払保険料等の計 | うち年末調整等以外 |
|---|---|---|---|
| ⑬社会保険料控除 | | 円 | 円 |
| | | | |
| | | | |
| ⑭小規模企業共済等掛金控除 | | 円 | 円 |
| ⑮生命保険料控除 | 新生命保険料 | 円 | 円 |
| | 旧生命保険料 | | |
| | 新個人年金保険料 | | |
| | 旧個人年金保険料 | | |
| | 介護医療保険料 | | |
| ⑯地震保険料控除 | 地震保険料 | 円 | 円 |
| | 旧長期損害保険料 | | |

○ 本人に関する事項（⑰～⑳）

| 寡婦／寡夫 | 勤労学生 | 障害者 | 特別障害者 |
|---|---|---|---|
| □死別 □生死不明 □離婚 □未帰還 ひとり親 | □年調以外かつ専修学校等 | | |

○ 雑損控除に関する事項（㉖）

| 損害の原因 | 損害年月日 | 損害を受けた資産の種類など |
|---|---|---|
| | | |
| 損害金額 円 | 保険金などで補塡される金額 円 | 差引損失額のうち災害関連支出の金額 円 |

○ 寄附金控除に関する事項（㉘）

| 寄附先の名称等 | | 寄附金 円 |
|---|---|---|

**13　譲渡所得**

## Q 2 - 35　不動産譲渡

**Q** 外国人が不動産を譲渡した場合の課税関係は、どのようになるのでしょうか。

 **A** 課税関係について永住者、非永住者、非居住者別に表にまとめると次のようになります。

|  | 日本国内の不動産 | 海外の不動産 |
|---|---|---|
| 永住者 | ▶申告分離課税 | ▶申告分離課税。外国で課された所得税は、日本で確定申告するときに外国税額控除を受けることができる。 |
| 非永住者 | ▶申告分離課税 | ▶国内において支払われたもの及び国外から送金されたものは、確定申告が必要（申告分離課税）。外国で課された所得税は、日本で確定申告するときに外国税額控除を受けることができる。 |
| 非居住者 | ▶10.21％源泉徴収の上、確定申告（申告分離課税）<sup>(注)</sup>。 | 非課税 |

（注）1　源泉徴収の対象とされるものは、非居住者の「国内にある土地若しくは土地の上に存する権利又は建物及びその附属設備若しくは構築物の譲渡による対価（政令で定めるものを除く）」とされています（所法161①五）。
　　　　政令で除外されるものは、土地等の譲渡による対価（その金額が1億円を超えるものを除く。）で、当該土地等を自己又はその親族の居住の用に

供するために譲り受けた個人から支払われるものとされています（所令281の3）。

　少し分かりやすく言い換えますと、「1億円以下で、個人が自己又は親族の居住の用に供するためのものであるときは、源泉徴収する必要がない。」ということになります。

2　租税条約では、ほとんどの国が、不動産の所在地国で課税することとなっています。

## Q 2 −36　株式譲渡

　外国人が株式を譲渡した場合の課税関係は、どのようになるのでしょうか。

　課税関係について永住者、非永住者、非居住者別に表にまとめると次のようになります。

|  | 内国法人の株式 | 外国法人（海外）の株式 |
|---|---|---|
| 永住者 | ▶申告分離課税 | ▶申告分離課税。 |
| 非永住者 | ▶申告分離課税 | ▶H28.12.31までは、国内において支払われたもの及び国外から送金されたもの以外は非課税。<br>▶H29.1.1～H29.3.31までは、課税。<br>▶H29.4.1以後は、外国金融市場において譲渡されたものなどは非課税。国内において支払われたもの及び国外から送金されたものは課税。ただし、H29.4.1以後取得したもので、過去10年以内において非永住者であった期間に取得したものは課税（P.38参照）。 |
| 非居住者 | ▶原則非課税。買集め等の場合は課税<sup>(注)</sup>。 | 非課税 |

（注）1　国内に恒久的施設を有しない非居住者が株式を譲渡した場合の所得で、次のいずれかに該当するときは、国内源泉所得として課税の対象になることとされています（所法161①三、164①二、所令281①四、五、六、七、八）。

①　同一銘柄の内国法人の株式等の買集めをし、その所有者である地位を利用して、当該株式等をその内国法人若しくはその特殊関係者に対し、又はこれらの者若しくはその依頼する者のあっせんにより譲渡すること

による所得

② 内国法人の特殊関係株主等である非居住者が行う、その内国法人の株式等の譲渡による所得

③ 不動産関連法人の株式の譲渡による所得

④ 国内にあるゴルフ場の所有又は経営に係る法人の株式又は出資の譲渡による所得で特定のもの

⑤ 国内にあるゴルフ場その他の施設の利用に関する権利の譲渡による所得

⑥ 日本に滞在する間に行う国内にある株式等の譲渡による所得

2　国により扱いが異なるため、必ず租税条約を確認する必要があります。

## Ｑ２-37　国内外での株式譲渡損益・配当・利子の損益通算

> **Ｑ**　私は米国人（永住者）ですが、日本と米国の両方で株式取引を行い、譲渡損益が生じています。また、日本と米国の両方で、株式の配当所得及び特定公社債の利子所得が発生しています。
> これらの株式譲渡、配当所得及び利子所得の間での損益通算について教えてください。

**Ａ**　国内国外間での株式譲渡、配当、利子の損益通算については、次のとおりです。

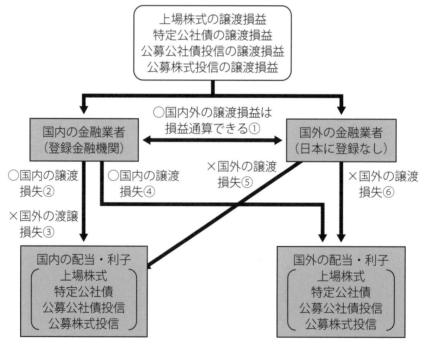

（注）　○は損益通算できる（生じた損失を→先の利益から、差し引くことができ

る。）。×は損益通算できない。

---

（解説）────────────────────────

① 国内の金融業者を通じて行い生じた国内上場株式等の譲渡損益と国
　外の金融業者を通じて行い生じた国外上場株式等の譲渡損益は、損益
　通算できる。
　∵　上場株式等には、外国市場のものも含む（措法37の11②一、措令
　　25の9②）。
　　　株式等には、投資信託の受益権も含む（措法37の10②四）。
② 国内の金融業者を通じて行い生じた国内上場株式等の譲渡損益と国
　内の金融業者を通じて行い生じた国内上場株式等の配当等は損益通算
　できる。
③ 国内の金融業者を通じて行い生じた国内上場株式等の譲渡損益と国
　外の金融業者を通じて行い生じた国外上場株式等の譲渡損益を損益通
　算した結果、国外上場株式等の譲渡損失が残った場合は、国内上場株
　式等の配当等と損益通算できない。
④ 国内の金融業者を通じて行い生じた国内上場株式等の譲渡損失と国
　外の金融業者を通じて行い生じた国外上場株式等の配当等は、損益通
　算できる。
⑤ 国外の金融業者を通じて行い生じた国外上場株式等の譲渡損失と国
　内の金融業者を通じて行い生じた国内上場株式等の配当等は、損益通
　算できない。
⑥ 国外の金融業者を通じて行い生じた国外上場株式等の譲渡損失と国
　外の金融業者を通じて行い生じた国外上場株式等の配当等は、損益通
　算できない。

## 14　先物取引に係る雑所得等

### Q 2 −38　FXの申告

**Q** 私は外国人（永住者）ですが、FX取引を行っています。確定申告に当たり注意すべき点について教えてください。

**A** FX取引の確定申告に当たっては、次の点に注意が必要です。

1．所得の種類は、基本的には先物取引に係る雑所得等（分離課税）となります。

2．たとえ先物取引に係る事業所得になったとしても申告分離課税なので、他の所得と損益通算はできません。

3．総合課税の雑所得（例えば、年金、原稿料等）とも損益通算できません。

4．取引所取引と取引所外取引の損益通算ができます。

5．海外の業者と直接行ったFX取引は、総合雑所得となります（P.165参照）。

6．損失の繰越しに当たっては、各年分の確定申告書等が年分を前後せず、年分順に提出されていることが必要です。

7．確定申告に当たっては、「先物取引に係る雑所得等の金額の計算明細書」、損失の繰越に当たっては「確定申告書付表（先物取引に係る繰越損失用）」の提出が必要になります。

【事例】

▶　内国法人の会社員（63歳・永住者）

▶　給与収入　税金商事㈱（内国法人）

給与収入　　6,000,000円（源泉徴収税額129,100円）

公的年金収入　1,200,000円（源泉徴収税額10,000円）

▶　為替差損益　（注）　為替レートはTTMを使って計算している。

H29.4.20　A銀行ドル建定期預金を購入　USD10,000、

為替レートUSD 1 ／JPY109.05

R 2.4.20　同預金を満期解約　USD10,000、

為替レートUSD 1 ／JPY107.89

（USD10,000×JPY107.89）－（USD10,000×JPY109.05）

＝JPY△11,600

▶　FX取引での損益

令和 2 年分　利益　1,865,000円

　　 1 年分　損失　　800,000円

平成30年分　損失　　300,000円

　　29年分　損失　1,200,000円

▶　社会保険料控除　　840,000円

生命保険料控除　　 40,000円

配偶者控除　　　　380,000円

扶養控除　　　　　380,000円

基礎控除　　　　　480,000円

合計　　　　　　2,120,000円

---

（解説）

(1)　始めに「先物取引に係る雑所得等の金額の計算明細書」を作成し、次に「確定申告書付表（先物取引に係る繰越損失用）」を作成する。

⑵　損失の繰越控除に当たっては、古い年分から控除していく。繰越控除できる年分は損失の生じた年分の翌年以降３年間。

⑶　為替差損11,600円は、年金所得（雑所得／総合課税）と損益通算できる。

⑷　先物取引に係る雑所得等から生じた損失は、総合課税の年金所得（雑所得）と損益通算できない。

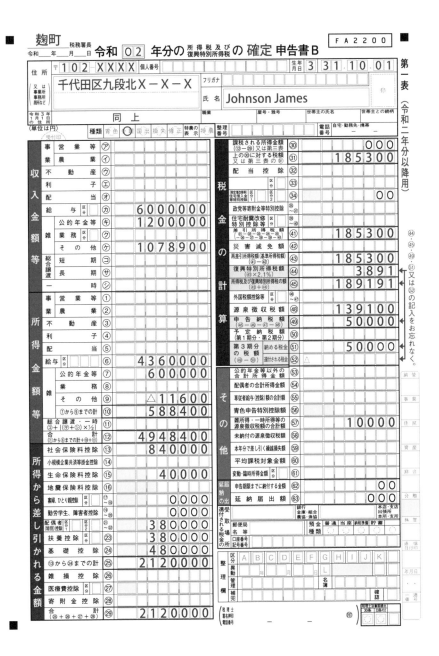

整理番号　　FA2300

# 令和 02 年分の所得税及び復興特別所得税の確定申告書B

第二表（令和二年分以降用）

○第二表は、第一表と一緒に提出してください。
○国民年金保険料や生命保険料の支払証明書など申告書に添付しなければならない書類は添付書類台紙などに貼ってください。

住所・屋号：千代田区九段北X－X－X

フリガナ・氏名：Johnson James

## ○ 所得の内訳（所得税及び復興特別所得税の源泉徴収税額）

| 所得の種類 | 種目 | 給与などの支払者の名称・所在地等 | 収入金額 | 源泉徴収税額 |
|---|---|---|---|---|
| 退職 | 給料 | 税金商事株式会社 | 6,000,000円 | 102,100円 |
| 雑（年金等） | 厚生年金 | 厚生労働省 | 1,200,000 | 10,000 |
| 雑（その他） | 為替差損 | A銀行 | 1,078,900 | 0 |
| | | | | |
| | | | ㊽ 源泉徴収税額の合計額 | 139,100円 |

## ○ 保険料控除等に関する事項（⑬～⑯）

| | 保険料等の種類 | 支払保険料等の計 | うち年末調整等以外 |
|---|---|---|---|
| ⑬社会保険料控除 | 源泉徴収票のとおり | 840,000円 | 円 |
| | | | |
| | | | |
| ⑭小規模企業共済等掛金控除 | | 円 | 円 |
| | | | |
| ⑮生命保険料控除 | 新生命保険料 | 200,000円 | 円 |
| | 旧生命保険料 | | |
| | 新個人年金保険料 | | |
| | 旧個人年金保険料 | | |
| | 介護医療保険料 | | |
| ⑯地震保険料控除 | 地震保険料 | 円 | 円 |
| | 旧長期損害保険料 | | |

## ○ 本人に関する事項（⑰～⑳）

| 寡婦 | ひとり親 | 勤労学生 | 障害者 | 特別障害者 |
|---|---|---|---|---|
| □死別 □生死不明 □離婚 □未帰還 | | □年調以外かつ専修学校等 | | |

## ○ 総合課税の譲渡所得、一時所得に関する事項（⑪）

| 所得の種類 | 収入金額 | 必要経費等 | 差引金額 |
|---|---|---|---|
| 譲渡（短期） | 円 | 円 | 円 |
| 譲渡（長期） | | | |
| 一時 | | | |

## ○ 雑損控除に関する事項（㉖）

| 損害の原因 | 損害年月日 | 損害を受けた資産の種類など |
|---|---|---|
| | ． ． | |

| 損害金額 | 円 | 保険金などで補填される金額 | 円 | 差引損失額のうち災害関連支出の金額 | 円 |
|---|---|---|---|---|---|

## ○ 特例適用条文等

## ○ 寄附金控除に関する事項（㉘）

| 寄附先の名称等 | | 寄附金 | 円 |
|---|---|---|---|

## ○ 配偶者や親族に関する事項（⑳～㉓）

| 氏名 | 個人番号 | 続柄 | 生年月日 | 障害者 | 国外居住 | 住民税 | その他 |
|---|---|---|---|---|---|---|---|
| X | | 配偶者 | 明・大・㊍昭・平 32.11.11 | 障・特障 | 国外・年調 | 同一・別居 | 調整 |
| Y | | 子 | 明・大・昭・㊥平・令 14.10.10 | 障・特障 | 国外・年調 | 16・別居 | 調整 |
| | | | 明・大・昭・平・令 ． ． | 障・特障 | 国外・年調 | 16・別居 | 調整 |
| | | | 明・大・昭・平・令 ． ． | 障・特障 | 国外・年調 | 16・別居 | 調整 |
| | | | 明・大・昭・平・令 ． ． | 障・特障 | 国外・年調 | 16・別居 | 調整 |
| | | | 明・大・昭・平・令 ． ． | 障・特障 | 国外・年調 | 16・別居 | 調整 |

## ○ 事業専従者に関する事項（55）

| 事業専従者の氏名 | 個人番号 | 続柄 | 生年月日 | 従事月数・程度・仕事の内容 | 専従者給与（控除）額 |
|---|---|---|---|---|---|
| | | | 明・大・昭・平 ． ． | | 円 |
| | | | 明・大・昭・平 ． ． | | |

## ○ 住民税・事業税に関する事項

| 住民税 | 非上場株式の少額配当等を含む配当所得の金額 | 非居住者 | 配当割額控除額 | 株式等譲渡所得割額控除額 | 給与、公的年金等以外の所得に係る住民税の徴収方法：特別徴収 | 自分で納付 | 都道府県、市区町村への寄附（特例控除対象） | 共同募金、日赤その他の寄附 | 都道府県条例指定寄附 | 市区町村条例指定寄附 |
|---|---|---|---|---|---|---|---|---|---|---|
| | 円 | 円 | 円 | 円 | | | 円 | 円 | 円 | 円 |

| 事業税 | | | | | | |
|---|---|---|---|---|---|---|
| 非課税所得など | 番号 | 所得金額 円 | 損益通算の特例適用前の不動産所得 | 円 | 前年中の開（廃）業 | 開始・廃止 月日 |
| 不動産所得から差し引いた青色申告特別控除額 | | | 事業用資産の譲渡損失など | | 他都道府県の事務所等 | |

| 上記の配偶者・親族・事業専従者のうち別居の者の氏名・住所 | 氏名 | | 住所 | | 所得税で控除対象配偶者などとした専従者 | 氏名 | | 給与 | 円 | 一連番号 | |
|---|---|---|---|---|---|---|---|---|---|---|---|

令和 [0][2] 年分の 所得税及び復興特別所得税 の 確定 申告書（分離課税用）

FA2400

第三表（令和二年分以降用）

○第三表は、申告書Bの第一表・第二表と一緒に提出してください。

| 住所 屋号 | 千代田区九段北X－X－X |
|---|---|
| 氏名 フリガナ | Johnson James |

整理番号 ／ 一連番号

特例適用条文

| | 法 | 条 | 項 | 号 |
|---|---|---|---|---|
| 所法 措法 震法 | | 条の の | 項 | 号 |
| 所法 措法 震法 | | 条の の | 項 | 号 |
| 所法 措法 震法 | | 条の の | 項 | 号 |

（単位は円）

**収入金額**

| 分離課税 | | | | |
|---|---|---|---|---|
| 短期譲渡 | 一般分 | ㋐ | | |
| 短期譲渡 | 軽減分 | ㋑ | | |
| 長期譲渡 | 一般分 | ㋒ | | |
| 長期譲渡 | 特定分 | ㋓ | | |
| 長期譲渡 | 軽課分 | ㋔ | | |
| 一般株式等の譲渡 | | ㋕ | | |
| 上場株式等の譲渡 | | ㋖ | | |
| 上場株式等の配当等 | | ㋗ | | |
| 先物取引 | | ㋘ | 2 0 0 0 0 0 0 |
| 山林 | | ㋙ | | |
| 退職 | | ㋚ | | |

**所得金額**

| 分離課税 | | | | |
|---|---|---|---|---|
| 短期譲渡 | 一般分 | 64 | | |
| 短期譲渡 | 軽減分 | 65 | | |
| 長期譲渡 | 一般分 | 66 | | |
| 長期譲渡 | 特定分 | 67 | | |
| 長期譲渡 | 軽課分 | 68 | | |
| 一般株式等の譲渡 | | 69 | | |
| 上場株式等の譲渡 | | 70 | | |
| 上場株式等の配当等 | | 71 | | |
| 先物取引 | | 72 | 1 8 6 5 0 0 0 |
| 山林 | | 73 | | |
| 退職 | | 74 | | |

**税金の計算**

| | | | |
|---|---|---|---|
| 総合課税の合計額（申告書B第一表の⑨） | ⑫ | 4 9 4 8 4 0 0 |
| 所得から差し引かれる金額（申告書B第一表の㉙） | ㉙ | 2 1 2 0 0 0 0 |
| 課税される所得金額 | ⑫ 対応分 | 75 | 2 8 2 8 0 0 0 |
| | 64 65 対応分 | 76 | 0 0 0 |
| | 66 67 68 対応分 | 77 | 0 0 0 |
| | 69 70 対応分 | 78 | 0 0 0 |
| | 71 対応分 | 79 | 0 0 0 |
| | 72 対応分 | 80 | 0 0 0 |
| | 73 対応分 | 81 | 0 0 0 |
| | 74 対応分 | 82 | 0 0 0 |

**税金の計算（税額）**

| | | |
|---|---|---|
| 75 対応分 | 83 | 1 8 5 3 0 0 |
| 76 対応分 | 84 | |
| 77 対応分 | 85 | |
| 78 対応分 | 86 | |
| 79 対応分 | 87 | |
| 80 対応分 | 88 | |
| 81 対応分 | 89 | |
| 82 対応分 | 90 | |
| 83から90までの合計（申告書B第一表の㊸に転記） | 91 | 1 8 5 3 0 0 |

**その他**

| | | |
|---|---|---|
| 株式等配当 | 本年分の69、70から差し引く繰越損失額 | 92 | |
| | 翌年以後に繰り越される損失の金額 | 93 | |
| | 本年分の71から差し引く繰越損失額 | 94 | |
| 先物取引 | 本年分の72から差し引く繰越損失額 | 95 | 1 8 6 5 0 0 0 |
| | 翌年以後に繰り越される損失の金額 | 96 | 4 3 5 0 0 0 |

○ 分離課税の短期・長期譲渡所得に関する事項

| 区分 | 所得の生ずる場所 | 必要経費 | 差引金額（収入金額－必要経費） | 特別控除額 |
|---|---|---|---|---|
| | | 円 | 円 | 円 |
| 差引金額の合計額 | | | ㊾ | |
| 特別控除額の合計額 | | | ㊿ | |

○ 上場株式等の譲渡所得等に関する事項

| 上場株式等の譲渡所得等の源泉徴収税額の合計額 | 99 | 円 |
|---|---|---|

○ 退職所得に関する事項

| 収入金額 | 退職所得控除額 |
|---|---|
| 円 | 円 |

| 整理欄 | A | B | C | 申告等年月日 | |
|---|---|---|---|---|---|
| | D | E | F | 通算 | 特例期間 |
| | 取得期限資産 | | 入力 | 申告区分 | |

〈記載の順序〉

①計算明細書→②確定申告書付表→③申告書第二表

→④申告書第三表→⑤申告書第一表

## 先物取引に係る雑所得等の金額の計算明細書

（記載例については、裏面）
（を参照してください。）

（この明細書は、先物取引に係る事業所得や譲渡所得、雑所得について確定申
告する場合に使用します。なお、これらのうち2以上の所得があるときは、
所得の区分ごとにこの明細書を作成します。詳しくは、『先物取引に係る雑所
得等の説明書』を参照してください。）

いずれか当てはま
るものを◯で
囲んでください。 → 事業所得用
譲渡所得用
（雑所得用）

（令和 2 年分）　　　　　氏 名＿＿＿＿Johnson James＿＿＿＿

○ この明細書は、申告書と一緒に提出してください。

| | | | Ⓐ | Ⓑ | Ⓒ | 合　計（ⒶからⒸまでの計） |
|---|---|---|---|---|---|---|
| 取引の内容 | 種　　　類 | | くりっく365 | ダイワFX(店頭) | | |
| | 決 済 年 月 日 | | 2・11・30 | 2・12・11 | ・　・ | |
| | 数　　　量 | | 枚 | 枚 | 枚 | |
| | 決 済 の 方 法 | | 仕切 | 仕切 | | |
| 総収入金額 | 差金等決済に係る利益又は損失の額 | ① | 円 2,100,000 | 円 △100,000 | 円 | 円 2,000,000 |
| | 譲渡による収入金額（※） | ② | | | | |
| | その他の収入 | ③ | | | | |
| | 計（①+③)又は(②+③) | ④ | 2,100,000 | △100,000 | | 2,000,000 → |
| 必要経費等 | 手 数 料 等 | ⑤ | 100,000 | 25,000 | | 125,000 |
| | ②に係る取得費 | ⑥ | | | | |
| | その他の経費 消費税等 | ⑦ | 8,000 | 2,000 | | 10,000 |
| | | ⑧ | | | | |
| | | ⑨ | | | | |
| | 小 計（⑦から⑨までの計） | ⑩ | 8,000 | 2,000 | | 10,000 |
| | 計（⑤+⑩)又は(⑤+⑥+⑩) | ⑪ | 108,000 | 27,000 | | 135,000 |
| 所 得 金 額（④-⑪) | | ⑫ | 1,992,000 | △127,000 | | 1,865,000 → |

申告書第三表（分離課税用）は「収入金額」欄の⑦（申告書第四表（損失申告用）は「1 損失額又は所得金額」欄のFのⒶ収入金額）に転記してください。

黒字の場合は、申告書第三表（分離課税用）の「所得金額」欄の⑫（申告書第四表（損失申告用）は「1 損失額又は所得金額」欄のFの㊹）にそのまま転記し、赤字の場合は、申告書第三表（分離課税用）の「所得金額」欄の⑫（申告書第四表（損失申告用）は「1 損失額又は所得金額」欄のFの㊹）に「0」と書いてください。

（※）カバードワラント（金融商品取引法第2条第1項第19号に掲げる有価証券で一定のものをいいます。）の譲渡による譲
　　渡所得についてその譲渡による収入金額を記載してください。
◎　①、④及び⑫欄は金額が赤字のときは、赤書き（△印）してください。
◎　ⒶからⒸの各欄は、差金等決済は譲渡ごとに記載してください。
◎　⑦本年の⑫欄の合計額が赤字のときにその赤字を翌年以降に繰り越す場合や、④本年の⑫欄の合計額が黒字のときに
　　前年から繰り越された赤字を本年の黒字から差し引くときには、『平成＿＿年分の所得税及び復興特別所得税の＿＿申
　　告書付表（先物取引に係る繰越損失用）』又は『平成＿＿年分の所得税及び復興特別所得税の＿＿申告書付表（先物取
　　引に係る繰越損失用）（東日本大震災の被災者の方用）』も併せて作成してください。

163

| | 一連番号 |
|---|---|
| | |

## 令和　_2_　年分の所得税及び復興特別所得税の確定申告書付表 ［先物取引に係る繰越損失用］

**提出用**

| 住　所<br>又　は<br>事業所<br>事務所<br>居所など | 千代田区九段北Ｘ－Ｘ－Ｘ | フリガナ<br>氏　名 | Johnson James |
|---|---|---|---|

この付表は、租税特別措置法第41条の15《先物取引の差金等決済に係る損失の繰越控除》の規定の適用を受ける方が前年から繰り越された前３年分の先物取引の差金等決済に係る損失の金額を本年分の先物取引に係る雑所得等の金額から控除する場合や翌年以後に繰り越される前２年分及び本年分に生じた先物取引の差金等決済に係る損失の金額がある場合に使用します。
なお、東日本大震災の被災者等に係る国税関係法律の臨時特例に関する法律の規定による、雑損失の繰越控除の特例の適用を受ける方は、『平成　　　年分の所得税及び復興特別所得税の　　　申告書付表（　先物取引に係る繰越損失用　）（　東日本大震災の被災者の方用　）』を使用してください。

### 1　先物取引に係る雑所得等の金額

| 本年分の先物取引に係る雑所得等の金額 | ① | 1,865,000 | 円 |
|---|---|---|---|

◀ 「先物取引に係る雑所得等の金額の計算明細書」の「合計」欄の⑫の金額の合計額を転記してください。

### 2　翌年以後に繰り越される先物取引に係る損失の計算

| | | | | | |
|---|---|---|---|---|---|
| A<br>29年<br>(3年前) | 前年分までに引ききれなかった先物取引の差金等決済に係る所得の損失の額 | ② | 1,200,000 | 円 | ◀ 「前年の申告書付表（先物取引に係る繰越損失用）の⑦の金額を転記してください。 |
| | 本年分で差し引く先物取引の差金等決済に係る損失の金額（①と②のいずれか低い方の金額） | ③ | 1,200,000 | (赤字のときは0) | |
| | 先物取引に係る雑所得等の金額の差引金額 | ④ | 665,000 | | |
| | ① － ③ | | | | |
| B<br>30年<br>(2年前) | 前年分までに引ききれなかった先物取引の差金等決済に係る所得の損失の額 | ⑤ | 300,000 | | ◀ 「前年の申告書付表（先物取引に係る繰越損失用）の⑪の金額を転記してください。 |
| | 本年分で差し引く先物取引の差金等決済に係る損失の金額（④と⑤のいずれか低い方の金額） | ⑥ | 300,000 | (赤字のときは0) | |
| | 翌年分以後に繰り越される先物取引の差金等決済に係る所得の損失の額（⑤ － ⑥） | ⑦ | 0 | | |
| | 先物取引に係る雑所得等の金額の差引金額 | ⑧ | 365,000 | | |
| | ④ － ⑥ | | | | |
| C<br>1年<br>(前年) | 前年分までに引ききれなかった先物取引の差金等決済に係る所得の損失の額 | ⑨ | 800,000 | | ◀ 「前年の申告書付表（先物取引に係る繰越損失用）の①が赤字の場合に、前年の㉒の金額を転記してください。 |
| | 本年分で差し引く先物取引の差金等決済に係る損失の金額（⑧と⑨のいずれか低い方の金額） | ⑩ | 365,000 | (赤字のときは0) | |
| | 翌年分以後に繰り越される先物取引の差金等決済に係る所得の損失の額（⑨ － ⑩） | ⑪ | 435,000 | | |
| | 先物取引に係る雑所得等の金額の差引金額 | ⑫ | | | |
| | ⑧ － ⑩ | | | | |

### 3　翌年以後に繰り越される雑損失の計算

| | | | | | |
|---|---|---|---|---|---|
| A<br>29年<br>(3年前) | 前年分までに引ききれなかった雑損失の額 | ⑬ | | 円 | ◀ |
| | 本年分で差し引く雑損失の額 | 左のうち総合課税の所得から差し引く雑損失 | ⑭ | | ※ |
| | | 左のうち先物取引の差金等決済に係る所得から差し引く雑損失（⑬－⑭のいずれか低い方の金額） | ⑮ | (赤字のときは0) | ※ |
| B<br>30年<br>(2年前) | 前年分までに引ききれなかった雑損失の額 | ⑯ | | | ◀ 「前年分までの所得から引ききれなかった2年前の雑損失の金額を、前年の申告書第四表（二）などから転記してください。 |
| | 本年分で差し引く雑損失の額 | 左のうち総合課税の所得から差し引く雑損失 | ⑰ | | ※ |
| | | 左のうち先物取引の差金等決済に係る所得から差し引く雑損失（⑯－⑰－⑮のいずれか低い方の金額） | ⑱ | (赤字のときは0) | ※ |
| C<br>1年<br>(前年) | 前年分までに引ききれなかった雑損失の額 | ⑲ | | | ◀ 「前年分までの所得から引ききれなかった前年の雑損失の金額を、前年の申告書第四表(二)などから転記してください。 |
| | 本年分で差し引く雑損失の額 | 左のうち総合課税の所得から差し引く雑損失 | ⑳ | | ※ |
| | | 左のうち先物取引の差金等決済に係る所得から差し引く雑損失（⑲－⑳－⑱のいずれか低い方の金額） | ㉑ | (赤字のときは0) | ※ |

※ 雑損失の金額は、総合課税の所得、分離課税の土地建物等の譲渡所得、分離課税の上場株式等の配当所得等、一般株式等の譲渡所得等、上場株式等の譲渡所得等、分離課税の先物取引の雑所得等、山林所得、退職所得の順で差し引きます。ただし、分離課税の土地建物等の譲渡所得、分離課税の上場株式等の配当所得等、一般株式等の譲渡所得等、上場株式等の譲渡所得等、分離課税の先物取引の雑所得等から、引く順序はこれと異なる順序で差し引いても差し支えありません。
詳しくは、税務署にお尋ねください。

### ○　次の該当する欄を書いてください。

| | | | | |
|---|---|---|---|---|
| | 先物取引に係る雑所得等の金額の差引金額又は損失（⑫ － ⑮ － ⑱ － ㉑） | ㉒ | 0 | 円 (赤字のときは△を付けないで書いてください。) |
| 申告書への転記事項 | (1) ①が黒字の場合（0の場合も含みます。） | 先物取引に係る雑所得等の金額（上の①の金額） | ㉓ | 1,865,000 |
| | | 本年分の先物取引に係る所得から差し引く損失額（① － ㉒） | ㉔ | 1,865,000 |
| | | 翌年以後に繰り越される先物取引に係る損失の金額（⑦ ＋ ⑪） | ㉕ | 435,000 |
| | (2) ①が赤字の場合 | 翌年以後に繰り越される先物取引に係る損失の金額（⑦ ＋ ⑪ ＋ ㉒） | ㉖ | |

◀ 「申告書第三表（分離課税用）の「所得金額」欄の㊙（申告書第四表（損失申告用）は「1 損失額又は所得金額」欄のＦの⑯）に転記してください。

◀ 「申告書第三表（分離課税用）の「その他」欄の㊿（申告書第四表（損失申告用）は「4 繰越損失を差し引く計算」欄の㊿）に転記してください。

◀ 「申告書第三表（分離課税用）の「その他」欄の㊿（申告書第四表（損失申告用）は「7 翌年以後に繰り越される先物取引に係る損失の金額」欄の㊿）に転記してください。

◀ 「申告書第三表（分離課税用）の「その他」欄の㊿（申告書第四表（損失申告用）は「7 翌年以後に繰り越される先物取引に係る損失の金額」欄の㊿）に転記してください。
また、申告書第三表（分離課税用）の「所得金額」欄の㊙及び「その他」欄の㊿（申告書第四表（損失申告用）は「1 損失額又は所得金額」欄のＦの㊿及び「4 繰越損失を差し引く計算」欄の㊿）に「0」を書いてください。

○ この付表は、申告書と一緒に提出してください。

01.11

### 《FXの課税について》

　FX取引を国内・国外の業者を通じて行った場合の所得区分は、次のとおりです。

| 国内取引所<br>取引 | 国内店頭取引<br>(取引所外取引) | 国外取引<br>(海外証券会社等との相対取引) |
|---|---|---|
| 分離雑所得 | 総合雑所得 | 総合雑所得 |

H24.1.1

| 分離雑所得 | 分離雑所得<br>∵投資家保護の体制が整った。支払調書制度ができた。 | 総合雑所得<br>▶海外証券会社等との相対取引は総合雑所得。<br>∵措法41の14、41の15では、金商法に規定する店頭デリバティブ取引は、分離雑所得の特例が受けられる。海外証券会社、FX業者は、日本の金融庁の認可を受けていないので、金商法に規定する店頭デリバティブ取引に該当しない。 |
|---|---|---|

H28.10.1

| 分離雑所得 | 分離雑所得 | 総合雑所得<br>【改正趣旨】海外の無登録業者とのトラブルが生じ、投資家保護ができないので、分離課税の特例の対象とはしない。<br>　つまり、金商法に規定する金融商品取引業者（第一種金融取引業を行う者に限る。）又は登録金融機関を相手方として行う取引に限る。<br>∵外国業者との取引は特例の対象とならない。 |
|---|---|---|

# 15 所得控除

### Q2-39　医療費控除（国外で支払った医療費に係る医療費控除）

> **Q** 私は居住者（非永住者）に該当する米国人ですが、米国に帰省中、病気にかかり入院し、米国で医療費を支払いました。この医療費は医療費控除の対象になるでしょうか。

**A** あなたは居住者なので、医療費控除を受けることができます。

---

**解説**

　医療費控除は、「居住者が、各年において、自己又は自己と生計を一にする配偶者その他の親族に係る医療費を支払った場合において、…」（所法73①）控除することができるとされています。

　その場合、医療費の支払いは、国内におけるものに限定されていないため、国外において支払ったものについても医療費控除の対象となります。

## Q2-40　医療費控除（非居住者のときにかかった医療費を居住者になってから支払った場合）

**Q** 　私は米国人で米国に居住していましたが、本年9月に米国本社の命令で、2年間の出向となり日本支店に勤務しています。日本に入国する前である8月に病気にかかり入院しましたが、その医療費は日本へ入国後に支払いました。この医療費は、医療費控除の対象となりますでしょうか。

**A** 　あなたが支払った医療費は、居住者期間中のものなので、医療費控除を受けることができます。

### 解説

　医療費控除は、「居住者が、各年において、自己又は自己と生計を一にする配偶者その他の親族に係る医療費を支払った場合において、…」控除することができる（所法73①）とされています。

　あなたは2年間の出向で日本に入国されていますので、入国の日から居住者になります（所令14①、所基通3-3）。したがって、あなたが日本へ入国後に支払った医療費は、医療費控除の対象となります。

## Q2−41　生命保険料控除（外国で契約した生命保険会社に支払った生命保険料に係る控除）

> **Q** 私は米国人で米国に居住していましたが、本年9月に米国本社の命令で、2年間の出向となり日本支店に勤務しています。米国にいるときに米国の生命保険会社と契約した生命保険の保険料を、日本に入国後も引き続き支払っています。この保険料は、生命保険料控除の対象となりますか。

**A** 支払った生命保険料は、外国で締結されたものなので、生命保険料控除の対象とはなりません。

### 解　説

　外国の生命保険会社との契約に基づく生命保険料が、生命保険料控除の対象となるのは、保険業法第2条第3項に規定する外国生命保険会社等の締結した保険契約のうち生存又は死亡に基因して一定額の保険金等が支払われるものと定められています（所法76⑤一）。

　ただし、同項に規定する外国生命保険会社等との生命保険契約であっても、国外において締結したものは生命保険料控除の対象とはなりません（所法76⑤一かっこ書）。

## Q2-42　国外扶養親族

**Q**　外国人社員で母国に扶養親族がいて、毎月生活費を送金している人がいます。税金上、扶養親族に入れてよいのでしょうか。

**A**　非居住者である扶養親族について扶養控除の適用を受けるためには、親族関係書類及び送金関係書類を提出又は提示する必要があります。

### 解説

　給与等又は公的年金等の源泉徴収及び給与等の年末調整において、非居住者である親族（以下「国外居住親族」といいます。）に係る扶養控除、配偶者控除、障害者控除又は配偶者特別控除（以下「扶養控除等」といいます。）の適用を受ける居住者は、その国外居住親族に係る「親族関係書類」や「送金関係書類」（これらの書類が外国語で作成されている場合には、その翻訳文を含みます。）を源泉徴収義務者に提出し、又は提示する必要があります（所法120③二、所令262③、所規47の2⑤⑥）。

（注）　確定申告において、国外居住親族に係る扶養控除等の適用を受ける場合にも、「親族関係書類」及び「送金関係書類」を確定申告書に添付し、又は確定申告書の提出の際に提示する必要があります。ただし、給与等若しくは公的年金等の源泉徴収又は給与等の年末調整の際に源泉徴収義務者に提出し、又は提示したこれらの書類については、確定申告書に添付又は提示を要しないこととされています。

> ### 親族関係書類
>
> 　次の①又は②のいずれかの書類で、国外居住親族が居住者の親族
> であることを証するものをいいます。
> ①　戸籍の附票の写しその他の国又は地方公共団体が発行した書類
> 　及び国外居住親族の旅券（パスポート）の写し
> ②　外国政府又は外国の地方公共団体（以下「外国政府等」といいま
> 　す。）が発行した書類（国外居住親族の氏名、生年月日及び住所又は
> 　居所の記載があるものに限ります。）
> 　(注)1　親族関係書類は、国外居住親族の旅券の写しを除き、原本の提出
> 　　　　又は提示が必要です。
> 　　　2　②の外国政府等が発行した書類は、例えば、次のような書類が該
> 　　　　当します。
> 　　　　　・戸籍謄本　・出生証明書　・婚姻証明書
> 　　　3　外国政府等が発行した書類について、一つの書類に国外居住親族
> 　　　　の氏名、生年月日及び住所又は居所の全てが記載されていない場合
> 　　　　には、複数の書類を組み合わせることにより氏名、生年月日及び住
> 　　　　所又は居所を明らかにする必要があります。
> 　　　4　一つの書類だけでは国外居住親族が居住者の親族であることを証
> 　　　　明することができない場合には、複数の書類を組み合わせることに
> 　　　　より、居住者の親族であることを明らかにする必要があります。

> ### 送金関係書類
>
> 　次の書類で、居住者がその年において国外居住親族の生活費又は
> 教育費に充てるための支払を必要の都度、各人に行ったことを明ら
> かにするものをいいます。
> ①　金融機関の書類又はその写しで、その金融機関が行う為替取引
> 　により居住者から国外居住親族に支払をしたことを明らかにする

　書類
②　いわゆるクレジットカード発行会社の書類又はその写しで、国
　外居住親族がそのクレジットカード発行会社が交付したカードを
　提示してその国外居住親族が商品等を購入したこと等により、そ
　の商品等の購入等の代金に相当する額の金銭をその居住者から受
　領した、又は受領することとなることを明らかにする書類
(注)1　送金関係書類については、原本に限らずその写しも送金関係書類
　　　として取り扱うことができます。
　　2　送金関係書類には、具体的には次のような書類が該当します。
　　①　外国送金依頼書の控え
　　　※　その年において送金をした外国送金依頼書の控えである必要
　　　があります。
　　②　クレジットカードの利用明細書
　　　※1　クレジットカードの利用明細書とは、居住者（本人）がク
　　　　レジットカード発行会社と契約を締結し、国外居住親族が使
　　　　用するために発行されたクレジットカードで、その利用代金
　　　　を居住者が支払うこととしているもの（いわゆる家族カード）
　　　　に係る利用明細書をいいます。この場合、その利用明細書は
　　　　家族カードの名義人となっている国外居住親族の送金関係書
　　　　類として取り扱います。
　　　2　クレジットカードの利用明細書は、クレジットカードの利
　　　　用日の年分の送金関係書類となります（クレジットカードの
　　　　利用代金の支払（引落し）日の年分の送金関係書類とはなり
　　　　ません。）。
　　　3　国外居住親族が複数いる場合には、送金関係書類は扶養控除
　　　　等を適用する国外居住親族の各人ごとに必要となります。例え
　　　　ば、国外に居住する配偶者と子がいる場合で、配偶者に対して
　　　　まとめて送金している場合には、その送金に係る送金関係書類
　　　　は、配偶者（送金の相手方）のみに対する送金関係書類として取
　　　　り扱い、子の送金関係書類として取り扱うことはできません。

> 4　送金関係書類については、扶養控除等を適用する年に送金
> 等を行った全ての書類を提出又は提示する必要があります。
> ※　同一の国外居住親族への送金等が年3回以上となる場合
> には、一定の事項を記載した明細書の提出と各国外居住親
> 族のその年最初と最後に送金等をした際の送金関係書類の
> 提出又は提示をすることにより、それ以外の送金関係書類
> の提出又は提示を省略することができます。この場合、提
> 出又は提示を省略した送金関係書類については、居住者本
> 人が保管する必要があります。
> 5　16歳未満の非居住者である扶養親族（扶養控除の対象とな
> らない扶養親族）であっても障害者控除を受ける場合には、
> 親族関係書類及び送金関係書類の提出又は提示が必要です。
>
> （参照：国税庁ホームページ）

## 【令和2年度税制改正について】

　令和2年度税制改正で、国外扶養親族に係る扶養控除の適用について、次のように国外扶養親族の範囲に関し要件が厳しくなる改正が行われました。

1　国外扶養親族の範囲から、30歳以上70歳未満の者（留学により非居住者となった者、障害者、その居住者から生活費又は教育費に充てるための支払を年38万円以上受けている者を除く。）は除外されます。

2　留学により非居住者となった者、その居住者から生活費又は教育費に充てるための支払を年38万円以上受けている者に係る扶養控除の適用を受ける場合は、給与等若しくは公的年金等の源泉徴収、給与等の年末調整又は確定申告の際に、一定の書類を提出等又は提示する必要があります。

　以上の改正は、令和5年1月1日以後に支払われる給与等及び公的年金等並びに令和5年分以後の所得税について適用されます。

# 16　税額控除

## Q2−43　外国税額控除（国外所得が発生した翌年に外国所得税を納付する場合）

> **Q**　私は米国人（永住者）で公的年金を受給しています。米国に所有していた土地を、令和元年に売却しましたが、米国で確定申告して所得税を納税するのは令和2年になります。
>
> 　日本の確定申告で、外国税額控除を受けるためには、どのような申告を行ったら良いのでしょうか。

**A**　日本の令和元年分の確定申告で外国税額控除について、控除限度額を計算し、それを控除余裕額として令和2年分に繰り越して、令和2年分の確定申告で、令和2年に米国で納めた所得税を外国税額控除の対象として申告します。

---

■　外国税額控除の適用を受けるに当たっての注意点

1．外国税額控除の対象になる税金は、外国の法令に基づいて外国又はその国の地方公共団体により課される所得税に相当する税（所法95①、所令221）。

2．外国税額控除が適用される年分は、外国所得税を納付することとなる日の属する年分。納付することとなる日とは、申告、賦課決定等により、具体的にその納付すべき租税債務が確定した日。継続していれば、実際に納付した日の属する年分で適用すること

もできる（所法95①、所基通95－3）。

3．租税条約が締結されていない国で課された所得税も、外国税額
  控除の適用を受けることができる。

4．平成23年分以後は、期限後申告、修正申告並びに更正の請求で
  も外国税額控除の適用を受けることができる。

---

【事例】

▶　米国人（永住者）、公的年金及び譲渡所得、68歳

▶　令和元年分の所得

　①　公的年金収入1,100,000円（源泉徴収額0円）

　②　令和元年8月、米国所在の土地を
　　USD200,000／JPY20,000,000<sup>(注)</sup>で売却。8年間所有。
　　取得費はUSD50,000／JPY5,000,000<sup>(注)</sup>。譲渡費用なし。

▶　令和2年分の所得
　公的年金収入1,100,000円（源泉徴収額0円）のみ

▶　所得控除は、令和元、2年分とも基礎控除のみ。

▶　令和2年3月、日本で上記譲渡所得の確定申告を行い、
　2,193,000円を日本で納付。

▶　令和2年4月、米国で上記譲渡所得の確定申告を行い、
　USD2,000／JPY2,000,000<sup>(注)</sup>を米国で納付。

（注）　説明上、レートはTTMを使用しUSD1／JPY100とする。

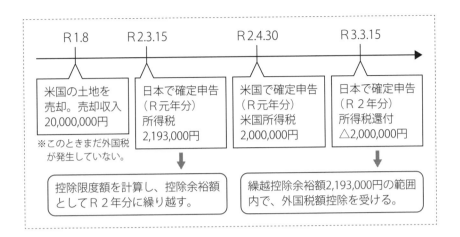

### 解説

**(1) 令和元年分　所得税の確定申告（日本）**

① 譲渡所得　20,000,000円 − 5,000,000円 = 15,000,000円

② 所得税　（15,000,000円 − 380,000円）× 15% = 2,193,000円

③ 外国税額控除限度額の計算

$$2,193,000円 \times \frac{15,000,000円}{15,000,000円} = 2,193,000円 \Rightarrow \text{控除余裕額として翌年に繰越}$$

（注）　令和元年分は外国で納めた税金がないため、控除限度額を控除余裕額として令和2年分に繰り越す。

**(2) 令和2年分　所得税の確定申告（日本）**

① 令和2年は所得が年金1,100,000円のみのため、所得税額は　0円。

② 令和2年に米国で納めた税金2,000,000円は、令和元年の控除余裕額2,193,000円を繰越控除限度額として、その範囲内で外国税額控除を受け税金の還付を受ける。

# 《令和元年分の確定申告》

■　**目黒** 税務署長　　　　　　　　　　　　　　　　　　　　　　　　　　FA0125　■

令和　　年　　月　　日　**令和 01 年分の** 所得税及び復興特別所得税 **の 確定 申告書B**

| | |
|---|---|
| 〒153-XXXX | 個人番号 |
| 住所 又は 事業所 事務所 居所など | **目黒区中目黒X－X－X** |
| 令和２年1月1日の住所 | 同 上 |

フリガナ
氏 名　**Harris Ava**

性別 男・女　職業　　屋号・雅号　　世帯主の氏名　世帯主との続柄

生年月日 3 27・02・02　電話番号 自宅・勤務先・携帯

第一表（令和元年分以降用）

（単位は円）　種類 青色 〇 国出 損失 修正　特農 表示 特農　整理番号

| 収入金額等 | | | |
|---|---|---|---|
| 事業 | 営 業 等 | ⑦ | |
| | 農 業 | ⑦ | |
| | 不 動 産 | ⑦ | |
| | 利 子 | ⑦ | |
| | 配 当 | ⑦ | |
| | 給 与 | ⑦ | |
| 雑 | 公 的 年 金 等 | ⑦ | 1100000 |
| | そ の 他 | ⑦ | |
| 総合譲渡 | 短 期 | ⑦ | |
| | 長 期 | ⑦ | |
| | 一 時 | ⑦ | |

| 所得金額 | | | |
|---|---|---|---|
| 事業 | 営 業 等 | ① | |
| | 農 業 | ② | |
| | 不 動 産 | ③ | |
| | 利 子 | ④ | |
| | 配 当 | ⑤ | |
| 給与 区分 | | ⑥ | |
| | 雑 | ⑦ | 0 |
| 総合譲渡・一時 ⑦+{(⑦+⑦)×½} | | ⑧ | |
| | 合　　　計 | ⑨ | 0 |

| 所得から差し引かれる金額 | | | |
|---|---|---|---|
| 社 会 保 険 料 控 除 | | ⑩ | |
| 小規模企業共済等掛金控除 | | ⑪ | |
| 生 命 保 険 料 控 除 | | ⑫ | |
| 地 震 保 険 料 控 除 | | ⑬ | |
| 寡婦、寡夫控除 | | ⑭ | 0000 |
| 勤労学生、障害者控除 | | ⑮⑯ | 0000 |
| 配偶者(特別)控除 区分 | | ⑰⑱ | 0000 |
| 扶 養 控 除 | | ⑲ | 0000 |
| 基 礎 控 除 | | ⑳ | 380000 |
| ⑩から⑳までの計 | | ㉑ | 380000 |
| 雑 損 控 除 | | ㉒ | |
| 医療費控除 区分 | | ㉓ | |
| 寄 附 金 控 除 | | ㉔ | |
| 合計 ㉑+㉒+㉓+㉔ | | ㉕ | 380000 |

税理士署名押印 電話番号 　　－　　　－　　　　㊞

税理士法第30条の書面提出 30条 33条の2

| 税金の計算 | | | |
|---|---|---|---|
| 課税される所得金額 (⑨-㉕)又は第三表 | | ㉖ | 000 |
| 上の㉖に対する税額 又は第三表の⑨ | | ㉗ | 2193000 |
| 配 当 控 除 | | ㉘ | |
| 区分 | | ㉙ | |
| (特定増改築等)住宅借入金等特別控除 区分 | | ㉚ | |
| 政党等寄附金等特別控除 | | ㉛㉜㉝ | |
| 住宅耐震改修特別控除 住宅特定改修・認定住宅 新築等特別税額控除 区分 | | ㉞㉟㊱ | |
| 差引所得税額 (㉗-㉘-㉙-㉚-㉛-㉞-㉟-㊱) | | ㊲ | 2193000 |
| 災 害 減 免 額 | | ㊳ | |
| 再差引所得税額(基準所得税額) (㊲-㊳) | | ㊴ | 2193000 |
| 復興特別所得税額 (㊴×2.1%) | | ㊵ | 46053 |
| 所得税及び復興特別所得税の額 (㊴+㊵) | | ㊶ | 2239053 |
| 外国税額控除 区分 | | ㊷ | 0 |
| 源 泉 徴 収 税 額 | | ㊸ | 0 |
| 申 告 納 税 額 (㊶-㊷-㊸) | | ㊹ | 2239000 |
| 予定納税額 (第1期分・第2期分) | | ㊺ | |
| 第3分の税額 納める税金 (㊹-㊺) | | ㊻ | 2239000 |
| 還付される税金 | | ㊼ | |

| その他 | | | |
|---|---|---|---|
| 配偶者の合計所得金額 | | ㊽ | |
| 専従者給与(控除)額の合計額 | | ㊾ | |
| 青色申告特別控除額 | | ㊿ | |
| 雑所得・一時所得等の源泉徴収税額の合計額 | | (51) | 0 |
| 未納付の源泉徴収税額 | | (52) | |
| 本年分で差し引く繰越損失額 | | (53) | |
| 平均課税対象金額 | | (54) | |
| 変動・臨時所得金額 | | (55) | |

| 延納の届出 | | | |
|---|---|---|---|
| 申告期限までに納付する金額 | (56) | 00 |
| 延 納 届 出 額 | (57) | 000 |

還付される税金の受取場所

銀行 金庫・組合 農協・漁協　　本店・支店 出張所 本所・支所

郵便局 名 等　　預金 種類 普通 当座 納税準備 貯蓄

口座番号 記号番号

| 区分 | A | B | C | D | E | F | G | H | I | J | K |
|---|---|---|---|---|---|---|---|---|---|---|---|

異動 管理 補完 名簿 確認

---

復興特別所得税額の記入をお忘れなく。

明細書「3　所得税の控除限度額の計算」に転記

明細書「6　外国税額控除の金額の計算」⑯の金額

整理番号 [ ][ ][ ][ ][ ][ ][ ] 　FA0079

# 令和 01 年分の 所得税及び 復興特別所得税 の確定申告書B

## ○ 所得から差し引かれる金額に関する事項

| 住　所 屋　号 | 目黒区中目黒Ｘ－Ｘ－Ｘ |
| フリガナ 氏　名 | Harris Ava |

第二表

（令和元年分以降用）（第一表は、第二表と一緒に提出してください。）（国民年金保険料や生命保険料の支払証明書など申告書に添付しなければならない書類は添付書類台紙などに貼ってください。）

| ⑩社会保険料控除 | 社会保険の種類 | 支払保険料 | ⑪小規模企業共済等掛金控除 | 掛金の種類 | 支払掛金 |
|---|---|---|---|---|---|
| | | 円 | | | 円 |
| | 合　計 | | | 合　計 | |
| ⑫生命保険料控除 | 新生命保険料の計 | 円 | 旧生命保険料の計 | | 円 |
| | 新個人年金保険料の計 | | 旧個人年金保険料の計 | | |
| | 介護医療保険料の計 | | | | |
| ⑬地震保険料控除 | 地震保険料の計 | 円 | 旧長期損害保険料の計 | | 円 |

## ○ 所得の内訳（所得税及び復興特別所得税の源泉徴収税額）

| 所得の種類 | 種目・所得の生ずる場所又は給与などの支払者の氏名・名称 | 収入金額 | 源泉徴収税額 |
|---|---|---|---|
| 雑（年金等） | 厚生労働省 | 円 1,100,000 | 円 0 |
| | | | |
| | | | |
| | ㊹源泉徴収税額の合計額 | | 円 0 |

| ⑭⑮本人に関する事項 | □ 寡婦（寡夫）控除 □ 死別 □ 生死不明 □ 離婚 □ 未帰還 | □ 勤労学生控除 （学校名 ） |
|---|---|---|
| ⑯氏　名 | | |
| ⑰～⑱配偶者・特別配偶者 | 配偶者の氏名 | 生年月日 明・大 昭・平 ・ ・ | □ 配偶者控除 □ 配偶者特別控除 |
| | 個人番号 | | 国外居住 |

## ○ 雑所得（公的年金等以外）、総合課税の配当所得・譲渡所得、一時所得に関する事項

| 所得の種類 | 種目・所得の生ずる場所 | 収入金額 | 必要経費等 | 差引金額 |
|---|---|---|---|---|
| | | 円 | 円 | 円 |
| | | | | |

| ⑲扶養控除 | 控除対象扶養親族の氏名 | 続柄 | 生年月日 | 控除額 |
|---|---|---|---|---|
| | | | 明・大 昭・平 ・ ・ | 国外居住 |
| | 個人番号 | | 明・大 昭・平 ・ ・ | 国外居住 |
| | 個人番号 | | 明・大 昭・平 ・ ・ | 国外居住 |
| | 個人番号 | | | 国外居住 |
| | ⑲扶養控除額の合計 | | | 万円 |

## ○ 特例適用条文等

| ㉒雑損控除 | 損害の原因 | 損害年月日 | 損害を受けた資産の種類など |
|---|---|---|---|
| | 損害金額 | 円 保険金などで補塡される金額 | 円 差引損失額のうち災害関連支出の金額 円 |
| ㉓医療費控除 | 支払医療費等 | 円 | 保険金などで補塡される金額 円 |
| ㉔寄附金控除 | 寄附先の所在地・名称 | | 寄附金 円 |

## ○ 事業専従者に関する事項

| 事業専従者の氏名 | 個人番号 | 続柄 | 生年月日 | 従事月数・程度・仕事の内容 | 専従者給与（控除）額 |
|---|---|---|---|---|---|
| | | | 明・大 昭・平 ・ ・ | | |
| | | | 明・大 昭・平 ・ ・ | | |
| | | | ㊿専従者給与（控除）額の合計額 | | |

## ○ 住民税・事業税に関する事項

| 住民税 | | 氏　名 | 個人番号 | 続柄 | 生年月日 | 別居の場合の住所 | 給与から差引き | 自分で納付 |
|---|---|---|---|---|---|---|---|---|
| | 同一生計配偶者 | | | | 平・令 ・ ・ | | | |
| | 16歳未満の扶養親族 | | | | 平・令 ・ ・ | | | |
| | | | | | 平・令 ・ ・ | | | |
| | 配当に関する住民税の特例 | | 非居住者の特例 | 配当割額控除額 | 株式等譲渡所得割額控除額 | 寄附金税額控除 都道府県、市区町村分（特例控除対象）都道府県 市区町村 | 前年中の開（廃）業 開始・廃止 月 日 | |
| 事業税 | 非課税所得など | 番号 | 所得金額 円 | 損益通算の特例適用前の不動産所得 円 | | 他都道府県の事務所等 | | |
| | 不動産所得から差し引いた青色申告特別控除額 | 円 | 事業用資産の譲渡損失など | | | | | |

| 別居の控除対象配偶者・控除対象扶養親族・事業専従者の氏名・住所 | 氏名 | | 住所 | | 所得税で控除対象配偶者などとした専従者 | 氏名 | | 給与 | | 一連番号 |
|---|---|---|---|---|---|---|---|---|---|---|

177

令和 [01] 年分の 所得税及び復興特別所得税 の 確定 申告書（分離課税用）　　FA0037

第三表（令和元年分以降用）　○第三表は、申告書Bの第一表・第二表と一緒に提出してください。

| 整理番号 | | | | | | | 一連番号 | |
|---|---|---|---|---|---|---|---|---|

| 住所 屋号 | 目黒区中目黒Ｘ－Ｘ－Ｘ |
|---|---|
| フリガナ 氏名 | Harris Ava |

特例適用条文

| 所法 措法 震法 | 条の 条 の | 項 号 |
| 所法 措法 震法 | 条の 条 の | 項 号 |
| 所法 措法 震法 | 条の 条 の | 項 号 |

（単位は円）

## 収入金額

| 分離課税 | 短期譲渡 | 一般分 ㋛ | |
|---|---|---|---|
| | | 軽減分 ㋜ | |
| | 長期譲渡 | 一般分 ㋝ | 20000000 |
| | | 特定分 ㋞ | |
| | | 軽課分 ㋟ | |
| | 一般株式等の譲渡 ㋠ | | |
| | 上場株式等の譲渡 ㋡ | | |
| | 上場株式等の配当等 ㋢ | | |
| | 先物取引 ㋣ | | |
| 山林 ㋤ | | | |
| 退職 ㋥ | | | |

## 所得金額

| 分離課税 | 短期譲渡 | 一般分 59 | |
|---|---|---|---|
| | | 軽減分 60 | |
| | 長期譲渡 | 一般分 61 | 15000000 |
| | | 特定分 62 | |
| | | 軽課分 63 | |
| | 一般株式等の譲渡 64 | | |
| | 上場株式等の譲渡 65 | | |
| | 上場株式等の配当等 66 | | |
| | 先物取引 67 | | |
| 山林 68 | | | |
| 退職 69 | | | |

## 税金の計算

| 総合課税の合計額（申告書B第一表の⑨） ⑨ | 0 |
|---|---|
| 所得から差し引かれる金額（申告書B第一表の㉕） ㉕ | 380000 |

| 課税される所得金額 | ⑨ 対応分 70 | 000 |
|---|---|---|
| | 59 60 対応分 71 | 000 |
| | 61 62 63 対応分 72 | 14620000 |
| | 64 65 対応分 73 | 000 |
| | 66 対応分 74 | 000 |
| | 67 対応分 75 | 000 |
| | 68 対応分 76 | 000 |
| | 69 対応分 77 | 000 |

## 税金の計算

| 税額 | 70 対応分 78 | |
|---|---|---|
| | 71 対応分 79 | |
| | 72 対応分 80 | 2193000 |
| | 73 対応分 81 | |
| | 74 対応分 82 | |
| | 75 対応分 83 | |
| | 76 対応分 84 | |
| | 77 対応分 85 | |
| 78から85までの合計（申告書B第一表の㉛に転記） 86 | | 2193000 |

## その他

| 株式等 | 本年分の64、65から差し引く繰越損失額 87 | |
|---|---|---|
| | 翌年以後に繰り越される損失の金額 88 | |
| 配当 | 本年分の66から差し引く繰越損失額 89 | |
| 先物取引 | 本年分の67から差し引く繰越損失額 90 | |
| | 翌年以後に繰り越される損失の金額 91 | |

○ 分離課税の短期・長期譲渡所得に関する事項

| 区分 | 所得の生ずる場所 | 必要経費 | 差引金額（収入金額－必要経費） | 特別控除額 |
|---|---|---|---|---|
| 長期・一般 | 米国 | 5,000,000 | 15,000,000 | |

| 差引金額の合計額 92 | 15,000,000 |
|---|---|
| 特別控除額の合計額 93 | |

○ 上場株式等の譲渡所得等に関する事項

| 上場株式等の譲渡所得等の源泉徴収税額の合計額 94 | |
|---|---|

○ 分離課税の上場株式等の配当所得等に関する事項

| 種目・所得の生ずる場所 | 収入金額 | 配当所得に係る負債の利子 | 差引金額 |
|---|---|---|---|
| | | 円 | 円 |

○ 退職所得に関する事項

| 所得の生ずる場所 | 収入金額 | 退職所得控除額 |
|---|---|---|
| | 円 | 円 |

| 整理欄 | A | B | C | 申告等年月日 | | |
|---|---|---|---|---|---|---|
| | D | E | F | 通算 | | |
| | 取得期限 資産 | | 入力 | 申告区分 | 特例期間 | |

# 外国税額控除に関する明細書（居住者用）
## （平成 30 年分以降用）

（令和 元 年分）　　　　　　　　　　氏 名　**Harris Ava**

## 1　外国所得税額の内訳
○　本年中に納付する外国所得税額

| 国　名 | 所得の種類 | 税種目 | 納付確定日 | 納 付 日 | 源泉・申告<br>(賦課)の区分 | 所 得 の<br>計 算 期 間 | 相手国での<br>課 税 標 準 | 左 に 係 る<br>外 国 所 得 税 額 |
|---|---|---|---|---|---|---|---|---|
| 米国 | | | ・　・ | ・　・ | | ・　・ | （外貨　　　　）<br>0 円 | （外貨　　　　）<br>0 円 |
| | | | ・　・ | ・　・ | | ・　・ | （外貨　　　　）<br>円 | （外貨　　　　）<br>円 |
| | | | ・　・ | ・　・ | | ・　・ | （外貨　　　　）<br>円 | （外貨　　　　）<br>円 |
| 計 | | | | | | | 0 | Ⓐ　　　　0 |

（令和元年分は納めた外国所得税額はゼロ）

○　本年中に減額された外国所得税額

| 国　名 | 所得の種類 | 税種目 | 納 付 日 | 源泉・申告<br>(賦課)の区分 | 所 得 の<br>計 算 期 間 | 外国税額控除の計算<br>の基礎となった年分 | 減額されるこ<br>ととなった日 | 減 額 さ れ た<br>外 国 所 得 税 額 |
|---|---|---|---|---|---|---|---|---|
| | | | ・　・ | | ・　・ | 　年分 | ・　・ | （外貨　　　）<br>円 |
| | | | ・　・ | | ・　・ | 　年分 | ・　・ | （外貨　　　）<br>円 |
| | | | ・　・ | | ・　・ | 　年分 | ・　・ | （外貨　　　）<br>円 |
| 計 | | | | | | | | Ⓑ　　　円 |

Ⓐの金額がⒷの金額より多い場合（同じ金額の場合を含む。）

Ⓐ　0 円　－　Ⓑ　　円　＝　Ⓒ　0 円　→　6の「⑪」欄に転記します。

Ⓐの金額がⒷの金額より少ない場合

Ⓑ　　円　－　Ⓐ　　円　＝　Ⓓ　　円　→　2の「Ⓓ」欄に転記します。

## 2　本年の雑所得の総収入金額に算入すべき金額の計算

| 前　3　年　以　内　の　控　除　限　度　超　過　額 | | | |
|---|---|---|---|
| 年　　分 | ⑦ 前年繰越額 | ⑦ ⑦から控除すべきⒹの金額 | ⑦ ⑦－⑦ |
| 年分（3 年前） | 円 | 円 | Ⓖ　円 |
| 年分（2 年前） | | | Ⓗ |
| 年分（前　年） | | | Ⓘ |
| 計 | | Ⓔ | |

Ⓖ、Ⓗ、Ⓘの金額を5の「⑦前年繰越額及び本年発生額」欄に転記します。

| 本年中に納付する外国所得税額を超える減額外国所得税額 | | |
|---|---|---|
| 本 年 発 生 額 | Ⓓに充当された前3年以内の控除限度超過額 | 雑所得の総収入金額に算入する金額（Ⓓ－Ⓔ） |
| Ⓓ　円 | Ⓔ　円 | Ⓕ　円 |

雑所得の金額の計算上、総収入金額に算入します。

179

### 3　所得税の控除限度額の計算

| | | | |
|---|---|---|---|
| 所　得　税　額 | ① | 2,193,000 | 円 |
| 所　得　総　額 | ② | 15,000,000 | |
| 調整国外所得金額 | ③ | 15,000,000 | |
| 控除限度額（①×③/②） | ④ | 2,193,000 | |

2の⑰の金額がある場合には、その金額を雑所得の総収入金額に算入して申告書により計算した税額を書きます（詳しくは、控用の裏面を読んでください。）。

2の⑰の金額がある場合には、その金額を雑所得の総収入金額に算入して計算した所得金額の合計額を書きます（詳しくは、控用の裏面を読んでください。）。

2の⑰の金額がある場合には、その金額を含めて計算した調整国外所得金額の合計額を書きます。

5の「⊜」欄及び6の「⑨」欄に転記します。

### 4　復興特別所得税の控除限度額の計算

| | | | |
|---|---|---|---|
| 復興特別所得税額 | ⑤ | 46,053 | 円 |
| 所　得　総　額 | ⑥ | 15,000,000 | |
| 調整国外所得金額 | ⑦ | 15,000,000 | |
| 控除限度額（⑤×⑦/⑥） | ⑧ | 46,053 | |

3の「①」欄の金額に2.1%の税率を乗じて計算した金額を書きます。

3の「②」欄の金額を転記します。

3の「③」欄の金額を転記します。

5の「⊝」欄及び6の「⑩」欄に転記します。

### 5　外国所得税額の繰越控除余裕額又は繰越控除限度超過額の計算の明細

本年分の控除余裕額又は控除限度超過額の計算

政令指定都市の場合

| 控除限度額 | 所　得　税（3の④の金額） | ⊜ | 2,193,000 | 円 | 控除余裕額 | 所　得　税（⊜－⊖） | ⊗ | 2,193,000 | 円 |
|---|---|---|---|---|---|---|---|---|---|
| | 復興特別所得税（4の⑧の金額） | ⊝ | 46,053 | | | 道府県民税（⊖+⊕+⊜－⊖のいずれか少ない金額） | ⊕ | 263,160 | |
| | 道府県民税（⊜×12%又は6%） | ⊖ | 263,160 | | | 市町村民税（⊕－⊖と⊚のいずれか少ない方の金額） | ⊘ | 394,740 | |
| | 市町村民税（⊜×18%又は24%） | ⊚ | 394,740 | | | 計（⊗+⊕+⊘） | ⊛ | 2,850,900 | |
| | 計（⊜+⊝+⊖+⊚） | ⊙ | 2,896,953 | | 控除限度超過額（⊙－⊛） | | ⊜ | | |
| 外国所得税額（1の©の金額） | | ⊘ | 0 | | | | | | |

前3年以内の控除余裕額又は控除限度超過額の明細

| 年　分 | 区　分 | 控除余裕額 | | | 控除限度超過額 | | |
|---|---|---|---|---|---|---|---|
| | | ㋾前年繰越額及び本年発生額 | ⑦本年使用額 | ⑪翌年繰越額（㋾－⑦） | ㋾前年繰越額及び本年発生額 | 本年使用額 | ⑦翌年繰越額（⑦－⑨） |
| 年分（3年前） | 所得税 | | | 円 | Ⓐ | 円 | 円 |
| | 道府県民税 | | | | | | |
| | 市町村民税 | | | | | | |
| 年分（2年前） | 所得税 | | | | Ⓑ | | 円 |
| | 道府県民税 | | | | | | |
| | 市町村民税 | | | | | | |
| 年分（前　年） | 所得税 | | | | ① | | |
| | 道府県民税 | | | | | | |
| | 市町村民税 | | | | | | |
| 合　計 | 所得税 | | | | Ⓜ | | |
| | 道府県民税 | | | | | | |
| | 市町村民税 | | | | | | |
| | 計 | Ⓚ | | | | | |
| 本年分 | 所得税 | ⊗ 2,193,000 | | ⊕ 2,193,000 | | | |
| | 道府県民税 | ⊕ 263,160 | | 263,160 | | | |
| | 市町村民税 | ⊘ 394,740 | | 394,740 | | | |
| | 計 | ⑦ 2,850,900 | | Ⓜ 2,850,900 | | | |

本年度使用額はなし

令和元年分の控除限度額

令和元年分は控除限度額を計算し、それを令和2年分に控除余裕額として繰り越す

確定申告書㊸外国税額控除欄へ転記

### 6　外国税額控除額の計算

| | | | | | | | | |
|---|---|---|---|---|---|---|---|---|
| 所得税の控除限度額（3の④の金額） | ⑨ | 2,193,000 | 円 | 復興財確法第14条第1項による控除税額（⑨⑩より小さい場合に（⑩－⑨）と⑯とのいずれか少ない金額） | ⑬ | | | 円 |
| 復興特別所得税の控除限度額（4の⑧の金額） | ⑩ | 46,053 | | 所法第95条第2項による控除税額（5の①の金額） | ⑭ | | | |
| 外　国　所　得　税　額（1の©の金額） | ⑪ | 0 | | 所法第95条第3項による控除税額（5の⑥の金額） | ⑮ | | | |
| 所法第95条第1項による控除税額（⑨と⑪とのいずれか少ない金額） | ⑫ | 0 | | 控　除　税　額（⑫+⑬+（⑭又は⑮）） | ⑯ | | 0 | |

⑬の金額がある場合には、申告書第一表「税額の計算」欄の「外国税額控除」欄（申告書Aは㉘欄、申告書Bは㊸欄）の「区分」の□に「1」と記入します。

《令和2年分の確定申告》

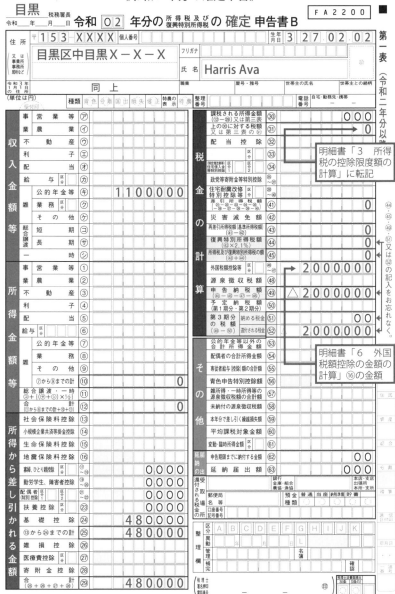

令和 **02** 年分の 所得税及び復興特別所得税 の確定申告書B

| 整理番号 | | | | | | | | | FA2300 |
|---|---|---|---|---|---|---|---|---|---|

住　所
屋　号
フリガナ　氏　名

目黒区中目黒Ｘ－Ｘ－Ｘ

Harris Ava

○ 所得の内訳（所得税及び復興特別所得税の源泉徴収税額）

| 所得の種類 | 種目 | 給与などの支払者の名称・所在地等 | 収入金額 | 源泉徴収税額 |
|---|---|---|---|---|
| 雑（年金等） | 厚生年金 | 厚生労働省 | 1,100,000 円 | 0 円 |
| | | | | |
| | | | | |
| | | | ㊽ 源泉徴収税額の合計額 | 0 |

○ 総合課税の譲渡所得、一時所得に関する事項（⑪）

| 所得の種類 | 収入金額 | 必要経費等 | 差引金額 |
|---|---|---|---|
| 譲渡（短期） | 円 | 円 | 円 |
| 譲渡（長期） | | | |
| 一　時 | | | |

○ 特例適用条文等

○ 配偶者や親族に関する事項（⑳～㉓）

| 氏　名 | 個人番号 | 続柄 | 生年月日 | 障害者 | 国外居住 | 住民税 | その他 |
|---|---|---|---|---|---|---|---|
| | | 配偶者 | 明・大昭・平 ・　・ | 障 特障 | 国外 年調 | 同一 別居 | 調整 |
| | | | 明・大昭・平・令 ・　・ | 障 特障 | 国外 年調 | 16 別居 | 調整 |
| | | | 明・大昭・平・令 ・　・ | 障 特障 | 国外 年調 | 16 別居 | 調整 |
| | | | 明・大昭・平・令 ・　・ | 障 特障 | 国外 年調 | 16 別居 | 調整 |
| | | | 明・大昭・平・令 ・　・ | 障 特障 | 国外 年調 | 16 別居 | 調整 |
| | | | 明・大昭・平・令 ・　・ | 障 特障 | 国外 年調 | 16 別居 | 調整 |

○ 事業専従者に関する事項（�55）

| 事業専従者の氏名 | 個人番号 | 続柄 | 生年月日 | 従事月数・程度・仕事の内容 | 専従者給与（控除）額 |
|---|---|---|---|---|---|
| | | | 明・大昭・平 ・　・ | | |
| | | | 明・大昭・平 ・　・ | | |

○ 保険料控除等に関する事項（⑬～⑯）

| | 保険料等の種類 | 支払保険料等の計 | うち年末調整等以外 |
|---|---|---|---|
| ⑬社会保険料控除 | | 円 | 円 |
| ⑭小規模企業共済等掛金控除 | | 円 | 円 |
| ⑮生命保険料控除 | 新生命保険料 | 円 | 円 |
| | 旧生命保険料 | | |
| | 新個人年金保険料 | | |
| | 旧個人年金保険料 | | |
| | 介護医療保険料 | | |
| ⑯地震保険料控除 | 地震保険料 | 円 | 円 |
| | 旧長期損害保険料 | | |

○ 本人に関する事項（⑰～⑳）

| 寡婦 | ひとり親 | 勤労学生 | 障害者 | 特別障害者 |
|---|---|---|---|---|
| □ 死別　□ 生死不明□ 離婚　□ 未帰還 | | □ 年調以外かつ□ 専修学校等 | | |

○ 雑損控除に関する事項（㉖）

| 損害の原因 | 損害年月日 | 損害を受けた資産の種類など |
|---|---|---|
| | ・　・ | |
| 損害金額 円 | 保険金などで補塡される金額 円 | 差引損失額のうち災害関連支出の金額 円 |

○ 寄附金控除に関する事項（㉘）

| 寄附先の名称等 | | 寄附金 | 円 |
|---|---|---|---|

○ 住民税・事業税に関する事項

| 住民税 | 非上場株式の少額配当等を含む配当所得の金額 | 非居住者 | 配当割額控除額 | 株式等譲渡所得割額控除額 | 給与、公的年金等以外の所得に係る住民税の徴収方法 | | 都道府県、市区町村への寄附（特例控除対象） | 共同募金、日赤その他の寄附 | 都道府県条例指定寄附 | 市区町村条例指定寄附 |
|---|---|---|---|---|---|---|---|---|---|---|
| | | | | | 特別徴収 | 自分で納付 | | | | |
| | 円 | | 円 | 円 | | | 円 | 円 | 円 | 円 |

| 事業税 | 非課税所得など | 番号 | 所得金額 | 損益通算の特例適用前の不動産所得 | 前年中の開（廃）業 | 開始・廃止 | 月日 |
|---|---|---|---|---|---|---|---|
| | | | 円 | 円 | | | |
| | 不動産所得から差し引いた青色申告特別控除額 円 | | | 事業用資産の譲渡損失など | 他都道府県の事務所等 | | |

| 上記の配偶者・親族・事業専従者のうち別居の者の氏名・住所 | 氏名 | 住所 | 所得税で控除対象配偶者などとした専従者 | 氏名 | 給与 | 一連番号 |
|---|---|---|---|---|---|---|

## 外国税額控除に関する明細書（居住者用）

（令和 **2** 年分）　　　　　　　　　　　　　　氏　名　　**Harris Ava**

### 1　外国所得税額の内訳

○　本年中に納付する外国所得税額

| 国　名 | 所得の種類 | 税種目 | 納付確定日 | 納　付　日 | 源泉・申告（賦課）の区分 | 所　得　の計算期間 | 相手国での課税標準 | 左　に　係　る外国所得税額 |
|---|---|---|---|---|---|---|---|---|
| 米国 | 譲渡所得 | 所得税 | 令和 2・4・30 | 令和 2・4・30 | 申告 | 平成31・令和元 1・1 ～ 12・31 | （外貨 USD 150,000）15,000,000 円 | （外貨 USD 20,000）2,000,000 円 |
| | | | ・・ | 令和2年に米国で納めた所得税 | | ・・ | （外貨　　）円 | （外貨　　）円 |
| | | | ・・ | | | ・・ | （外貨　　）円 | （外貨　　）円 |
| 計 | | | | | | | 15,000,000 | Ⓐ 2,000,000 |

○　本年中に減額された外国所得税額

| 国　名 | 所得の種類 | 税種目 | 納付日 | 源泉・申告（賦課）の区分 | 所　得　の計算期間 | 外国税額控除の計算の基礎となった年分 | 減額されることとなった日 | 減額された外国所得税額 |
|---|---|---|---|---|---|---|---|---|
| | | | ・・ | | ・・ | 年分 | ・・ | （外貨　）円 |
| | | | ・・ | | ・・ | 年分 | ・・ | （外貨　）円 |
| | | | ・・ | | ・・ | 年分 | ・・ | （外貨　）円 |
| 計 | | | | | | | | Ⓑ 円 |

Ⓐの金額がⒷの金額より多い場合（同じ金額の場合を含む。）

Ⓐ **2,000,000** 円 － Ⓑ 　　円 ＝ Ⓒ **2,000,000** 円　→ **6**の「⑪」欄に転記します。

Ⓐの金額がⒷの金額より少ない場合

Ⓑ 　　円 － Ⓐ 　　円 ＝ Ⓓ 　　円　→ **2**の「Ⓓ」欄に転記します。

### 2　本年の雑所得の総収入金額に算入すべき金額の計算

| 前　3　年　以　内　の　控　除　限　度　超　過　額 | | | |
|---|---|---|---|
| 年　分 | ④ 前年繰越額 | ㋺ ④から控除すべきⒹの金額 | ㋩ ④－㋺ |
| 年分（3年前） | 円 | 円 | Ⓖ 円 |
| 年分（2年前） | | | Ⓗ |
| 年分（前　年） | | | Ⓘ |
| 計 | | Ⓔ | |

| 本年中に納付する外国所得税額を超える減額外国所得税額 | | |
|---|---|---|
| 本　年　発　生　額 | Ⓓに充当された前3年以内の控除限度超過額 | 雑所得の総収入金額に算入する金額（Ⓓ－Ⓔ） |
| Ⓓ 円 | Ⓔ 円 | Ⓕ 円 |

Ⓖ、Ⓗ、Ⓘの金額を**5**の「㋬前年繰越額及び本年発生額」欄に転記します。

雑所得の金額の計算上、総収入金額に算入します。

○この明細書は、申告書と一緒に提出してください。

**3　所得税の控除限度額の計算**

| 所　得　税　額 | ① | 0 円 |
| 所　得　総　額 | ② | 0 |
| 調整国外所得金額 | ③ | 0 |
| 控除限度額（①×③／②） | ④ | |

→ 確定申告書第一表㉛の金額

金額を雑所得の総収入金額に算入します（詳しくは、控用の裏面を読んでください。）。

2の⑦の金額がある場合には、その金額を雑所得の総収入金額に算入して計算した所得金額の合計額を書きます（詳しくは、控用の裏面を読んでください。）。

2の⑦の金額がある場合には、その金額を含めて計算した調整国外所得金額の合計額を書きます。

5の「◯」欄及び6の「⑨」欄に転記します。

**4　復興特別所得税の控除限度額の計算**

→ 令和2年分の所得がゼロのためそれぞれゼロ

| 復興特別所得税額 | ⑤ | 0 円 |
| 所　得　総　額 | ⑥ | 0 |
| 調整国外所得金額 | ⑦ | 0 |
| 控除限度額（⑤×⑦／⑥） | ⑧ | |

→ 3の「①」欄の金額に2.1％の税率を乗じて計算した金額を書きます。
→ 3の「②」欄の金額を転記します。
→ 3の「③」欄の金額を転記します。
→ 5の「⑧」欄及び6の「⑩」欄に転記します。

**5　外国所得税額の繰越控除余裕額又は繰越控除限度超過額の計算の明細**

本　年　分　の　控　除　余　裕　額　又　は　控　除　限　度　超　過　額　の　計　算

政令指定都市の場合

| 控除限度額 | 所　得　税（3の④の金額） | ◯ | 0 円 |
| | 復興特別所得税（4の⑧の金額） | ◯ | 0 |
| | 道府県民税（◯×12％又は6％） | ◯ | 0 |
| | 市町村民税（◯×18％又は24％） | ◯ | 0 |
| | 計（◯+◯+◯） | ◯ | 0 |
| 外国所得税額（1の◯の金額） | | ◯ | 2,000,000 |

| 控除余裕額 | 所　得　税（◯-◯） | ◯ | 円 |
| | 道府県民税（◯+◯+◯-◯のいずれか少ない方の金額） | ◯ | |
| | 市町村民税（◯-◯）と◯のいずれか少ない方の金額 | ◯ | |
| | 計（◯+◯+◯） | ◯ | |
| 控除限度超過額（◯-◯） | | ◯ | 2,000,000 |

前　3　年　以　内　の　控　除　余　裕　額　又　は　控　除　限　度　超　過　額　の　明　細

| 年　分 | 区　分 | 控除余裕額 ⑨前年繰越額及び本年発生額 | ⑩本年使用額 | ⑪翌年繰越額（⑨-⑩） | | 控除限度超過額 ◯前年繰越額及び本年発生額 | 本年使用額 | 翌年繰越額（◯-◯） |
|---|---|---|---|---|---|---|---|---|
| 平成29年分（3年前） | 所得税 | | | | | 円 | | |
| | 道府県民税 | | | | | | | |
| | 市町村民税 | | | | | | | |
| 平成30年分（2年前） | 所得税 | | | | | | | 円 |
| | 道府県民税 | | | | | | | |
| | 市町村民税 | | | | | | | |
| 令和元年分（前　年） | 所得税 | 2,193,000 | 2,000,000 | 193,000 | ① | | | |
| | 道府県民税 | 263,160 | 0 | 263,160 | | | | |
| | 市町村民税 | 394,740 | 0 | 394,740 | | | | |
| 合　計 | 所得税 | 2,193,000 | ① 2,000,000 | 193,000 | | ◯ | | |
| | 道府県民税 | 263,160 | 0 | 263,160 | | | | |
| | 市町村民税 | 394,740 | 0 | 394,740 | | | | |
| | 計 | 2,850,900 | ◯ 2,000,000 | 850,900 | | | | |
| 本年分 | 所得税 | ◯ | | | | | | |
| | 道府県民税 | ◯ | | | | 2,000,000 | ◯ 2,000,000 | 0 |
| | 市町村民税 | ◯ | | | | | | |
| | 計 | ◯ | | | | | | |

令和元年分から繰り越してきた金額

令和3年分に繰り越す金額

令和2年に米国で納めた税額

令和2年分の外国税額控除の額

**6　外国税額控除額の計算**

| 所得税の控除限度額（3の④の金額） | ⑨ | 0 円 |
| 復興特別所得税の控除限度額（4の⑧の金額） | ⑩ | 0 |
| 外国所得税額（1の◯の金額） | ⑪ | 2,000,000 |
| 所法第95条第1項による控除税額（⑨と⑪とのいずれか少ない方の金額） | ⑫ | 0 |

| 復興財確法第14条第1項による控除税額（⑩と⑪-⑨）と◯とのいずれか少ない方の金額） | ◯ | 0 円 |
| 所法第95条第2項による控除税額（5の①の金額） | ◯ | 2,000,000 |
| 所法第95条第3項による控除税額（5の◯の金額） | ◯ | 0 |
| 控除税額（⑫+◯+（◯又は◯）） | ◯ | 2,000,000 |

◯の金額がある場合には、申告書第一表「税額の計算」欄の「外国税額控除」欄（申告書Aは㊹～㊺欄、申告書Bは㊸～㊹欄）の「区分」の□に「1」と記入します。

184

## Q2-44　外国税額控除（譲渡所得があった年に予定申告し、翌年の確定申告で精算する場合）

> **Q**　私はカナダ人（永住者）で、公的年金を受給しています。令和元年に、カナダに所有していたマンションを売却し、同年カナダで予定申告してカナダの所得税を納めました。そして、令和2年にカナダで確定申告を行い税金の精算が行われ、予定申告で納めた税金の一部が還付されました。
>
> 日本で確定申告して外国税額控除を受けるためには、どのような申告をしたらよいのでしょうか。

　事例を用いて解説します。

---

**■　外国税額控除の適用を受けるに当たっての注意点**

1. 外国税額控除が適用される年分は、外国所得税を納付することとなる日の属する年分。納付することとなる日とは、申告、賦課決定等により、具体的にその納付すべき租税債務が確定した日。なお、継続していれば、実際に納付した日の属する年分で適用することもできる（所法95①、所基通95-3）。
2. 予定納付又は見積納付等をした場合も、所基通95-3の定める年分で適用するが、継続して予定納付等に係る年分の外国所得税について確定申告又は賦課決定等があった日の属する年分で適用することもできる（所基通95-4）。

---

【事例】

▶カナダ人（永住者、68歳）。

▶R元.12.17カナダに所有するマンションを売却し、同日カナダで
予定申告。予定申告の税額は87,500カナダドル（7,693,000円）。（説
明上、レートはTTMを使用しCAD1／JPY87.92とする。）

売却価額　555,000カナダドル（48,795,600円）

取得費等　205,000カナダドル（18,023,600円）

譲渡益　　350,000カナダドル（30,772,000円）

▶R2.3.15　日本でR元年分の譲渡所得の確定申告を行った。

▶R2.4.30　カナダで確定申告を行い、予定申告の精算を行った。
35,341.37カナダドル（3,001,542円）還付された。（説明上、レート
はTTMを使用しCAD1／JPY89.92とする。）

▶R3.3.15　日本でR2年分の確定申告を行った（税額4,558,800円）。

▶R元年は、他に公的年金1,100,000円あり。

▶R2年は公的年金1,100,000円のみで国外源泉所得はない。

▶R元、R2年とも、所得控除は基礎控除のみとする。

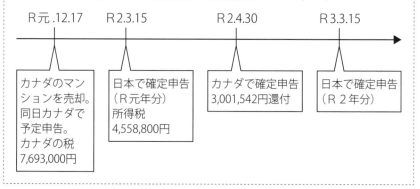

※　申告方法1の申告書記載例はP.189から、申告方法2の記載例はP.198から解
説しています。

《日本での申告方法1》

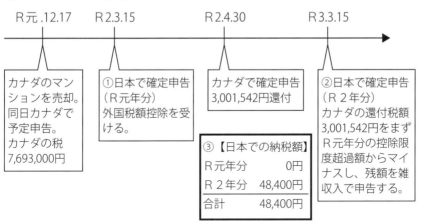

【解説】

① R2.3.15　R元年分の譲渡所得の確定申告を行い、カナダでの予定申告による税額7,693,000円について、外国税額控除を受ける。

② R3.3.15　カナダの確定申告で還付された3,001,542円を、R2年分の確定申告で調整する。具体的には、3,001,542円からR元年分の控除限度超過額1,670,826円をマイナスし、残額1,330,716円を雑所得として申告する。

③ 結果的に、R元年分は納税額ゼロ、R2年分は48,400円納付、合計48,400円の税負担となる。

《日本での申告方法２》

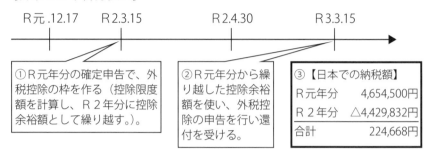

【解説】

①R2.3.15　Ｒ元年分の確定申告で、外国税額控除の枠を作る（控除限度額4,558,800円を計算し、Ｒ２年分に控除余裕額として繰り越す。）。

②R3.3.15　Ｒ２年分の確定申告で、Ｒ元年分から繰り越した控除余裕額4,558,800円を使い、カナダの確定税額4,429,832円を外国税額控除額として申告する。

③結果的に、Ｒ元年分は4,654,500円納付、Ｒ２年分は4,429,832円の還付となり、税負担は224,668円となる。

《申告方法１》

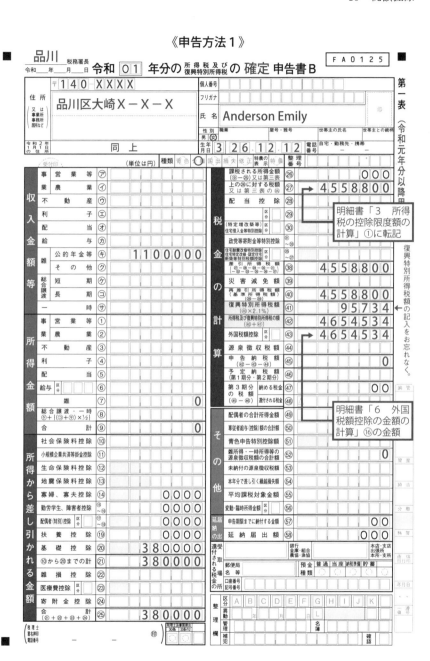

整理番号　　　　　　　　　　　　　FA0079

## 令和 01 年分の 所得税及び復興特別所得税 の確定申告書B

| 住所 屋号 | 品川区大崎X－X－X |
| --- | --- |
| フリガナ 氏名 | Anderson Emily |

第二表（令和元年分以降用）

第二表は、第一表と一緒に提出してください。

### ○ 所得の内訳（所得税及び復興特別所得税の源泉徴収税額）

| 所得の種類 | 種目・所得の生ずる場所又は給与などの支払者の氏名・名称 | 収入金額 | 源泉徴収税額 |
| --- | --- | --- | --- |
| 雑（年金等） | 厚生労働省 | 1,100,000 円 | 0 円 |
| | | | |
| | | | |
| | | ㊹源泉徴収税額の合計額 | 0 円 |

### ○ 雑所得（公的年金等以外）、総合課税の配当所得・譲渡所得、一時所得に関する事項

| 所得の種類 | 種目・所得の生ずる場所 | 収入金額 | 必要経費等 | 差引金額 |
| --- | --- | --- | --- | --- |
| | | 円 | 円 | 円 |

### ○ 特例適用条文等

### ○ 事業専従者に関する事項

| 事業専従者の氏名 | 個人番号 | 続柄 | 生年月日 | 従事月数・程度・仕事の内容 | 専従者給与（控除）額 |
| --- | --- | --- | --- | --- | --- |

### ○ 住民税・事業税に関する事項

### ○ 所得から差し引かれる金額に関する事項

| ⑩社会保険料控除 | 社会保険の種類 | 支払保険料 | ⑪小規模企業共済等掛金控除 | 掛金の種類 | 支払掛金 |
| --- | --- | --- | --- | --- | --- |
| | 合計 | | | 合計 | |

| ⑫生命保険料控除 | 新生命保険料の計 | 旧生命保険料の計 |
| --- | --- | --- |
| | 新個人年金保険料の計 | 旧個人年金保険料の計 |
| | 介護医療保険料の計 | |

| ⑬地震保険料控除 | 地震保険料の計 | 旧長期損害保険料の計 |
| --- | --- | --- |

⑭・⑮ 寡婦（寡夫）控除　□死別　□生死不明　□離婚　□未帰還　　勤労学生控除　学校名

⑯ 氏名

⑰・⑱配偶者控除 配偶者の氏名　生年月日 明・大 昭・平　□配偶者控除　□配偶者特別控除　個人番号　国外居住

⑲扶養控除 控除対象扶養親族の氏名　続柄　生年月日　控除額

⑲扶養控除額の合計

⑳雑損控除 損害の原因　損害年月日　損害を受けた資産の種類など

㉓医療費控除　支払医療費等

㉔寄附金控除

令和 01 年分の 所得税及び復興特別所得税 の 確定 申告書（分離課税用）

FA0037

第三表（令和元年分以降用）

住所　品川区大崎X－X－X

氏名　Anderson Emily

（単位は円）

| 整理番号 | | | | | | | | 一連番号 | | |

**特例適用条文**

| | 法 | 条 | 項 | 号 |
|---|---|---|---|---|
| 所法・措法・震法 | | 条の　の | | 項 | 号 |
| 所法・措法・震法 | | 条の　の | | 項 | 号 |
| 所法・措法・震法 | | 条の　の | | 項 | 号 |

**収入金額**

| 分離課税 | 短期譲渡 | 一般分 | ㋛ | |
| | | 軽減分 | ㋜ | |
| | 長期譲渡 | 一般分 | ㋝ | 48795600 |
| | | 特定分 | ㋟ | |
| | | 軽課分 | ㋠ | |
| | 一般株式等の譲渡 | ㋡ | |
| | 上場株式等の譲渡 | ㋢ | |
| | 上場株式等の配当等 | ㋣ | |
| | 先物取引 | ㋤ | |
| 山林 | ㋥ | |
| 退職 | ㋦ | |

**所得金額**

| 分離課税 | 短期譲渡 | 一般分 | 59 | |
| | | 軽減分 | 60 | |
| | 長期譲渡 | 一般分 | 61 | 30772000 |
| | | 特定分 | 62 | |
| | | 軽課分 | 63 | |
| | 一般株式等の譲渡 | 64 | |
| | 上場株式等の譲渡 | 65 | |
| | 上場株式等の配当等 | 66 | |
| | 先物取引 | 67 | |
| 山林 | 68 | |
| 退職 | 69 | |

**税金の計算**

| 総合課税の合計額（申告書B第一表の⑨） | ⑨ | 0 |
| 所得から差し引かれる金額（申告書B第一表の㉕） | 25 | 380000 |
| 課税される所得金額 | ⑨対応分 | 70 | 000 |
| | 59 60 対応分 | 71 | 000 |
| | 61 62 63 対応分 | 72 | 30392000 |
| | 64 65 対応分 | 73 | 000 |
| | 66 対応分 | 74 | 000 |
| | 67 対応分 | 75 | 000 |
| | 68 対応分 | 76 | 000 |
| | 69 対応分 | 77 | 000 |

**税金の計算（税額）**

| 税額 | 70 対応分 | 78 | |
| | 71 対応分 | 79 | |
| | 72 対応分 | 80 | 4558800 |
| | 73 対応分 | 81 | |
| | 74 対応分 | 82 | |
| | 75 対応分 | 83 | |
| | 76 対応分 | 84 | |
| | 77 対応分 | 85 | |
| 78から85までの合計（申告書B第一表の⑫に転記） | 86 | 4558800 |

**その他**

| 株式等 | 本年分の64・65から差し引く繰越損失額 | 87 | |
| | 翌年以後に繰り越される損失の金額 | 88 | |
| 配当等 | 本年分の66から差し引く繰越損失額 | 89 | |
| 先物取引 | 本年分の67から差し引く繰越損失額 | 90 | |
| | 翌年以後に繰り越される損失の金額 | 91 | |

○ 分離課税の短期・長期譲渡所得に関する事項

| 区分 | 所得の生ずる場所 | 必要経費 | 差引金額（収入金額－必要経費） | 特別控除額 |
|---|---|---|---|---|
| 長期・一般 | カナダ | 18,023,600 円 | 30,772,000 円 | 円 |
| 差引金額の合計額 | 92 | | 30,772,000 | |
| 特別控除額の合計額 | 93 | | | |

○ 上場株式等の譲渡所得等に関する事項

| 上場株式等の譲渡所得等の源泉徴収税額の合計額 | 94 | 円 |

○ 分離課税の上場株式等の配当所得等に関する事項

| 種目・所得の生ずる場所 | 収入金額 | 配当所得に係る負債の利子 | 差引金額 |
|---|---|---|---|
| | 円 | 円 | 円 |

○ 退職所得に関する事項

| 所得の生ずる場所 | 収入金額 | 退職所得控除額 |
|---|---|---|
| | 円 | 円 |

| 整理欄 | A | B | C | 申告等年月日 | | |
| | D | E | F | 通算 | | |
| | 取得期限資産 | | 入力 | 申告区分 | 特例期間 | |

## 外国税額控除に関する明細書（居住者用）
### （平成30年分以降用）

[ 書き方については、控用の裏面を読んでください。 ]

（令和元年分）

氏　名　**Anderson Emily**

### 1　外国所得税額の内訳

○　本年中に納付する外国所得税額

| 国　名 | 所得の種類 | 税種目 | 納付確定日 | 納付日 | 源泉・申告（賦課）の区分 | 所得の計算期間 | 相手国での課税標準 | 左に係る外国所得税額 |
|---|---|---|---|---|---|---|---|---|
| カナダ | 譲渡所得 | 所得税 | 令和1・12・17 | 令和1・12・17 | 申告 | 令和1・1令和1・12・31 | （外貨 CAD ）350,000<br>30,772,000 円 | （外貨 CAD ）87,500<br>7,693,000 円 |
| | | | ・・ | ・・ | | | （外貨 ）円 | （外貨 ）円 |
| | | | | | | | （外貨 ）納付 円 | （外貨 ）納付 円 |
| 計 | | | | | | | 30,772,000 | Ⓐ 7,693,000 |

令和元年にカナダで予定申告した金額

○　本年中に減額された外国所得税額

| 国　名 | 所得の種類 | 税種目 | 納付日 | 源泉・申告（賦課）の区分 | 所得の計算期間 | 外国税額控除の計算の基礎となった年分 | 減額されることとなった日 | 減額された外国所得税額 |
|---|---|---|---|---|---|---|---|---|
| | | | | | | 年分 | ・・ | （外貨 ）円 |
| | | | ・・ | | | 年分 | ・・ | （外貨 ）円 |
| | | | | | | 年分 | ・・ | （外貨 ）円 |
| 計 | | | | | | | | Ⓑ 円 |

Ⓐの金額がⒷの金額より多い場合（同じ金額の場合を含む。）

Ⓐ 7,693,000 円 － Ⓑ 　　　 円 ＝ Ⓒ 7,693,000 円　→ 6の「⑪」欄に転記します。

Ⓐの金額がⒷの金額より少ない場合

Ⓑ 　　　 円 － Ⓐ 　　　 円 ＝ Ⓓ 　　　 円　→ 2の「Ⓓ」欄に転記します。

### 2　本年の雑所得の総収入金額に算入すべき金額の計算

| 前　3　年　以　内　の　控　除　限　度　超　過　額 | | | |
|---|---|---|---|
| 年　分 | ⑦ 前年繰越額 | ⑪ ⑦から控除すべき⑰の金額 | ⑳ ⑦－⑪ |
| 年分（3年前） | 円 | 円 | Ⓖ 円 |
| 年分（2年前） | | | Ⓗ |
| 年分（前年） | | | Ⓘ |
| 計 | | | Ⓔ |

Ⓖ、Ⓗ、Ⓘの金額を5の「⑫前年繰越額及び本年発生額」欄に転記します。

| 本年中に納付する外国所得税額を超える減額外国所得税額 | | |
|---|---|---|
| 本　年　発　生　額 | Ⓓに充当された前3年以内の控除限度超過額 | 雑所得の総収入金額に算入する金額（Ⓓ－Ⓔ） |
| Ⓓ 円 | Ⓔ 円 | 円 |

雑所得の金額の計算上、総収入金額に算入します。

提出用

○この明細書は、申告書と一緒に提出してください。

**3　所得税の控除限度額の計算**

| | | |
|---|---|---|
| 所　得　税　額 | ① | 4,558,800 円 |
| 所　得　総　額 | ② | 30,772,000 |
| 調整国外所得金額 | ③ | 30,772,000 |
| 控除限度額（①×③/②） | ④ | 4,558,800 |

確定申告書第一表㉗の金額　金額を雑所得の総収入金額に算入ます（詳しくは、控用の裏面を読んでください。）

2のPの金額がある場合には、その金額を雑所得の総収入金額に算入して計算した所得金額の合計額を書きます（詳しくは、控用の裏面を読んでください。）

2のPの金額がある場合には、その金額を含めて計算した調整国外所得金額の合計額を書きます。

**4　復興特別所得税の控除限度額の計算**

| | | |
|---|---|---|
| 復興特別所得税額 | ⑤ | 95,734 円 |
| 所　得　総　額 | ⑥ | 30,772,000 |
| 調整国外所得金額 | ⑦ | 30,772,000 |
| 控除限度額（⑤×⑦/⑥） | ⑧ | 95,734 |

令和元年分は30,772,000円（すべて国外源泉所得）

→3の「①」欄の金額に2.1%の税率を乗じて計算した金額を書きます。
→3の「②」欄の金額を転記します。
→3の「③」欄の金額を転記します。
→5の「⑤」欄及び6の「⑩」欄に転記します。

**5　外国所得税額の繰越控除余裕額又は繰越控除限度超過額の計算の明細**

政令指定都市の場合

本年分の控除余裕額又は控除限度超過額の計算

| 控除限度額 | | | | 控除余裕額 | | | |
|---|---|---|---|---|---|---|---|
| 所　得　税（3の④の金額） | ㋑ | 4,558,800 円 | | 所　得　税（㋑－㋠） | ㋝ | | 円 |
| 復興特別所得税（4の⑧の金額） | | 95,734 | | 道 府 県 民 税（㋺＋㋩＋㋥－㋠）と㋺のいずれか少ない金額 | ㋞ | | |
| 道 府 県 民 税（㋑×12%又は6%） | ㋺ | 547,056 | | 市 町 村 民 税（㋞－㋠）と㋩のいずれか少ない方の金額 | ㋟ | | |
| 市 町 村 民 税（㋑×18%又は24%） | ㋩ | 820,584 | | 計（㋝＋㋞＋㋟） | | | |
| 計（㋑＋㋺＋㋩） | ㋥ | 6,022,174 | | | | | |
| 外 国 所 得 税 額（1の㋐の金額） | ㋠ | 7,693,000 | | 控 除 限 度 超 過 額（㋠－㋥） | | 1,670,826 | |

前3年以内の控除余裕額又は控除限度超過額の明細

| 年　分 | 区　分 | 控　除　余　裕　額 | | | 控　除　限　度　超　過　額 | | |
|---|---|---|---|---|---|---|---|
| | | ㋐前年繰越額及び本年発生額 | ㋑本年使用額 | ㋒翌年繰越額（㋐－㋑） | ㋓前年繰越額及び本年発生額 | ㋔本年使用額 | ㋕翌年繰越額（㋓－㋔） |
| 年分（3年前） | 所得税 | 円 | 円 | | ⓒ 円 | 円 | 円 |
| | 道府県民税 | | | | | | |
| | 市町村民税 | | | | | | |
| 年分（2年前） | 所得税 | | | | 円 | | 円 |
| | 道府県民税 | | | | | | |
| | 市町村民税 | | | | | | |
| 年分（前　年） | 所得税 | | | | | | |
| | 道府県民税 | | | | | | |
| | 市町村民税 | | | | | | |
| 合　計 | 所得税 | ① | | | | | |
| | 道府県民税 | | | | | | |
| | 市町村民税 | | | | | | |
| | 計 | ⓚ | | | | | |
| 本年分 | 所得税 | | ⓛ | | ㋠ | 1,670,826 | 1,670,826 |
| | 道府県民税 | | | | | | |
| | 市町村民税 | | | | | | |
| | 計 | | ⓜ | | ㋠ | | |

控除限度額は6,022,174円であるが、カナダの予定申告の税額が7,693,000円なので、差額1,670,826円が限度超過額として令和2年分に繰り越される。

確定申告書㊸外国税額控除欄へ転記

**6　外国税額控除額の計算**

| | | | | | |
|---|---|---|---|---|---|
| 所 得 税 の 控 除 限 度 額（3の④の金額） | ⑨ | 4,558,800 円 | 復興財確法第14条第1項による控除税額（⑧が⑫より小さい場合に⑧－⑨と⑪といずれか少ない方の金額） | ⑬ | 95,734 円 |
| 復興特別所得税の控除限度額（4の⑧の金額） | ⑩ | 95,734 | 所法第95条第2項による控除税額（5の①の金額） | ⑭ | 0 |
| 外 国 所 得 税 額（1の㋐の金額） | ⑪ | 7,693,000 | 所法第95条第3項による控除税額（5の⑪の金額） | ⑮ | 0 |
| 所法第95条第1項による控除税額（⑨と⑪とのいずれか少ない方の金額） | ⑫ | 4,558,800 | 控　除　税　額（⑫＋⑬＋（⑭又は⑮）） | | 4,654,534 |

⑬の金額がある場合には、申告書第一表「税額の計算」欄の「外国税額控除」（申告書Aは㊲欄、申告書Bは㊸欄）の「区分」の□に「1」と記入します。

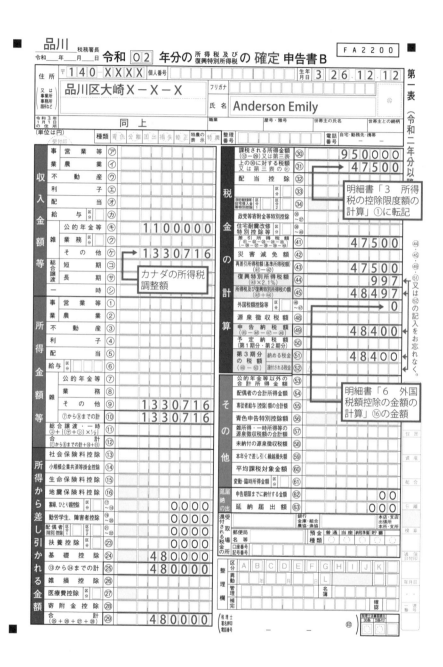

令和 02 年分の 所得税及び 復興特別所得税 の確定申告書B

整理番号 ☐☐☐☐☐☐☐☐　FA2300

**第二表**

**（令和二年分以降用）**

（第二表は、第一表と一緒に提出してください。）

住　所　品川区大崎Ｘ－Ｘ－Ｘ
屋　号
フリガナ
氏　名　Anderson Emily

○ 保険料控除等に関する事項（⑬〜⑯）

| | 保険料等の種類 | 支払保険料等の計 | うち年末調整等以外 |
|---|---|---|---|
| ⑬社会保険料控除 | | 円 | 円 |
| | | | |
| | | | |
| ⑭小規模企業共済等掛金控除 | | 円 | 円 |
| ⑮生命保険料控除 | 新生命保険料 | 円 | 円 |
| | 旧生命保険料 | | |
| | 新個人年金保険料 | | |
| | 旧個人年金保険料 | | |
| | 介護医療保険料 | | |
| ⑯地震保険料控除 | 地震保険料 | 円 | 円 |
| | 旧長期損害保険料 | | |

○ 所得の内訳（所得税及び復興特別所得税の源泉徴収税額）

| 所得の種類 | 種目 | 給与などの支払者の名称・所在地等 | 収入金額 | 源泉徴収税額 |
|---|---|---|---|---|
| 雑（年金等） | 厚生年金 | 厚生労働省 | 1,100,000 円 | 0 円 |
| 雑（その他） | | カナダ政府 | 1,330,716 | 0 |
| | | | | |
| | | | | |
| | | ㊽ 源泉徴収税額の合計額 | | 0 |

○ 本人に関する事項（⑰〜⑳）

| | 寡婦 | | ひとり親 | 勤労学生 | | 障害者 | 特別障害者 |
|---|---|---|---|---|---|---|---|
| | ☐死別 ☐生死不明 | | | ☐年調以外かつ | | | |
| | ☐離婚 ☐未帰還 | | | 専修学校等 | | | |

○ 総合課税の譲渡所得、一時所得に関する事項（⑪）

| 所得の種類 | 収入金額 | 必要経費等 | 差引金額 |
|---|---|---|---|
| 譲渡（短期） | 円 | 円 | 円 |
| 譲渡（長期） | | | |
| 一　時 | | | |

○ 雑損控除に関する事項（㉖）

| 損害の原因 | 損害年月日 | 損害を受けた資産の種類など |
|---|---|---|
| | | |

| 損害金額 | 円 | 保険金などで補塡される金額 | 円 | 差引損失額のうち災害関連支出の金額 | 円 |
|---|---|---|---|---|---|

○ 特例適用条文等

○ 寄附金控除に関する事項（㉘）

| 寄附先の名称等 | | 寄附金 | 円 |
|---|---|---|---|

○ 配偶者や親族に関する事項（⑳〜㉓）

| 氏　名 | 個人番号 | 続柄 | 生年月日 | 障害者 | 国外居住 | 住民税 | その他 |
|---|---|---|---|---|---|---|---|
| | | 配偶者 | 明・大 昭・平・令　　・　・ | 障 特障 | 国外 年調 | (16) 別居 | 調整 |
| | | | 明・大 昭・平・令　　・　・ | 障 特障 | 国外 年調 | (16) 別居 | 調整 |
| | | | 明・大 昭・平・令　　・　・ | 障 特障 | 国外 年調 | (16) 別居 | 調整 |
| | | | 明・大 昭・平・令　　・　・ | 障 特障 | 国外 年調 | (16) 別居 | 調整 |
| | | | 明・大 昭・平・令　　・　・ | 障 特障 | 国外 年調 | (16) 別居 | 調整 |

○ 事業専従者に関する事項（㊴）

| 事業専従者の氏名 | 個人番号 | 続柄 | 生年月日 | 従事月数・程度・仕事の内容 | 専従者給与（控除）額 |
|---|---|---|---|---|---|
| | | | 明・大 昭・平　　・　・ | | 円 |
| | | | 明・大 昭・平　　・　・ | | |

○ 住民税・事業税に関する事項

| 住民税 | 非上場株式の少額配当等を含む配当所得の金額 | 非居住者 | 配当割額控除額 | 株式等譲渡所得割額控除額 | 給与・公的年金等以外の所得に係る住民税の徴収方法 | | 都道府県、市区町村への寄附（特例控除対象） | 共同募金、日赤その他の寄附 | 都道府県条例指定寄附 | 市区町村条例指定寄附 |
|---|---|---|---|---|---|---|---|---|---|---|
| | 円 | 円 | 円 | 円 | 特別徴収 | 自分で納付 | 円 | 円 | 円 | 円 |

| 事業税 | 非課税所得など | 番号 | 所得金額 | 損益通算の特例適用前の不動産所得 | 円 | 前年中の開（廃）業 | 開始・廃止 月 日 |
|---|---|---|---|---|---|---|---|
| | 不動産所得から差し引いた青色申告特別控除額 | 円 | | 事業用資産の譲渡損失など | | 他都道府県の事務所等 | |

| 上記の配偶者・親族・事業専従者のうち別居の者の氏名・住所 | 氏名 | | 住所 | | 所得税で控除対象配偶者などとした専従者 | 氏名 | | 給与 | | 一連番号 | |
|---|---|---|---|---|---|---|---|---|---|---|---|

（令和二年分以降用）○国民年金保険料や生命保険料の支払証明書など申告書に添付しなければならない書類は添付書類台紙などに貼ってください。

195

## 外国税額控除に関する明細書（居住者用）

[書き方については、控用の裏面を読んでください。]

（令和 **2** 年分）　　　　　　　　　氏　名　__Anderson Emily__

**1　外国所得税額の内訳**

○　本年中に納付する外国所得税額

| 国　名 | 所得の種類 | 税種目 | 納付確定日 | 納付日 | 源泉・申告（賦課）の区分 | 所得の計算期間 | 相手国での課税標準 | 左に係る外国所得税額 |
|---|---|---|---|---|---|---|---|---|
| | | | ・・ | ・・ | | ・・～・・ | （外貨　　） | （外貨　　） |
| | | | ・・ | ・・ | | ・・～・・ | 0 円 | 0 円 |
| | | | ・・ | ・・ | | ・・～・・ | （外貨　） | （外貨　） |
| 計 | | | | | | | 円 Ⓐ 0 | 円 0 |

（令和２年は国外源泉所得がないのでゼロ）

○　本年中に減額された外国所得税額

| 国　名 | 所得の種類 | 税種目 | 納付日 | 源泉・申告（賦課）の区分 | 所得の計算期間 | 外国税額控除の計算の基礎となった年分 | 減額されることとなった日 | 減額された外国所得税額 |
|---|---|---|---|---|---|---|---|---|
| カナダ | 譲渡所得 | 所得税 | 令和1・12・17 | 申告 | 令和1・1・1～令和1・12・31 | 令和 1 年分 | 令和2・4・30 | （外貨 CAD 35,341.37）3,001,542 |
| | | | | | | 年分 | ・・ | （外貨） |
| | | | | | | 年分 | ・・ | （外貨） |
| 計 | | | | | | | | Ⓑ 3,001,542 |

Ⓐの金額がⒷの金額より多い場合（同じ金額の場合を含む。）

Ⓐ　　　円　－　Ⓑ　　　円　＝　Ⓒ　　　円　→　**6** の「⑪」欄に転記します。

Ⓐの金額がⒷの金額より少ない場合

Ⓑ 3,001,542 円　－　Ⓐ 0 円　＝　Ⓓ 3,001,542 円　→　**2** の「Ⓓ」欄に転記します。

（カナダの確定申告で還付された金額）

**2　本年の雑所得の総収入金額に算入すべき金額の計算**

| 年　分 | 前 3 年 以 内 の 控 除 限 度 超 過 額 | | |
|---|---|---|---|
| | ㋑ 前年繰越額 | ㋺ ㋑から控除すべきⒹの金額 | ㋩ ㋑－㋺ |
| 平成 29 年分（3年前） | 円 | 円 | Ⓖ 円 |
| 平成 30 年分（2年前） | | | Ⓗ |
| 令和 1 年分（前　年） | 1,670,826 | 1,670,826 | Ⓘ |
| 計 | | Ⓔ 1,670,826 | |

㋩、Ⓗ、Ⓘの金額を **5** の「㋺前年繰越額及び本年発生額」欄に転記します。

本年中に納付する外国所得税額を超える減額外国所得税額

| 本 年 発 生 額 | Ⓓに充当された前3年以内の控除限度超過額 | 雑所得の総収入金額に算入する金額（Ⓓ－Ⓔ） |
|---|---|---|
| Ⓓ 3,001,542 円 | Ⓔ 1,670,826 円 | Ⓕ 1,330,716 円 |

→　雑所得の金額の計算上、総収入金額に算入します。

令和２年カナダの申告で3,001,542円が還付されたが、令和元年分の控除限度超過額が1,670,826円あるので充当し、残額1,330,716円は令和２年分の雑所得として申告する。

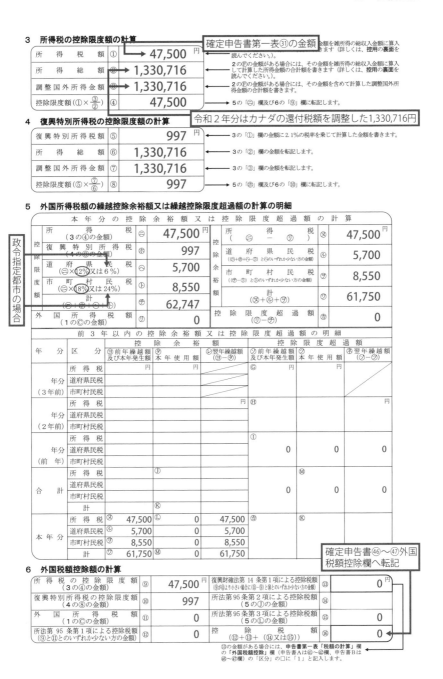

## 3　所得税の控除限度額の計算

| | | 金額 | |
|---|---|---|---|
| 所　得　税　額 | ① | 47,500 円 | → 確定申告書第一表㉛の金額 |
| 所　得　総　額 | ② | 1,330,716 | |
| 調整国外所得金額 | ③ | 1,330,716 | |
| 控除限度額(①×③/②) | ④ | 47,500 | 5の「㋑」欄及び6の「⑨」欄に転記します。 |

## 4　復興特別所得税の控除限度額の計算

| | | 金額 | |
|---|---|---|---|
| 復興特別所得税額 | ⑤ | 997 円 | 3の「①」欄の金額に2.1%の税率を乗じて計算した金額を書きます。 |
| 所　得　総　額 | ⑥ | 1,330,716 | 3の「②」欄の金額を転記します。 |
| 調整国外所得金額 | ⑦ | 1,330,716 | 3の「③」欄の金額を転記します。 |
| 控除限度額(⑤×⑦/⑥) | ⑧ | 997 | 5の「㋺」欄及び6の「⑩」欄に転記します。 |

令和2年分はカナダの還付税額を調整した1,330,716円

## 5　外国所得税額の繰越控除余裕額又は繰越控除限度超過額の計算の明細

政令指定都市の場合

| 本年分の控除余裕額又は控除限度超過額の計算 | | | | | |
|---|---|---|---|---|---|
| 控除限度額 | 所　得　税(3の④の金額) | ㋑ | 47,500 円 | 控除余裕額 | 所　得　税(㋩ー⑪) ㋠ 47,500 円 |
| | 復興特別所得税(4の⑧の金額) | ㋺ | 997 | | 道府県民税(㋺+㋩+㋥-㋠と㋭のいずれか少ない方の金額) ㋷ 5,700 |
| | 道府県民税(㋑×12%又は6%) | ㋩ | 5,700 | | 市町村民税(㋭-㋠)と㋦のいずれか少ない方の金額 ㋦ 8,550 |
| | 市町村民税(㋑×18%又は24%) | ㋥ | 8,550 | | 計(㋠+㋷+㋦) ㋣ 61,750 |
| | 計(㋑+㋺+㋩+㋥) | ㋭ | 62,747 | 控除限度超過額 (㋠-㋭) ㋠ 0 | |
| 外国所得税額(1の©の金額) | | ㋬ | 0 | | |

| 前3年以内の控除余裕額又は控除限度超過額の明細 | | | | | | |
|---|---|---|---|---|---|---|
| | | 控除余裕額 | | 控除限度超過額 | | |
| 年　分 | 区　分 | ㋘前年繰越額及び本年発生額(㋙-㋚) | ㋚本年使用額 | ㋛翌年繰越額(㋘-㋚) | ㋜前年繰越額及び本年発生額 | 本年使用額 | 翌年繰越額(㋜-㋝) |
| 年分(3年前) | 所得税 | 円 | | | ㋒ | | 円 |
| | 道府県民税 | | | | | | |
| | 市町村民税 | | | | | | |
| 年分(2年前) | 所得税 | | | 円 | ㋟ | | 円 |
| | 道府県民税 | | | | | | |
| | 市町村民税 | | | | | | |
| 年分(前　年) | 所得税 | | | ① | | | |
| | 道府県民税 | | | 0 | | 0 | 0 |
| | 市町村民税 | | | | | | |
| 合　計 | 所得税 | ㋐ | | ㋑ | ㋜ | | ㋩ |
| | 道府県民税 | | | | 0 | 0 | 0 |
| | 市町村民税 | | | | | | |
| | 計 | ㋘ | | | | | |
| 本年分 | 所得税 | ㋘ 47,500 | ㋙ 0 | 47,500 | ㋟ | ㋐ | |
| | 道府県民税 | 5,700 | 0 | 5,700 | | | |
| | 市町村民税 | 8,550 | 0 | 8,550 | | | |
| | 計 | ㋣ 61,750 | ㋙ 0 | 61,750 | | | |

## 6　外国税額控除額の計算

| | | | | | |
|---|---|---|---|---|---|
| 所得税の控除限度額(3の④の金額) | ⑨ | 47,500 円 | 復興財確法第14条第1項による控除税額(⑪が⑨より小さい場合に(⑨-⑪)と⑫のいずれか少ない方の金額) | ⑬ | 0 円 |
| 復興特別所得税の控除限度額(4の⑧の金額) | ⑩ | 997 | 所法第95条第2項による控除税額(5の①の金額) | ⑭ | |
| 外　国　所　得　税　額(1の©の金額) | ⑪ | 0 | 所法第95条第3項による控除税額(5の㋘の金額) | ⑮ | |
| 所法第95条第1項による控除税額(⑨と⑪とのいずれか少ない方の金額) | ⑫ | 0 | 控　除　税　額(⑫+⑬+(⑭又は⑮)) | ⑯ | 0 |

⑬の金額がある場合には、申告書第一表「税額の計算」欄の「外国税額控除」欄(申告書Aは㊶〜㊷欄、申告書Bは㊻〜㊼欄)の「区分」の□に「1」と記入します。

確定申告書㊻〜㊼外国税額控除欄へ転記

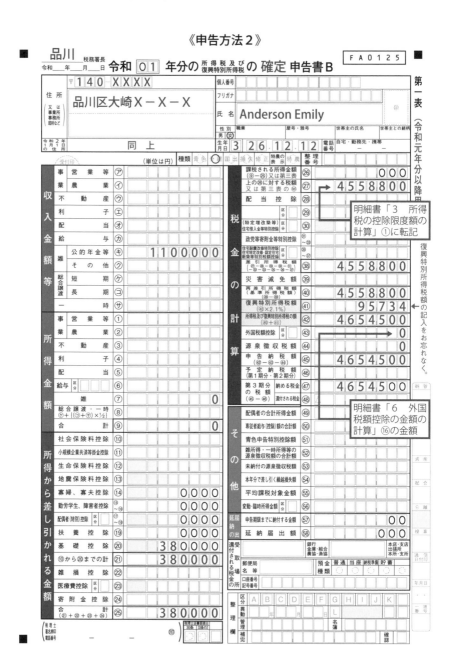

令和 01 年分の 所得税及び復興特別所得税 の確定申告書B

整理番号 [ ][ ][ ][ ][ ][ ] FA0079

**住所** 品川区大崎Ｘ－Ｘ－Ｘ
**屋号**
**フリガナ**
**氏名** Anderson Emily

○ 所得から差し引かれる金額に関する事項

| ⑩社会保険料控除 | 社会保険の種類 | 支払保険料 | ⑪小規模企業共済等掛金控除 | 掛金の種類 | 支払掛金 |
|---|---|---|---|---|---|
| | | 円 | | | 円 |
| 合計 | | | 合計 | | |

| ⑫生命保険料控除 | 新生命保険料の計 円 | 旧生命保険料の計 |
|---|---|---|
| | 新個人年金保険料の計 | 旧個人年金保険料の計 |
| | 介護医療保険料の計 | |

| ⑬地震保険料控除 | 地震保険料の計 円 | 旧長期損害保険料の計 |
|---|---|---|

⑭~⑮ □寡婦(寡夫)控除 □死別 □生死不明 □離婚 □未帰還 / □勤労学生控除(学校名 )

⑯ 氏名

⑰~⑲ 配偶者の氏名 生年月日 明・昭・平 □配偶者控除 □配偶者特別控除 個人番号 国外居住

⑱扶養控除 控除対象扶養親族の氏名 続柄 生年月日 控除額 明・大 万円
個人番号 国外居住

⑲扶養控除額の合計

⑳雑損控除 損害の原因 / 損害年月日 / 損害を受けた資産の種類など
損害金額 / 保険金などで補填される金額 / 差引損失額のうち災害関連支出の金額

㉓医療費控除 支払医療費等 / 保険金などで補填される金額

㉔寄附金控除 寄附先の所在地・名称 / 寄附金

○ 所得の内訳（所得税及び復興特別所得税の源泉徴収税額）

| 所得の種類 | 種目・所得の生ずる場所又は給与などの支払者の氏名・名称 | 収入金額 | 源泉徴収税額 |
|---|---|---|---|
| 雑(年金等) | 厚生労働省 | 1,100,000 | 0 |

㊹源泉徴収税額の合計額 0

○ 雑所得（公的年金等以外）、総合課税の配当所得・譲渡所得、一時所得に関する事項

| 所得の種類 | 種目・所得の生ずる場所 | 収入金額 | 必要経費等 | 差引金額 |
|---|---|---|---|---|

○ 特例適用条文等

○ 事業専従者に関する事項

| 事業専従者の氏名 | 個人番号 | 続柄 | 生年月日 | 従事月数・程度・仕事の内容 | 専従者給与(控除)額 |
|---|---|---|---|---|---|

㊿専従者給与(控除)額の合計額

○ 住民税・事業税に関する事項

（住民税・事業税欄省略）

令和 **01** 年分の 所得税及び 復興特別所得税 の **確定 申告書**（分離課税用）

FA0037

第三表 （令和元年分以降用）

整理番号　□　一連番号

特　例　適　用　条　文

| 法 | 条 | 項 | 号 |
|---|---|---|---|
| 所法 措法 震法 | 条の　の | 項 | 号 |
| 所法 措法 震法 | 条の　の | 項 | 号 |
| 所法 措法 震法 | 条の　の | 項 | 号 |

住所　品川区大崎Ｘ－Ｘ－Ｘ
屋号
フリガナ
氏名　Anderson Emily

（単位は円）

**収入金額**

| 分離課税 | | | |
|---|---|---|---|
| 短期譲渡 | 一般分 | ㋛ | |
| | 軽減分 | ㋜ | |
| 長期譲渡 | 一般分 | ㋜ | 48795600 |
| | 特定分 | ㋝ | |
| | 軽課分 | ㋞ | |
| 一般株式等の譲渡 | | ㋡ | |
| 上場株式等の譲渡 | | ㋟ | |
| 上場株式等の配当等 | | ㋢ | |
| 先物取引 | | ㋨ | |
| 山林 | | ㋙ | |
| 退職 | | ㋠ | |

**所得金額**

| 分離課税 | | | |
|---|---|---|---|
| 短期譲渡 | 一般分 | 59 | |
| | 軽減分 | 60 | |
| 長期譲渡 | 一般分 | 61 | 30772000 |
| | 特定分 | 62 | |
| | 軽課分 | 63 | |
| 一般株式等の譲渡 | | 64 | |
| 上場株式等の譲渡 | | 65 | |
| 上場株式等の配当等 | | 66 | |
| 先物取引 | | 67 | |
| 山林 | | 68 | |
| 退職 | | 69 | |

**税金の計算**

| 総合課税の合計額（申告書B第一表の⑨） | ⑨ | 0 |
|---|---|---|
| 所得から差し引かれる金額（申告書B第一表の㉕） | 25 | 380000 |
| ⑨対応分 | 70 | 000 |
| 59 60対応分 | 71 | 000 |
| 61 62 63対応分 | 72 | 30392000 |
| 64 65対応分 | 73 | 000 |
| 66対応分 | 74 | 000 |
| 67対応分 | 75 | 000 |
| 68対応分 | 76 | 000 |
| 69対応分 | 77 | 000 |

**税金の計算**

| 税金の額 | | | |
|---|---|---|---|
| 70対応分 | 78 | 0 |
| 71対応分 | 79 | |
| 72対応分 | 80 | 4558800 |
| 73対応分 | 81 | |
| 74対応分 | 82 | |
| 75対応分 | 83 | |
| 76対応分 | 84 | |
| 77対応分 | 85 | |
| 78から85までの合計（申告書B第一表の㉛に転記） | 86 | 4558800 |

**その他**

| 株式等 | 本年分の64、65から差し引く繰越損失額 | 87 | |
|---|---|---|---|
| | 翌年以後に繰り越される損失の金額 | 88 | |
| 配当 | 本年分の66から差し引く繰越損失額 | 89 | |
| 先物取引 | 本年分の67から差し引く繰越損失額 | 90 | |
| | 翌年以後に繰り越される損失の金額 | 91 | |

○ 分離課税の短期・長期譲渡所得に関する事項

| 区分 | 所得の生ずる場所 | 必要経費 | 差引金額（収入金額－必要経費） | 特別控除額 |
|---|---|---|---|---|
| 長期・一般 | カナダ | 18,023,600 | 30,772,000 | 円 |
| 差引金額の合計額 | 92 | | 30,772,000 | |
| 特別控除額の合計額 | 93 | | | |

○ 上場株式等の譲渡所得等に関する事項

| 上場株式等の譲渡所得等の源泉徴収税額の合計額 | 94 | 円 |
|---|---|---|

○ 分離課税の上場株式等の配当所得等に関する事項

| 種目・所得の生ずる場所 | 収入金額 | 配当所得に係る負債の利子 | 差引金額 |
|---|---|---|---|
| | 円 | 円 | 円 |

○ 退職所得に関する事項

| 所得の生ずる場所 | 収入金額 | 退職所得控除額 |
|---|---|---|
| | 円 | 円 |

整理欄

| A | B | C | 申告等年月日 | |
|---|---|---|---|---|
| D | E | F | 通算 | |
| 取得期限資産 | | 入力 | 申告区分 | 特例期間 |

第三表は、申告書Bの第一表・第二表と一緒に提出してください。

# 外国税額控除に関する明細書（居住者用）
## （平成 30 年分以降用）

〔書き方については、控用の裏面を読んでください。〕

（令和 **1** 年分）　　　　　　　　　　　氏 名　**Anderson Emily**

## 1 外国所得税額の内訳
○ 本年中に納付する外国所得税額

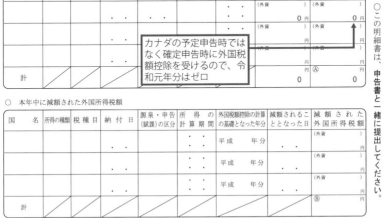

| 国 名 | 所得の種類 | 税種目 | 納付確定日 | 納付日 | 源泉・申告（賦課）の区分 | 所得の計算期間 | 相手国での課税標準 | 左に係る外国所得税額 |
|---|---|---|---|---|---|---|---|---|
| | | | ・ ・ | ・ ・ | | ・ ・ | （外貨 ） | （外貨 ） |
| | | | | | | | 0 円 | 0 円 |
| | | | ・ ・ | ・ ・ | | ・ ・ | （外貨 ） 円 | （外貨 ） 円 |
| | | | ・ ・ | ・ ・ | | ・ ・ | 円 | Ⓐ 円 |
| 計 | | | | | | | 0 | 0 |

カナダの予定申告時ではなく確定申告時に外国税額控除を受けるので、令和元年分はゼロ

○ 本年中に減額された外国所得税額

| 国 名 | 所得の種類 | 税種目 | 納付日 | 源泉・申告（賦課）の区分 | 所得の計算期間 | 外国税額控除の計算の基礎となった年分 | 減額されることとなった日 | 減額された外国所得税額 |
|---|---|---|---|---|---|---|---|---|
| | | | ・ ・ | | ・ ・ | 平成 年分 | ・ ・ | （外貨 ） 円 |
| | | | ・ ・ | | ・ ・ | 平成 年分 | ・ ・ | 円 |
| | | | ・ ・ | | ・ ・ | 平成 年分 | ・ ・ | （外貨 ） 円 |
| 計 | | | | | | | | Ⓑ 円 |

Ⓐの金額がⒷの金額より多い場合（同じ金額の場合を含む。）

Ⓐ 0 円 － Ⓑ 円 ＝ Ⓒ 0 円 → 6 の「⑪」欄に転記します。

Ⓐの金額がⒷの金額より少ない場合

Ⓑ 円 － Ⓐ 円 ＝ Ⓓ 円 → 2 の「⑩」欄に転記します。

## 2 本年の雑所得の総収入金額に算入すべき金額の計算

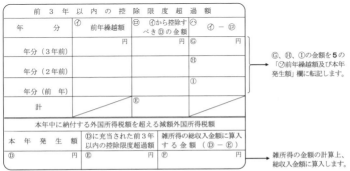

| 前 3 年 以 内 の 控 除 限 度 超 過 額 | | | |
|---|---|---|---|
| 年 分 | ⑦ 前年繰越額 | ⑤ ⑦から控除すべきⒹの金額 | ⑥ ⑦－⑤ |
| 年分（3年前） | 円 | 円 | ⑥ 円 |
| 年分（2年前） | | | ⑪ |
| 年分（前 年） | | | ⑥ |
| 計 | | ⑥ | |

⑥、⑪、⑥の金額を 5 の「②前年繰越額及び本年発生額」欄に転記します。

| 本年中に納付する外国所得税額を超える減額外国所得税額 | | |
|---|---|---|
| 本 年 発 生 額 | Ⓓに充当された前3年以内の控除限度超過額 | 雑所得の総収入金額に算入する金額（Ⓓ－Ⓔ） |
| Ⓓ 円 | Ⓔ 円 | Ⓕ 円 |

雑所得の金額の計算上、総収入金額に算入します。

### 3　所得税の控除限度額の計算

| | | | |
|---|---|---|---|
| 所　得　税　額 | ① | 4,558,800 | 円 |
| 所　得　総　額 | ② | 30,772,000 | |
| 調整国外所得金額 | ③ | 30,772,000 | |
| 控除限度額（①×③/②） | ④ | 4,558,800 | |

確定申告書第一表㉗の金額

金額を雑所得の総収入金額に算入します（詳しくは、控用の裏面を読んでください）。

2の㋺の金額がある場合には、その金額を雑所得の総収入金額に算入して計算した所得金額の合計額を書きます（詳しくは、控用の裏面を読んでください）。

2の㋺の金額がある場合には、その金額を含めて計算した調整国外所得金額の合計額を書きます。

→　5の「㋥」欄及び6の「⑨」欄に転記します。

### 4　復興特別所得税の控除限度額の計算

令和元年分は両方とも30,772,000円

| | | | |
|---|---|---|---|
| 復興特別所得税額 | ⑤ | 95,734 | 円 |
| 所　得　総　額 | ⑥ | 30,772,000 | |
| 調整国外所得金額 | ⑦ | 30,772,000 | |
| 控除限度額（⑤×⑦/⑥） | ⑧ | 95,734 | |

→　3の「①」欄の金額に2.1%の税率を乗じて計算した金額を書きます。

→　3の「②」欄の金額を転記します。

→　3の「③」欄の金額を転記します。

→　5の「㋭」欄及び6の「⑩」欄に転記します。

### 5　外国所得税額の繰越控除余裕額又は繰越控除限度超過額の計算の明細

政令指定都市の場合

本年分の控除余裕額又は控除限度超過額の計算

| 控除限度額 | 所　得　税（3の④の金額） | ㋥ | 4,558,800 円 | | 控除余裕額 | 所　得　税（㋥ー㋬） | ㋠ | 4,558,800 円 |
|---|---|---|---|---|---|---|---|---|
| | 復興特別所得税（4の⑧の金額） | | 95,734 | | | 道府県民税（㋣+㋨+㋥-㋬）と㋺のいずれか少ない方の金額 | ㋡ | 547,056 |
| | 道府県民税（㋥×12%又は6％） | ㋣ | 547,056 | | | 市町村民税（㋦-㋬）と㋺のいずれか少ない方の金額 | ㋢ | 820,584 |
| | 市町村民税（㋥×18%又は24％） | ㋦ | 820,584 | | | 計（㋠+㋡+㋢） | ㋫ | 5,926,440 |
| | 計（㋥+㋣+㋦） | ㋧ | 6,022,174 | | | | | |
| 外国所得税額（1の㋬の金額） | | ㋬ | 0 | 控除限度超過額（㋬-㋧） | | ㋬ | |

前3年以内の控除余裕額又は控除限度超過額の明細

| 年　分 | 区　分 | 控除余裕額 | | | 控除限度超過額 | | |
|---|---|---|---|---|---|---|---|
| | | ㋩前年繰越額及び本年発生額 | ㋥本年使用額 | ㋠翌年繰越額（㋩-㋥） | ㋾前年繰越額及び本年発生額 | ㋭本年使用額 | ㋶翌年繰越額（㋾-㋭） |
| 　年分（3年前） | 所得税 | 円 | | | | | 円 |
| | 道府県民税 | | | | | | |
| | 市町村民税 | | | | | | |
| 　年分（2年前） | 所得税 | | | | 円 | | 円 |
| | 道府県民税 | | | | | | |
| | 市町村民税 | | | | | | |
| 　年分（前　年） | 所得税 | | | | ① | | |
| | 道府県民税 | | | | | 0 | 0 | 0 |
| | 市町村民税 | | | | | 0 | 0 | 0 |
| 合　計 | 所得税 | ㋠ | | | ㋲ | | |
| | 道府県民税 | | | | | | |
| | 市町村民税 | | | | | | |
| | 計 | ㋺ | | | | | |
| 本年分 | 所得税 | ㋩ 4,558,800 | ㋬ | 4,558,800 | | | |
| | 道府県民税 | ㋥ 547,056 | | 547,056 | | | |
| | 市町村民税 | 820,584 | | 820,584 | | | |
| | 計 | ㋠ 5,926,440 | ㋔ | 5,926,440 | | | |

令和元年分は控除限度額を計算し、それを令和2年分に繰り越す

確定申告書㊸外国税額控除欄へ転記

### 6　外国税額控除額の計算

| | | | | | | |
|---|---|---|---|---|---|---|
| 所得税の控除限度額（3の④の金額） | ⑨ | 4,558,800 円 | 復興財確法第14条第1項による控除税額（⑩㋥より小さい場合に（⑨-⑫）と㋭とのいずれか少ない方の金額） | ⑬ | | 円 |
| 復興特別所得税の控除限度額（4の⑧の金額） | ⑩ | 95,734 | 所法第95条第2項による控除税額（5の①の金額） | ⑭ | | |
| 外国所得税額（1の㋬の金額） | ⑪ | 0 | 所法第95条第3項による控除税額（5の⑤の金額） | ⑮ | | |
| 所法第95条第1項による控除税額（⑨と⑪とのいずれか少ない方の金額） | ⑫ | 0 | 控　除　税　額（⑫+⑬+（⑭又は⑮）） | ⑯ | 0 | |

⑯の金額がある場合には、申告書第一表「税額の計算」欄の「外国税額控除」欄（申告書Aは㉓欄、申告書Bは㊸欄）の「区分」の□に「1」と記入します。

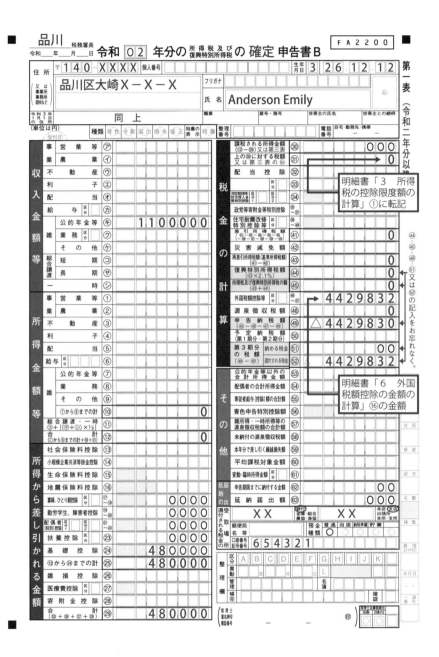

明細書「3 所得税の控除限度額の計算」①に転記

明細書「6 外国税額控除の金額の計算」⑯の金額

| | | | | | | |
|---|---|---|---|---|---|---|
| 整理番号 | | | | | | FA2300 |

**令和 [02] 年分の** 所得税及び復興特別所得税 **の確定申告書B**

住所
屋号
フリガナ
氏名

品川区大崎Ｘ－Ｘ－Ｘ

Anderson Emily

○ **所得の内訳**（所得税及び復興特別所得税の源泉徴収税額）

| 所得の種類 | 種目 | 給与などの支払者の名称・所在地等 | 収入金額 | 源泉徴収税額 |
|---|---|---|---|---|
| 雑（年金等） | 厚生年金 | 厚生労働省 | 1,100,000 円 | 0 円 |
| | | | | |
| | | | | |
| | | ㊽ 源泉徴収税額の合計額 | | 0 |

○ **総合課税の譲渡所得、一時所得に関する事項**（⑪）

| 所得の種類 | 収入金額 | 必要経費等 | 差引金額 |
|---|---|---|---|
| 譲渡（短期） | 円 | 円 | 円 |
| 譲渡（長期） | | | |
| 一　時 | | | |

○ **特例適用条文等**

○ **配偶者や親族に関する事項**（⑳～㉓）

| 氏　名 | 個 人 番 号 | 続柄 | 生 年 月 日 | 障害者 | 国外居住 | 住民税 | その他 |
|---|---|---|---|---|---|---|---|
| | | 配偶者 | 明・大昭・平　・　・ | (障)　特障 | 国外　年調 | 同一　別居 | 調整 |
| | | | 明・大昭・平・令　・　・ | (障)　特障 | 国外　年調 | (16)　別居 | 調整 |
| | | | 明・大昭・平・令　・　・ | (障)　特障 | 国外　年調 | (16)　別居 | 調整 |
| | | | 明・大昭・平・令　・　・ | (障)　特障 | 国外　年調 | (16)　別居 | 調整 |
| | | | 明・大昭・平・令　・　・ | (障)　特障 | 国外　年調 | (16)　別居 | 調整 |
| | | | 明・大昭・平・令　・　・ | (障)　特障 | 国外　年調 | (16)　別居 | 調整 |

○ **事業専従者に関する事項**（�55）

| 事業専従者の氏名 | 個 人 番 号 | 続柄 | 生 年 月 日 | 従事月数・程度・仕事の内容 | 専従者給与(控除)額 |
|---|---|---|---|---|---|
| | | | 明・大昭・平　・　・ | | |
| | | | 明・大昭・平　・　・ | | |

○ **住民税・事業税に関する事項**

| 住民税 | 非上場株式の少額配当等を含む配当所得の金額 | 非居住者の特例 | 配当割額控除額 | 株式等譲渡所得割額控除額 | 給与、公的年金等以外の所得に係る住民税の徴収方法 | | 都道府県、市区町村への寄附（特例控除対象） | 共同募金、日赤その他の寄附 | 都道府県条例指定寄附 | 市区町村条例指定寄附 |
|---|---|---|---|---|---|---|---|---|---|---|
| | | | | | 特別徴収 | 自分で納付 | | | | |
| | 円 | | 円 | 円 | | | 円 | 円 | 円 | 円 |

| 事業税 | 非課税所得など | 番号 | 所得金額 | 損益通算の特例適用前の不動産所得 | | 前年中の開（廃）業 | 開始・廃止 | 月　日 |
|---|---|---|---|---|---|---|---|---|
| | 不動産所得から差し引いた青色申告特別控除額 | | | 事業用資産の譲渡損失など | | 他都道府県の事務所等 | | |

| 上記の配偶者・親族・事業専従者のうち別居の者の氏名・住所 | 氏名 | 住所 | | 所得税で控除対象配偶者などとした専従者 | 氏名 | 給与 | | 一連番号 |
|---|---|---|---|---|---|---|---|---|

**第二表**

（令和二年分以降用）

○第二表は、第一表と一緒に提出してください。

○ **保険料控除等に関する事項**（⑬～⑯）

| | 保険料等の種類 | 支払保険料等の計 | うち年末調整等以外 |
|---|---|---|---|
| ⑬ 社会保険料控除 | | 円 | 円 |
| ⑭ 小規模企業共済等掛金控除 | | 円 | 円 |
| ⑮ 生命保険料控除 | 新生命保険料 | 円 | 円 |
| | 旧生命保険料 | | |
| | 新個人年金保険料 | | |
| | 旧個人年金保険料 | | |
| | 介護医療保険料 | | |
| ⑯ 地震保険料控除 | 地震保険料 | 円 | 円 |
| | 旧長期損害保険料 | | |

○ **本人に関する事項**（⑰～⑳）

| 寡婦 | ひとり親 | 勤労学生 | 障害者 | 特別障害者 |
|---|---|---|---|---|
| □死別　□生死不明 □離婚　□未帰還 | | □年調以外かつ専修学校等 | | |

○ **雑損控除に関する事項**（㉖）

| 損害の原因 | 損害年月日 | 損害を受けた資産の種類など |
|---|---|---|
| | | |
| 損害金額　　円 | 保険金などで補塡される金額　円 | 差引損失額のうち災害関連支出の金額 |

○ **寄附金控除に関する事項**（㉘）

| 寄附先の名称等 | | 寄附金 | |
|---|---|---|---|

○国民年金保険料や生命保険料の支払証明書などを申告書に添付しなければならない書類は添付書類台紙などに貼ってください。

## 外国税額控除に関する明細書（居住者用） 〔書き方については、控用の裏面を読んでください。〕

（令和 **2** 年分）　　　　　　　　　　　　　　　　氏　名　**Anderson Emily**

### 1　外国所得税額の内訳
○　本年中に納付する外国所得税額

| 国　　名 | 所得の種類 | 税種目 | 納付確定日 | 納　付　日 | 源泉・申告（賦課）の区分 | 所　得　の計算期間 | 相手国での課税標準 | 左　に　係　る外国所得税額 |
|---|---|---|---|---|---|---|---|---|
| カナダ | 譲渡所得 | 所得税 | 令和2・4・30 | 令和2・4・30 | 申告 | 令和 1・1令和12・31 | (外貨 CAD )350,000<br>30,772,000 円 | (外貨 CAD )52,158.63<br>4,429,832 円 |
|  |  |  | ・・ | 令和元年にカナダで確定した所得税 |  | ・・ | (外貨 )<br>円 | (外貨 )<br>円 |
|  |  |  | ・・ |  |  | ・・ | (外貨 )<br>円 | (外貨 )<br>円 |
| 計 |  |  |  |  |  |  | 30,772,000 | Ⓐ 4,429,832 |

○　本年中に減額された外国所得税額

| 国　　名 | 所得の種類 | 税種目 | 納　付　日 | 源泉・申告（賦課）の区分 | 所　得　の計算期間 | 外国税額控除の計算の基礎となった年分 | 減額されることとなった日 | 減　額　された外 国 所 得 税 額 |
|---|---|---|---|---|---|---|---|---|
|  |  |  | ・・ | ・・ | 平成　年分 | ・・ | (外貨 )<br>円 |  |
|  |  |  | ・・ | ・・ | 平成　年分 | ・・ | (外貨 )<br>円 |  |
|  |  |  | ・・ | ・・ | 平成　年分 | ・・ | (外貨 )<br>円 |  |
| 計 |  |  |  |  |  |  | Ⓑ 円 |  |

Ⓐの金額がⒷの金額より多い場合（同じ金額の場合を含む。）

Ⓐ 4,429,832 円 － Ⓑ 円 ＝ Ⓒ 4,429,832 円 → 6の「⑪」欄に転記します。

Ⓐの金額がⒷの金額より少ない場合

Ⓑ 円 － Ⓐ 円 ＝ Ⓓ 円 → 2の「Ⓓ」欄に転記します。

### 2　本年の雑所得の総収入金額に算入すべき金額の計算

| 前 3 年 以 内 の 控 除 限 度 超 過 額 | | | |
|---|---|---|---|
| 年　　分 | ㋑ 前年繰越額 | ㋺ ㋑から控除すべきⒹの金額 | ㋩ ㋑ － ㋺ |
| 年分（3年前） | 円 | 円 | Ⓖ 円 |
| 年分（2年前） |  |  | Ⓗ |
| 年分（前　年） |  |  | Ⓘ |
| 計 |  | Ⓔ |  |

Ⓖ、Ⓗ、Ⓘの金額を5の「㋺前年繰越額及び本年発生額」欄に転記します。

| 本年中に納付する外国所得税額を超える減額外国所得税額 | | |
|---|---|---|
| 本 年 発 生 額 | Ⓓに充当された前3年以内の控除限度超過額 | 雑所得の総収入金額に算入する金額（Ⓓ－Ⓔ） |
| Ⓓ 円 | Ⓔ 円 | Ⓕ 円 |

雑所得の金額の計算上、総収入金額に算入します。

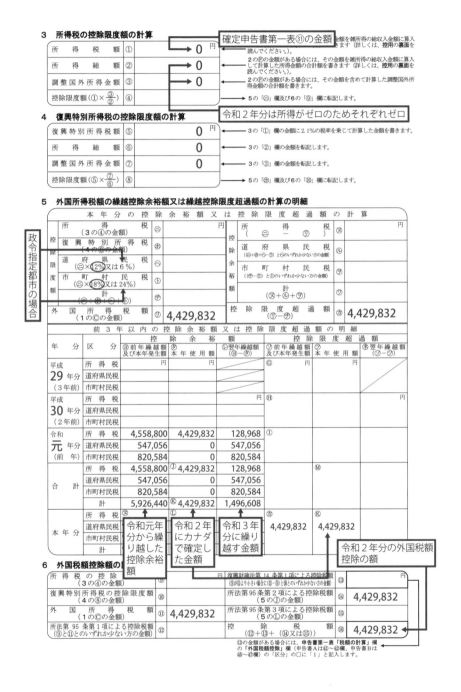

3　所得税の控除限度額の計算

| | | |
|---|---|---|
| 所　得　税　額 | ① | 0 円 |
| 所　得　総　額 | ② | 0 |
| 調整国外所得金額 | ③ | 0 |
| 控除限度額（①×③／②） | ④ | |

確定申告書第一表㉛の金額

税額を雑所得の総収入金額に算入します（詳しくは、控用の裏面を読んでください。）。

2の②の金額がある場合には、その金額を雑所得の総収入金額に算入して計算した所得金額の合計額を書きます（詳しくは、控用の裏面を読んでください。）。

2の②の金額がある場合には、その金額を含めて計算した調整国外所得金額の合計額を書きます。

5の「㊀」欄及び6の「⑨」欄に転記します。

4　復興特別所得税の控除限度額の計算

令和２年分は所得がゼロのためそれぞれゼロ

| | | |
|---|---|---|
| 復興特別所得税額 | ⑤ | 0 円 |
| 所　得　総　額 | ⑥ | 0 |
| 調整国外所得金額 | ⑦ | 0 |
| 控除限度額（⑤×⑦／⑥） | ⑧ | |

3の「①」欄の金額に2.1%の税率を乗じて計算した額を書きます。

3の「②」欄の金額を転記します。

3の「③」欄の金額を転記します。

5の「㋺」欄及び6の「⑩」欄に転記します。

5　外国所得税額の繰越控除余裕額又は繰越控除限度超過額の計算の明細

政令指定都市の場合

本年分の控除余裕額又は控除限度超過額の計算

| 控除限度額 | 所　得　税（3の④の金額） | ㊀ | 円 | 控除余裕額 | 所　得　税（㊀−①） | ㋥ | 円 |
|---|---|---|---|---|---|---|---|
| | 復興特別所得税（4の⑧の金額） | ㋺ | | | 道府県民税（（㋺+㋩+㋥）と①のいずれか少ない方の金額） | ㋭ | |
| | 道府県民税（㊀×12%又は6%） | ㋩ | | | 市町村民税（（㋬−②）と①のいずれか少ない方の金額） | ㋬ | |
| | 市町村民税（㊀×18%又は24%） | ㋥ | | | 計（㋥+㋭+㋬） | ㋣ | |
| | 計（㋺+㋩+㋥） | ㋬ | | | | | |
| 外国所得税額（1の©の金額） | | ㋬ | 4,429,832 | 控除限度超過額（©−㋣） | | ㋠ | 4,429,832 |

前3年以内の控除余裕額又は控除限度超過額の明細

| 年　分 | 区　分 | 控除余裕額 | | | 控除限度超過額 | | |
|---|---|---|---|---|---|---|---|
| | | ⑤前年繰越額及び本年発生額 | ②本年使用額 | ⑩翌年繰越額（⑤−②） | ⑥前年繰越額及び本年発生額 | ②本年使用額 | ②翌年繰越額（⑥−②） |
| 平成29年分（3年前） | 所　得　税 | | 円 | | | 円 | 円 |
| | 道府県民税 | | | | | | |
| | 市町村民税 | | | | | | |
| 平成30年分（2年前） | 所　得　税 | | | 円 | | | 円 |
| | 道府県民税 | | | | | | |
| | 市町村民税 | | | | | | |
| 令和元年分（前年） | 所　得　税 | 4,558,800 | 4,429,832 | 128,968 | ① | | |
| | 道府県民税 | 547,056 | 0 | 547,056 | | | |
| | 市町村民税 | 820,584 | 0 | 820,584 | | | |
| 合　計 | 所　得　税 | 4,558,800 | ① 4,429,832 | 128,968 | Ⓜ | | |
| | 道府県民税 | 547,056 | 0 | 547,056 | | | |
| | 市町村民税 | 820,584 | 0 | 820,584 | | | |
| | 計 | 5,926,440 | Ⓚ 4,429,832 | 1,496,608 | | | |
| 本年分 | 所　得　税 | | | | ② 4,429,832 | Ⓚ 4,429,832 | |
| | 道府県民税 | | | | | | |
| | 市町村民税 | | | | | | |
| | 計 | | | | | | |

令和元年分から繰り越した控除余裕額

令和２年にカナダで確定した金額

令和３年分に繰り越す金額

令和２年分の外国税額控除の額

6　外国税額控除額の計算

| | | | | | | |
|---|---|---|---|---|---|---|
| 所得税の控除限度額（3の④の金額） | ⑨ | | 円 | 復興財確法第14条第1項による控除税額（㋣㋠より小さい場合に（⑨−②）と㋠とのいずれか少ない方の金額） | ⑬ | 円 |
| 復興特別所得税の控除限度額（4の⑧の金額） | ⑩ | | | 所法第95条第2項による控除税額（5の①の金額） | ⑭ | 4,429,832 |
| 外国所得税額（1の©の金額） | ⑪ | 4,429,832 | | 所法第95条第3項による控除税額（5のⓂの金額） | ⑮ | |
| 所法第95条第1項による控除税額（⑨と⑪とのいずれか少ない方の金額） | ⑫ | | | 控　除　税　額（⑫+⑬+（⑭又は⑮）） | ⑯ | 4,429,832 |

⑯の金額がある場合には、申告書第一表「税額の計算」欄の「外国税額控除」欄（申告書Aは㊵〜㊷欄、申告書Bは㊹〜㊻欄）の「区分」の□に「1」と記入します。

## Q 2 - 45　外国所得税の外国税額控除適用又は必要経費算入の選択

> **Q** 　私は英国人（永住者）ですが、この度、英国に貸家を購入しました。永住者なので、日本で確定申告が必要ですが、英国でもこの貸家について確定申告し税金を納めなければいけません。英国で納めた所得税の取扱いについて教えてください。

**A** 　英国で納めた税金は、外国税額控除を行うか又は不動産所得の金額の計算上、必要経費に算入するかどちらかを選択することができます。

### 解 説

1　居住者が外国所得税について外国税額控除の適用を受ける場合、その外国所得税は不動産所得、事業所得、山林所得、雑所得、一時所得の金額の計算上、必要経費又は支出した金額に算入することができません（所法46）。

2　外国所得税額について、必要経費若しくは支出した金額に算入するか、又は外国税額控除を適用するかどうかの選択は、年ごとに、その年中に確定した外国所得税の額の全部について行わなければなりません（所基通46−1）。

3　外国所得税額について必要経費に算入できるのは、不動産所得、事業所得、山林所得、一時所得又は雑所得に係る外国所得税に限られ、

　その他の所得については必要経費という概念がないため、二重課税を調整する方法としては、外国税額控除で行うしかないことになります。

　なお、例えば、不動産所得と配当所得に係る外国所得税があった場合、不動産所得の計算上、外国所得税を必要経費に算入した場合は、配当所得に係る外国所得税は、外国税額控除が受けられなくなります（所基通46 - 1注書）。

## Q2－46　日米租税条約における外国税額控除

**Q** 私は米国人（永住者）ですが、この度、米国の親会社から付与されていたストック・オプションを権利行使し、行使益を米国で確定申告し税金を納めました。
　米国で納めたこの税金は、日本で外国税額控除の対象となるでしょうか。

**A** 米国人であるあなたが、米国のストック・オプション行使益に係る税金を納めても、日本の確定申告で外国税額控除の適用はありません。

【説明】

　日米租税条約第23条第3項(a)では、合衆国市民でもある日本の居住者に対する日本の外国税額控除の適用に当たって考慮すべき外国所得税の範囲は、その者に対する市民権課税による所得税額ではなく、その者が市民でないとした場合に合衆国が日本の居住者に対して本条約に基づいて課すことができる所得税額を限度とすれば足りるとされています。

　この条約を踏まえ国内法では、居住者の所得に対して課される外国所得税の額で、租税条約の規定において外国税額控除の計算に当たって考慮しないものとされるものは、控除対象外国所得税の額（所法95①）に含まれないものとされています（所令222の2④五）。

　さらに、日米租税条約第23条第3項(b)では、合衆国における外国税額控除の適用は、合衆国は、同条第3項(a)に規定する控除を行った後の日本の所得税額を合衆国の所得税額から控除することを認める。そのようにして認められた控除は、同項(a)の規定に従って日本において控除され

る合衆国の所得税額を減額させないとしています。

　そして、日米租税条約第23条第３項(c)は、合衆国市民が日本で所得税を課された合衆国源泉所得については、(b)の規定に従って米国において外国税額控除を認める場合には、(a)に規定する所得を米国の国外所得とみなすとしています。

　以上のことから、あなたのストック・オプションに係る合衆国における市民権課税により課される所得税は、その者が合衆国市民でないとした場合に合衆国が日本の居住者に対して本条約に基づいて課すことができる所得税額ではないため、外国税額控除については日本ではなく米国で受けることとなります。

## 17　申告及び納付

### Q2－47　非居住者の納税地

**Q** 非居住者の納税地は、どのようになるのか教えてください。

**A** 非居住者の納税地については、次のようになります（所法15、所令53、54）。

(1)　国内に住所を有する場合……………………その住所地

(2)　国内に住所を有せず、居所を有する場合……その居所地

(3)　国内に住所を有せず、事務所、事業所等
を有する非居住者の場合…………………………その事務所等の所在地

(4)　前記(3)に掲げる非居住者以外の非居住者
で、その納税地とされていた住所又は居所
に、その者の親族等が引き続き、その者に
代わって居住している場合………………………その納税地とされてい
た住所又は居所

(5)　上記以外の場合で、国内にある不動産の
貸付け等の対価を受ける場合……………………当該対価に係る資産の
所在地

(6)　前記(1)から(5)により、納税地を定められ
ていた個人がそのいずれにも該当しないこ
ととなった場合……………………………………その該当しないことと

　　　　　　　　　　　　　　　　　　　なったときの直前にお

　　　　　　　　　　　　　　　　　　　いて納税地であった場

　　　　　　　　　　　　　　　　　　　所

(7)　前記(1)から(6)以外で、その者が国に対し

　　所得税の申告・請求等の行為を行う場合………その者が選択した場所

(8)　前記のいずれにも該当しない場合……………麹町税務署の管轄区域

　　　　　　　　　　　　　　　　　　　内の場所

　　※　次ページのフローチャート参照

【参考】

■ 非居住者の納税地判定フローチャート

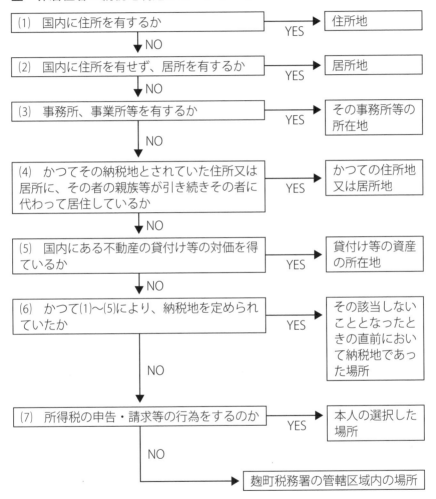

■ 年の途中で居住者が非居住者となった場合の申告期限

(1) 納税管理人の届出あり（通法117①、②、通令39①、所法120①）

⇒ その年1月1日から12月31日までの期間について、翌年3月15日

　　　　までに確定申告

(2)　納税管理人の届出なし（所法127、130）

　　⇒　その年1月1日から出国時までの期間について、出国時までに準
　　　　確定申告

## Q 2 − 48 「出国」の意義

　　所得税法上の「出国」とは、どのようなことをいうのでしょうか。

　　「出国」とは、納税者が納税管理人の届出書を提出しないで、国内に住所等を有しなくなることをいいます。

**解　説**

　確定申告書を提出すべき者が「出国」する場合には、「出国」のときまでに確定申告書を提出し納税する必要がありますが（所法126、127、130）、この場合の「出国」とは次のとおりです（所法2①四十二）。

### 1　居住者

　国税通則法第117条第2項（納税管理人）の規定による納税管理人（以下「納税管理人」という。）の届出書を提出しないで、国内に住所及び居所を有しなくなること。

### 2　非居住者

(1)　国内に居所を有する非居住者の場合には、納税管理人の届出書を提出しないで、国内に居所を有しなくなること。

(2)　国内に居所を有しない非居住者で、国内に恒久的施設を有するものについては、国内に恒久的施設を有しなくなること。

(3)　国内に居所を有しない非居住者で、国内に恒久的施設を有しないものについては、人的役務の提供事業に係る対価（所法161①六）に規定

する事業を廃止すること。

（参考）

1　納税管理人を定めたときは、「当該納税管理人に係る国税の納税地を所轄する税務署長」に届け出ることになっています（通法117②）。ここでいう納税地とは、納税管理人を選任することとなった国税についての<u>納税義務者本人の納税地</u>で、納税管理人の納税地ではありません。

2　非居住者の納税管理人になるときは、非居住者と連絡が取れなくなる恐れがあるため、実務上、納税管理人の届出書とともに解任届出書も受け取っておくとよいでしょう。

3　地方税当局に提出する納税管理人の届出書及び納税管理人解任届出書は、各市区町村で異なるため、ホームページ等で様式を確認した上でこれらの届出書を作成するとよいでしょう。

【記載例】
　米国人で、千代田区一番町（持家）に住んでいたものが帰国し、空家となった家を賃貸していた。その後その家を売却し賃貸収入が生じなくなり、確定申告の必要がなくなった。

## 所得税・消費税の納税管理人の届出書

| | | 1 | 0 | 7 | 0 |

税務署受付印

麹町 _____税務署長

_____年_____月_____日提出

| 納税地 | ◉住所地 ○居所地・○事業所等（該当するものを選択してください。）<br>（〒　－　） <br>千代田区一番町Ｘ－Ｘ－Ｘ <br>（TEL　XX －XXXX－XXXX ） |
| 上記以外の住所地・事業所等 | 納税地以外に住所地・事業所等がある場合は記載します。<br>（〒　－　）<br>（TEL　－　－　） |
| フリガナ | トーマス　デイビット |
| 氏　名 | Thomas David ㊞ |
| 生年月日 | ○大正 ◉昭和52年10月5日生 ○平成 |
| 個人番号 | |
| 職　業 | 会社員 |
| フリガナ / 屋号 | |

所得税・消費税の納税管理人として、次の者を定めたので届けます。

1　納税管理人

住所（居所）　〒　東京都港区西麻布Ｘ－Ｘ－Ｘ

フリガナ　ヤマダ　タロウ

氏　名　山田　太郎　印　　本人との続柄（関係）　義父

職　業　会社員　　　　電話番号　03-XXXX-XXXX

2　法の施行地外における住所又は居所となるべき場所

帰国後の住所地

アメリカ合衆国イリノイ州シカゴ×××316

3　納税管理人を定めた理由

出国後も不動産所得が発生するため

4　その他参考事項

(1) 出国（予定）年月日　令和 2 年 6 月30日・帰国予定年月日　平成___年___月___日

(2) 国内で生じる所得内容（該当する所得を選択するか、又はその内容を記載します。）

○事業所得 ◉不動産所得 ○給与所得 ○譲渡所得

上記以外の所得がある場合又は所得の種類が不明な場合（　　　　　）

(3) その他

関与税理士　　　（TEL　－　－　）

| 税務署整理欄 | 整理番号 | 関係部門連絡 | A | B | C | 番号確認 | 身元確認 |
| | 0 | | | | | | □ 済 □ 未済 |
| | | | | 確認書類 個人番号カード／通知カード・運転免許証 その他（ | | | |

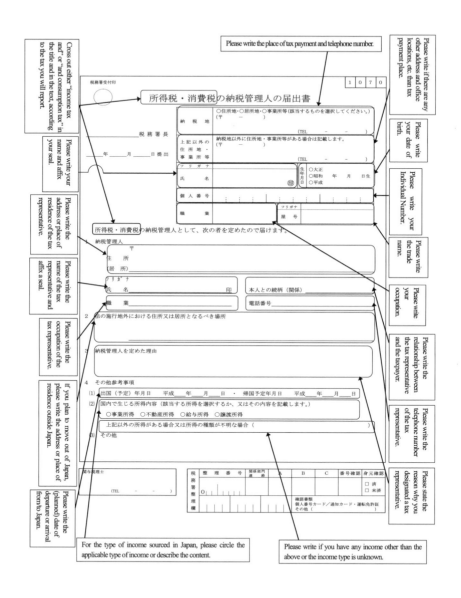

| | 1 0 8 0 |
|---|---|

税務署受付印

## 所得税・消費税の納税管理人の解任届出書

麴町　税務署長

＿＿＿年＿＿月＿＿日提出

| 納　税　地 | ◉住所地 ○居所地・○事業所等(該当するものを選択してください。)<br>（〒　　－　　　）<br>千代田区一番町X－X－X<br>(TEL　XX －XXXX－XXXX ) |
|---|---|
| 上記以外の<br>住所地・<br>事業所等 | 納税地以外に住所地・事業所等がある場合は記載します。<br>（〒　　－　　　）<br>(TEL　　－　　－　　) |
| フリガナ<br>氏　名 | トーマス　デイビット<br>Thomas David　㊞ | 生年月日 ○大正 ◉昭和52年10月5日生 ○平成 |
| 個人番号 | ： ： ： ： ： ： ： ： ： ： ： ： |
| 職　業 | 会社員 | フリガナ<br>屋　号 |

◉令和 XX 年 X 月 XX 日に届け出た納税管理人を解任したので届けます。

1　解任した納税管理人

　　住　所（居　所）　東京都港区西麻布X－X－X

　　フリガナ　ヤマダ　タロウ
　　氏　名　山田　太郎

2　納税者の納税地

　　現在の納税地　アメリカ合衆国イリノイ州シカゴXXX316

　　選任していた<br>ときの納税地　千代田区一番町X－X－X

3　納税管理人を解任した理由

　　不動産所得が生じなくなったため

4　その他参考事項

関与税理士

(TEL　　－　　－　　)

| 税務署整理欄 | 整　理　番　号 | 関係部門連絡 | A | B | C | 番号確認 | 身元確認 |
|---|---|---|---|---|---|---|---|
| | 0 | | | | | | □ 済<br>□ 未済 |
| | | 確認書類<br>個人番号カード／通知カード・運転免許証<br>その他（　　　　　） | | | | | |

## Q２−49　非居住者の予定納税

 **Q** 外国人社員で令和元年分の確定申告を行い、納税額が15万円以上だったので予定納税の通知が令和２年６月に届いた者がいます。この外国人社員は、既に令和２年４月30日に出国していますが、予定納税を納める必要があるのでしょうか。なお、この社員は、出国後、国内で生じる所得はありません。

**A** 当該外国人社員は、６月30日現在非居住者ですので、予定納税を納める必要はありません。

### 解説

　予定納税の納税義務者は、居住者（所法104①）であり、居住者であるかどうかの判定は、その年６月30日の現況によることとされています（所法105）。

　そして、非居住者の総合課税に係る所得税についての申告、納付及び還付については、居住者に係る申告、納付及び還付の規定が準用されることとされています（所法166）。したがって、非居住者であっても、総合課税の対象となる所得があれば、予定納税の納税義務が生じます。

　当該社員は、４月30日に出国後、国内で生じる所得はないとのことですので、予定納税の納税義務は生じません。なお、予定納税の通知が届いたとのことですので、税務署に４月30日に出国済みである旨を連絡しておくことをお勧めします。

# 18　その他

## Ｑ２−50　邦貨換算レート

> **Q** 外貨建取引を行った場合の円換算について教えてください。

**A** 個人が外貨建取引を行った場合の円換算は、原則として、取引を計上すべき日における電信売相場（TTS）と電信買相場（TTB）の仲値（TTM）により行います。

### 解 説

個人の者が、外貨建取引を行った場合の円換算レートは、次のとおりです。

▶ 　原　　則　…　TTM（所基通57の３−２）

ただし、次の方法をとることもできます。

▶ 　株式譲渡　…　収入はTTB、取得費はTTS（措通37の10・37の11共−６）

▶ 　不動産所得・事業所得・雑所得・山林所得

　　　　　　　…　原則はTTM。ただし、継続適用を条件として、収入・資産についてはTTB、仕入・必要経費・負債についてはTTSも可（所基通57の３−２ただし書）。

> 　国外において不動産所得、事業所得、山林所得、雑所得を生ずる
> 個人で、その業務について損益計算書、収支内訳書を外国通貨表示
> で作成している場合は、その年の年末における為替相場により換算
> することができます（所基通57の３－７）。
>
> 　この邦貨換算に当たっては、継続適用を条件として、その年の電
> 信売買相場の仲値（TTM）、電信買相場（TTB）、電信売相場（TTS）
> の年平均値を使用して換算することができます（所基通57の３－７
> 注書）。

▶　不動産譲渡…　　原則はTTM。ただし、譲渡代金として受領した外
　　　　　　　　　　国通貨を直ちに売却し本邦通貨としている場合、収
　　　　　　　　　　入はTTBで、本邦通貨により外国通貨を購入し直
　　　　　　　　　　ちに取得費・譲渡費用に充てている場合は、取得費・
　　　　　　　　　　譲渡費用はTTSも可（所基通57の３－２注書４）。

　　　　　　　　　　　　　　　　　　（参照：国税庁ホームページ）

▶　給与所得・利子所得・配当所得
　　　　　…　TTM（所基通57の３－２）

◎換算する日は、その取引を計上すべき日の為替相場（所基通57の３－２）
◎円換算に係る日に為替相場がない場合
　　　　　　　…同日前の最も近い日の為替相場（所得税基本通達57の３
　　　　　　　－２注書き３⑴）
　　　　　　　例えば、令和２年３月28日（土）は為替相場がありませ
　　　　　　　んので、令和２年３月27日（金）の為替相場の数値によ
　　　　　　　り換算します。

《コラム》

　円換算にどのレートを採用するかによって、どのような違いが生じるのでしょうか？

　例えば米ドルの場合、為替手数料はTTS、TTBそれぞれTTM±1円です（為替手数料は通貨により異なります）。

　TTMが100円とすると、TTSは101円、TTBは99円となります。収入はTTB、必要経費はTTSを採用することにより、収入及び必要経費ともTTMを採用した場合に比べ、所得金額が少なく計算されることとなります。

## Q2−51　為替差損益の取扱い

 **Q**　為替差損益は、どのような場合にどのような課税がされるのでしょうか。

**A**　6つの事例で説明します。

事例1 　**円で外貨を購入し、その後解約し円で受け取った。**

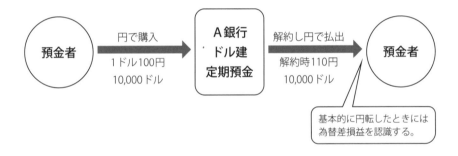

●**為替差益を認識します。**

　（110円−100円）×10,000ドル＝100,000円

→　外貨建取引とは、外国通貨で支払いが行われる資産の販売及び購入、役務の提供、金銭の貸付け及び借入れその他の取引をいいます。

　　外貨建取引を行った場合には、当該外貨建取引を行ったときにおける外国為替の売買相場により換算した金額により、所得の金額を計算します（所法57の3①）。

**事例2** 外貨建預貯金の預入及び払出に係る為替差損益（銀行は異なるが同じドル預金）

**●為替差益を認識する必要はありません。**

→　元本について、①同一の金融機関に、②同一の外国通貨で、③継続して預け入れる場合は、外貨建取引に該当しません（所令167の6②）。

→　なお、他の金融機関に預け入れる場合でも、同一の外国通貨で行われる限り外貨建て取引に該当しません。

　元本が、同一の外国通貨で預入及び払出が行われる限り、金額に増減はなく、実質的には同じ外国通貨を保有し続けている状態と変わりなく、このような外貨の保有状況に実質的に変化がない取引については、取引の都度、為替差損益を認識するのは実情に即さず、所令167の6②は例示規定と解されます。

**事例3** 外貨建債券が償還された場合の為替差損益（ドルで買ったものがドルで償還された）

●**為替差益を認識する必要はありません。**

→　平成28年から税制改正により、利付債の償還差益は総合課税（雑所得）から譲渡所得課税に変更されており、償還時に生ずる償還差益は譲渡所得課税となり、その結果、為替差損益は譲渡所得に含まれ、為替差損益を認識する必要はありません。

| 事例4 | 預け入れていた外貨建預貯金を払い出して貸付用の建物を購入した場合（ドル預金を下ろしてドルで建物を購入。種類が異なるものに投資。） |

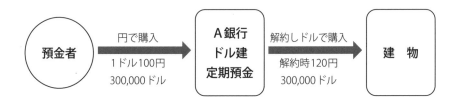

●**為替差益を認識します。**

（120円－100円）×300,000ドル＝6,000,000円

→　預金以外のものを、たとえ同じドルで購入したとしても、購入した時点で預金とは異なる経済価値を持った資産に変わることにより、新たな経済的価値が生まれ実現したものとして、為替差損益を認識します。

### 事例5 外貨建預金を払い出して外貨建MMFに投資（銀行は同じだが商品が異なる）

●**為替差益を認識します。**

（110円－100円）×100,000ドル＝1,000,000円

→　外貨建預金を外貨建MMFに投資した場合、新たな資産に投資した時点で新たな経済的価値が生まれ収入が実現したものとして、為替差損益を認識します。

### 事例6 保有する外貨通貨を他の外国通貨に交換した場合（通貨が異なる）

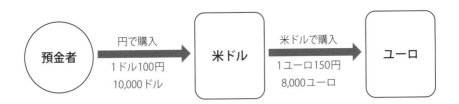

●**為替差益を認識する。**

（150円×8,000ユーロ）－（100円×10,000ドル）＝200,000円

→　他の通貨への交換時に収入が実現したと考えます。

（注）　外貨建預貯金の元本及び利子をあらかじめ約定した率により、他の外国通

貨で支払われる場合の元本部分に係る差益については、外国通貨を円に交換する取引ではないものの、その支払時において課税されます（所法174⑦、209の2、所令298④二）。

（参照：国税庁ホームページ）

※　為替差損益は雑所得とする考え方のほか、譲渡所得とする意見もあります。

## Q2-52 非永住者の送金課税

 非永住者の送金課税について、詳しく教えてください。

 事例で説明します。

【事例】

▶ 給与収入（国内勤務に基づくもの） 10,000,000円

　　{ 国内払い　7,000,000円
　　{ 国外払い　3,000,000円

▶ 配当収入（国外の証券会社）

　　国内払い　500,000円

▶ 不動産譲渡益（国外の不動産）

　　国外払い　3,500,000円

▶ 国外からの送金額

　　4,000,000円

### 解説

▶ 国外からの送金額　4,000,000円

| | 非国外源泉所得 (注) | 国外源泉所得 |
|---|---|---|
| 国内払い | 給与<br>① 7,000,000 | 配当<br>③ 500,000 |
| 国外払い | 給与<br>② 3,000,000 | 不動産譲渡益<br>④1,000,000<br>⑤2,500,000 |

※　①＋②＋③＋④＝11,500,000円が課税対象となります。

送金された4,000,000円が、課税対象になるわけではありません。

（注）　国外源泉所得以外の所得です（所令17④一かっこ書）。

(1)　非永住者の課税所得の範囲は、(イ)国外源泉所得以外の所得（非国外源泉所得）(ロ)国外源泉所得で国内において支払われたもの、(ハ)国外源泉所得で国外から送金されたものとされています（P.34参照）。

(2)　日本国内へ送金がなければ、①＋②＋③が課税対象となります。

(3)　4,000,000円の送金がありますが、4,000,000円が課税対象となるのではなく、非国外源泉所得の国外払い②が3,000,000円あるため、まず、それに送金があったとみなされ（所令17④一）、送金額4,000,000円－3,000,000円②＝1,000,000円が、送金があったものとみなされて課税対象となります。すなわち、不動産譲渡益3,500,000円のうち1,000,000円④が、送金があったものとみなされ課税対象となります。

(4)　非国外源泉所得の国外払い②が4,500,000円あったとすると4,500,000円＞4,000,000円なので、国内への送金はないものとされます。すなわち、送金課税はありません。

(5)　例えば、非国外源泉所得の国外払い②がなかった（0円）とすると、不動産譲渡益3,500,000円が課税対象となります。

(6)　国外源泉所得の国外払い④⑤がなかった（0円）だとすると、送金課税はありません。

　　つまり、国外源泉所得の国外払いが、送金があった年になければ、日本にいくら送金しても送金課税はありません。

(7)　送金した年分の所得④⑤からの送金ではなくて、過去の所得を蓄積した預金・現金からの送金でも課税されます。つまり、送金した年の所得と送金した金銭がひもつきである必要はありません。

⑻ 送金した年に所得があった国からの送金でなく、他の国からの送金
でも課税されます。例えば、送金した年に母国である米国で不動産譲
渡所得が発生していたが、その送金でなく、過去香港に居住していて
香港に預金があり、その香港の預金からの送金であっても、送金課税
の対象となります。

## Q2−53　期間按分計算

> **Q**　内国法人に勤務し給料をいただいている外国人ですが、税金の計算に当たり、期間按分が必要と聞いたことがあります。どのような場合に必要なのか教えてください。

# A

(1)　永住者、非永住者、永住者の課税所得の範囲は、次のとおりです。

| 居住者 | 永住者 | ①国内源泉所得<br>②国外源泉所得　　　　　　　　　（すなわち全ての所得） |
|---|---|---|
| | 非永住者 | ①国外源泉所得以外の所得<sup>(注)</sup><br>②国外源泉所得で国内において支払われたもの<br>③国外源泉所得で国外から送金されたもの |
| 非居住者 | | 国内源泉所得のみ |

（注）　平成26年度税制改正で、非永住者の課税所得の範囲の定義①の部分が、「国内源泉所得」（旧所法7①二）から「国外源泉所得以外の所得」（所法7①二）と改正されました（旧所法7二）。この改正は、外国税額控除における国外源泉所得の範囲が明確化されたことに伴うものです（所法95④）。なお、この改正は、平成29年分以後の所得税について適用し、平成28年分以前の所得税については、従前どおりとされています（平26法10改正附則3③）。

　　　さらに、平成29年度税制改正で、非永住者①の部分が「国外源泉所得（国外にある有価証券の譲渡により生ずる所得として政令で定めるものを含む）以外の所得」と改正されました（所法7二）。この改正は、平成29年4月1日以後に行う有価証券の譲渡により生ずる所得について適用し、平成29年3月31日以前に行った有価証券の譲渡により生ずる所得については、従前の例によるとされています（平29法4改正附則2）。

(2)　非居住者は、国内源泉所得のみが課税の対象となりますので、勤務
　　が国内と国外にわたる場合は、期間按分計算が必要になります。
　　　勤務が国内及び国外の双方にわたって行われた場合、次の算式によ
　　り計算することとなります（所基通161−41）。

$$給与又は報酬の総額 \times \frac{国内において行った勤務又は人的役務の提供の期間}{給与又は報酬の総額の計算の基礎となった期間}$$

(3)　非永住者は、国外源泉所得で国内において支払われたもの及び国外
　　源泉所得で国外から送金されたものが課税の対象になるので、国内源
　　泉所得と国外源泉所得を区分するため期間按分計算が必要になりま
　　す。

(4)　永住者は、国内源泉所得及び国外源泉所得のすべてが課税されるの
　　で、基本的には期間按分計算は必要ありませんが、国外源泉所得があ
　　り外国税額控除を受ける必要がある場合は、国外源泉所得を算出する
　　ために期間按分計算が必要になってきます。

## Q２-54　外国人の国外転出時課税

 **Q**　オーストラリア人である私は、日本で７年間暮らしていましたが、この度、母国へ帰国することとなりました。保有している有価証券が一定額を超えている場合、国外転出時課税があると聞きましたが、教えていただけますでしょうか。

**A**　あなたが一定の居住者に該当し、１億円以上の有価証券等を有する場合は、確定申告が必要になります。

### 解説

　国外転出時課税の対象となる者は、次のいずれにも該当する居住者で、日本人、外国人を問いません。

(1)　国外転出の時において、有価証券又は匿名組合契約の出資の持分が１億円以上であること（所法60の２①⑤）。

　　未決済の信用取引又は発行日取引と未決済のデリバティブ取引に係るみなし決済損益も対象とされます（所法60の２②）。

　　有価証券等には、受益者等課税信託の信託財産に属する有価証券、任意組合等の組合財産である有価証券、質権や譲渡担保の対象となっている有価証券、NISA・ジュニアNISA口座内の有価証券（所基通60の２-３、60の２-５）を含み、国外で所有しているものも含みます。

(2)　国外転出をする日前10年以内に、国内に住所若しくは居所を有していた期間の合計が、５年を超えていること。

　（注）　国内に住所又は居所を有していた期間には、出入国管理及び難民認定法別表第一及び難民認定法別表第一の上欄の在留資格をもって在留していた期間

を除きます（所令170③一）。

　また、平成27年6月30日までに、同法別表第二の上欄の在留資格で在留している期間がある場合は、国内に住所又は居所を有していた期間に含みません（平27政141改正附則8②）。

　なお、国内に住所又は居所を有していない期間があっても、国外転出時課税制度の納税の猶予の特例を受けていた期間は、国内在住期間に含まれます（所令170③二）。

## 【在留資格】

| 別表第一 | 外交、公用、教授、芸術、宗教、報道、投資・経営、法律・会計業務、医療、研究、教育、技術、人文知識・国際業務、企業内転勤、興行、技能、技能実習、文化活動、短期滞在、留学、研修、家族滞在、特定活動（23種類） |
|---|---|
| 別表第二 | 永住者、日本人の配偶者等、永住者の配偶者等、定住者（4種類） |

## Q2-55　短期滞在外国人の相続税

**Q** 短期滞在の外国人同士の相続について、平成29年度及び30年度に税制改正があったと聞きました。どのような改正があったのか教えてください。

**A** 平成29年度の改正では、外国人で過去15年以内に日本国内に住所を有していた期間が10年以下の者は、国内財産のみが課税対象となることとされました。また、平成30年度の改正では、外国人で出国後5年以内に相続が発生した場合、国内財産のみが課税対象となることとされました。

### 解説

1　平成29年度税制改正で、短期滞在の外国人同士の相続・贈与については、国内財産のみが課税対象となり、国外財産は課税対象にはならないこととされました（相法1の3、1の4）。平成29年4月1日以後の相続又は贈与に適用されます（平29法4改正附則31①②）。

　　短期滞在の外国人とは、①出入国管理及び難民認定法別表第1の在留資格の者で、過去15年以内において国内に住所を有していた期間の合計が10年以下の者及び②日本国籍のない者で、過去15年以内において国内に住所を有していた期間の合計が10年以下の者をいいます。

（注）出入国管理及び難民認定法別表第1の在留資格とは、「外交、公用、教授、芸術、宗教、報道、投資・経営、法律・会計業務、医療、研究、教育、技術、人文知識・国際業務、企業内転勤、興行、技能、技能実習、文化活動、短期滞在、留学、研修、家族滞在、特定活動（ワーキングホリデー等）」です。

2　平成29年４月１日以後の課税関係を表にすると、次のとおりです。

| 相続人<br>受遺者<br><br>被相続人<br>贈与者 | 国内に住所あり | | 国内に住所なし | | |
| --- | --- | --- | --- | --- | --- |
| | | 短期滞在の外国人(※1) | 日本国籍あり | | 日本国籍なし |
| | | | 10年以内に住所あり | 10年以内に住所なし | |
| 国内に住所あり | ■ | ■ | ■ | ■ | ■ |
| 　短期滞在の外国人(※1) | ■ | □ | ■ | □ | □ |
| 国内に住所なし　10年以内に住所あり | ■ | ■ | 国内・国外財産ともに課税 | ■ | ■ |
| 　短期滞在の外国人(※2) | ■ | □ | | 国内財産のみに課税 | □ |
| 　10年以内に住所なし | ■ | □ | ■ | □ | □ |

（注）　図中■部分は国内・国外財産ともに課税。□部分は国内財産のみに課税。

※１　出入国管理及び難民認定法別表１の在留資格の者で、過去15年以内において国内に住所を有していた期間の合計が10年以下の者

※２　日本国籍のない者で、過去15年以内において国内に住所を有していた期間の合計が10年以下の者

（出典：財務省ホームページ）

3　平成29年度税制改正により、外国人で、過去15年以内に10年超住所を有していた場合は、出国後５年以内に相続が発生した場合、国内財産及び国外財産が課税対象とされましたが、平成30年度税制改正で、国内財産のみを課税対象とすることとされました。

平成30年４月１日以後の外国人同士の相続の課税関係を表にすると、次のとおりです。

## 【外国人同士の場合】

| 被相続人＼相続人 | | 国内に住所あり | | 国内に住所なし |
|---|---|---|---|---|
| | | 一時居住者以外 | 一時居住者 (注)1 | |
| 国内に住所あり | 一時居住者以外 | 国内・国外財産ともに課税 | | |
| | 一時居住者 | | 国内財産のみ課税 | |
| 国内に住所なし | 一定期間 (注)2 日本に居住し、出国後５年以内の者 | | 国内財産のみ課税（H30.3.31までは国内・国外財産ともに課税） | |
| | 上記以外 | | 国内財産のみ課税 | |

(注)1　相続開始時に、出入国管理法別表第一の在留資格を有し、過去15年以内に国内に住所を有していた期間の合計が10年以内
　　2　過去15年以内に国内に住所を有していた期間の合計が10年超

（出典：金融庁説明会資料一部修正）

## Q 2 -56　外国人の住民税

　外国人である私は、3か月超の在留資格を得て国内に居住しています。住民税を納める必要があるのでしょうか。

　3か月超の在留許可を受け、翌年1月1日現在国内に住所を有していれば、あなたは、住民税を納める義務があります。

**解説**

1　個人の住民税（都道府県又は市町村民税）の賦課期日は、当該年度の初日の属する年の1月1日（地法39、318）とされ、納税義務者については、都道府県又は市町村内に住所を有する個人（地法24①一、294①一）と定められています。そして、都道府県又は市町村内に住所を有する個人とは、当該市町村の住民基本台帳に記録されている者をいうとされています（地法24②、294②）。

　住民基本台帳法第30条の45では「日本の国籍を有しない者のうち次の表の上欄に掲げるものであって市町村の区域内に住所を有するもの…」として、「中長期在留者」を掲げています。中長期在留者とは、出入国管理法及び難民認定法第19条の3で、「①3月以下の在留期間が決定された者②短期滞在の在留資格が決定された者③外交又は公用の在留資格が決定された者④前3号に準ずる者として法務省令で定めるもの以外の者」とされています。

　したがって、3か月超の在留許可を受け、1月1日現在国内に住所を有していれば、あなたは、住民税を納める義務が生じます。

2　租税条約において、住民税が適用対象となっている国となっていない国があります。適用対象となっていない国の場合は、国内法どおりの課税がされます。

| 適用対象となっている国 | イギリス、イタリア、エジプト、オーストリア、オランダ、韓国、サウジアラビア、シンガポール、スイス、スウェーデン、スペイン、中国、デンマーク、ドイツ、トルコ、フランス、ベトナム、ベルギー、香港、マレーシア、メキシコ、ロシア等 |
|---|---|
| 適用対象となっていない国 | アメリカ、インド、インドネシア、オーストラリア、カナダ、タイ、ニュージーランド、フィリピン、ブラジル等 |

## 【参考】新型コロナウイルス感染症に係る税務上の取扱いについて

　新型コロナウイルス感染症に係る税務上の取扱いについて、国税庁ホームページに「国税における新型コロナウイルス感染症拡大防止への対応と申告や納税などの当面の税務上の取扱いに関するFAQ」が掲載されています。同FAQのうち、外国人課税に関係しているものあるいは質問を多く受けるものについて、以下に転載します（問12−２以外の下線は、筆者が付した。）。

---

**問 11.《日本から出国できない場合の取扱い》〔10 月 23 日追加〕**

　私は、外国法人に転職し、現地で勤務する予定（１年以上）でしたが、今般の新型コロナウイルス感染症の世界的拡大に伴い日本から出国することができず、当分の間、国内の住所地において外国法人の業務に従事（在宅勤務）しています。外国法人から支払われる給与については、源泉徴収がされていませんが、所得税は課されないのでしょうか。

　なお、この外国法人は、国内に事務所等を有していません。

---

○　国内に住所を有し、又は現在まで引き続いて１年以上居所を有する個人は、居住者に該当します（所得税法２条１項３号）。また、居住者が勤務先から受け取る給与、賞与などは給与所得（所得税法 28 条）に該当し、所得税の課税対象となります。

○　ご質問について、あなたは、国内に所在する住所地において外国法人の業務に従事しているとのことですので、法令に規定する「国内に住所を有する個人」と認められるため、居住者に該当します。
　したがって、あなたが外国法人から受け取る給与については、（本来の勤務地が国外であるか否かにかかわらず、）給与所得として確定申告書の提出及び納税が必要となります。

　※　日本に事務所等を有しない外国法人があなたに支払う給与については、国内において支払われるものではありませんので源泉徴収の対象とはなりません。

　※　国内で勤務する予定であった個人が国外から日本に入国できずにその国外の住所地において勤務（在宅勤務）している場合には、その個人は、引き続き非居住者となります（問 11-2 参照）。

　※　確定申告書の提出が必要な方が年の中途で日本から出国をして非居住者となる場合には、その出国までに確定申告を済ますか、その後の税務手続（確定申告など）を行うために納税管理人を定める必要があります（所得税法 127 条、国税通則法 117 条）。

**問 11-2.《海外の関連企業から受け入れる従業員を海外で業務に従事させる場合の取扱い》〔10月23日追加〕**
　当社（内国法人）は、海外親会社から従業員を受け入れることとなりましたが、今般の新型コロナウイルス感染症の世界的拡大に伴う移動制限を踏まえて、この従業員は、海外において当社の業務に従事させています。
　この従業員に対して当社から支払う給与について、源泉徴収は必要でしょうか。

○　居住者とは、国内に住所を有し、又は現在まで引き続いて1年以上居所を有する個人をいい（所得税法2条1項3号）、非居住者とは、居住者以外の個人をいいます（所得税法2条1項5号）。

○　非居住者が日本国内において行う勤務に基因する給与は、国内源泉所得として所得税の課税対象となります（所得税法161条1項12号イ）。また、非居住者に対して国内において国内源泉所得の支払をする者は、その支払の際に所得税（及び復興特別所得税）の源泉徴収をする必要があります（所得税法212条1項等）。このため、非居住者に対して国外源泉所得の支払をする場合は、源泉徴収の必要はありません。

○　ご質問について、貴社が海外親会社から受け入れる従業員は、日本国内に住所等を有していないと認められるため、非居住者に該当します。また、非居住者である従業員が海外において行う勤務に基因する給与は、国内源泉所得に該当しませんので所得税の課税対象とならず、貴社がこの従業員に対して支払う給与については、源泉徴収を行う必要はありません。

**（参考）役員として受け入れる場合の取扱い**
　海外親会社の従業員等を貴社の役員として受け入れる場合には、その取扱いが異なる場合がありますので、ご注意ください。
　具体的には、非居住者である内国法人の役員がその法人から受ける報酬は、その役員が、その内国法人の使用人として常時勤務を行う場合（海外支店の長等として常時その支店に勤務するような場合）を除き、全て国内源泉所得となります（所得税法161条1項12号イ、所得税法施行令285条1項1号）。
　したがって、非居住者である役員に対して支払う報酬については、一定の場合を除き国内源泉所得として所得税の課税対象となり、その支払の際に20.42%の税率により源泉徴収が必要となります（所得税法161条1項12号イ、213条1項1号等）。

※　国外で勤務することとなった個人が日本から国外に出国できずにその国内の住所地において勤務（在宅勤務）している場合には、その個人は、引き続き居住者となります（問11参照）。

---

**問 11-3.《一時出国していた従業員を日本に帰国させない場合の取扱い》
〔10 月 23 日追加〕**

　当社（内国法人）は、これまで従業員を海外現地法人に派遣（3 か月）してきましたが、今般の新型コロナウイルス感染症の世界的拡大に伴う移動制限を踏まえて、この派遣期間が終了した後も当分の間、従業員を日本に帰国させることなく、引き続き現地において、当社の業務に従事させています。

　この従業員には、当社から給与を支払っていますが、このような場合、派遣期間中に支払った給与に関する源泉徴収の手続と何か変更点はありますか。

　なお、この従業員は、通常は日本国内で家族と暮らしており、帰国後も同様です。

---

○　国内に住所を有し、又は現在まで引き続いて 1 年以上居所を有する個人は、居住者に該当します（所得税法 2 条 1 項 3 号）。また、居住者が勤務先から受け取る給与、賞与などは給与所得（所得税法 28 条）に該当し、所得税の課税対象となります。

○　ご質問について、この従業員は、現在、一時的に海外に滞在していますが、国内に住所を有していると認められるため、居住者に該当します。

　したがって、貴社が居住者である従業員に対して支払う給与については、これまでと同様に所得税を源泉徴収する必要があります（所得税法 183 条）。

> **問 11-4.《海外に出向していた従業員を一時帰国させた場合の取扱い》**
> **〔10月23日追加〕**
>   当社（内国法人）は、海外現地法人に従業員を出向（1年以上）させていましたが、今般の新型コロナウイルス感染症の世界的拡大に伴い、従業員を日本に一時帰国させており、現在、この従業員は、日本で海外現地法人の業務に従事しています。
>   この従業員には、出向先である海外現地法人からの給与のほか、現地との給与水準の調整等を踏まえ、当社から留守宅手当を支払っています。
>   このような一時帰国者については、租税条約の適用により所得税が課されない場合があると聞きましたが、当社がこの従業員に支払う留守宅手当について源泉徴収は必要でしょうか。また、この従業員は、日本で申告をする必要があるでしょうか。
>   なお、給与の支給形態は、帰国後も変更はなく、海外現地法人は、日本国内に支店等を有していません。

○　居住者とは、国内に住所を有し、又は現在まで引き続いて1年以上居所を有する個人をいい（所得税法2条1項3号）、非居住者とは、居住者以外の個人をいいます（所得税法2条1項5号）。また、非居住者が日本国内において行う勤務に基因する給与は、国内源泉所得として所得税の課税対象となり（所得税法161条1項12号イ）、非居住者に対して国内において国内源泉所得の支払をする者は、その支払の際に所得税（及び復興特別所得税）の源泉徴収をする必要があります（所得税法212条1項等）。

○　一方で、所得税法において課税対象となる場合であっても、その給与所得者の居住地国と日本との間に租税条約等があり、非居住者である給与所得者が、その租税条約等において定める要件（以下の【短期滞在者免税の要件】）を満たす場合には、所定の手続を行うことで日本において所得税が免税となります。
　【短期滞在者免税の要件】
　　次の3つの要件を満たすこと。
　　①　滞在期間が課税年度又は継続する12か月を通じて合計183日を超えないこと。
　　②　報酬を支払う雇用者等は、勤務が行われた締約国の居住者でないこと。
　　③　給与等の報酬が、役務提供地にある雇用者の支店その他の恒久的施設によって負担されないこと。
　　※　この要件は一般的なものであり、個々の租税条約等によってその要件が異なりますので、適用される租税条約等を確認する必要があります。

【内国法人が支払う一時帰国している期間の留守宅手当について】
○　非居住者である従業員が日本に一時帰国した場合であっても、この従業員は日本国内に住所等を有していないと認められるため、引き続き非居住者に該当します。また、この非居住者である従業員に対して貴社から支払われる一時帰国している期間の留守宅手当については、日本国内において行う勤務に基因する給与と認められるため、国内源泉所得として所得税の課税対象となります。

○　その上で、貴社から支払われる一時帰国している期間の留守宅手当については、上記【短期滞在者免税の要件】の②の要件を満たしませんので、短期滞在者免税の適用はなく、非居住者に対する給与としてその支払の際に 20.42%の税率により源泉徴収が必要となります（所得税法 213 条 1 項 1 号等）。

　　なお、この一時帰国している期間の留守宅手当は、源泉徴収のみで課税関係が終了する仕組みとなっています（所得税法 164 条 2 項 2 号）。

【海外現地法人が支払う給与について】

○　海外現地法人がこの非居住者である従業員に支払う一時帰国している期間の給与については、日本国内において行う勤務に基因するものと認められるため、国内源泉所得として所得税の課税対象となります。この給与については、国内において支払われるものではありませんので、給与の支払の際の源泉徴収は不要ですが、海外現地法人から国内源泉所得である給与の支払を受けたこの従業員は、その給与について、日本において確定申告書の提出及び納税が必要となります（所得税法 172 条 1 項、3 項）。

　　ただし、この給与が、上記【短期滞在者免税の要件】を満たす場合には、所得税は課されないこととなります。

**（所得控除）**

> **問 12.《マスク購入費用の医療費控除の適用について》〔10 月 23 日追加〕**
>
> 　私は、新型コロナウイルス感染症を予防するために、マスクを購入しましたが、この購入費用は、確定申告において医療費控除の対象となりますか。

○　医療費控除の対象となる医療費は、

　　①　医師等による診療や治療のために支払った費用

　　②　治療や療養に必要な医薬品の購入費用

　などとされています（所得税法７３条２項、所得税法施行令２０７条１項）。

○　ご質問のマスクについては、病気の感染予防を目的に着用するものであり、その購入費用はこれら①②のいずれの費用にも該当しないため、医療費控除の対象となりません。

　※　健康維持を目的とするビタミン剤の購入費用など病気の予防のための費用も医療費控除の対象となりません。

**問 12-2.《ＰＣＲ検査費用の医療費控除の適用について》〔10 月 23 日追加〕**
　私は、先日、新型コロナウイルス感染症のＰＣＲ検査を受けましたが、この検査費用は確定申告において医療費控除の対象となりますか。

○　医療費控除の対象となる医療費は、
　①　医師等による診療や治療のために支払った費用
　②　治療や療養に必要な医薬品の購入費用
などとされています（所得税法７３条２項、所得税法施行令２０７条１項）。

【①：医師等の判断によりＰＣＲ検査を受けた場合】

○　新型コロナウイルス感染症にかかっている疑いのある方に対して行うＰＣＲ検査など、医師等の判断により受けたＰＣＲ検査の検査費用は、上記の費用に該当するため、医療費控除の対象となります。

○　ただし、医療費控除の対象となる金額は、自己負担部分に限りますので、公費負担により行われる部分の金額については、医療費控除の対象とはなりません。

【②：上記①以外の場合（自己の判断によりＰＣＲ検査を受けた場合）】

○　単に感染していないことを明らかにする目的で受けるＰＣＲ検査など、自己の判断により受けたＰＣＲ検査の検査費用は、上記のいずれの費用にも該当しないため、医療費控除の対象となりません。

○　ただし、ＰＣＲ検査の結果、「陽性」であることが判明し、引き続き治療を行った場合には、その検査は、治療に先立って行われる診察と同様に考えることができますので、その場合の検査費用については、医療費控除の対象となります（所得税基本通達７３－４参照）。

※　医療費控除の適用を受ける場合は、医療費の領収書から「医療費控除の明細書」を作成し、確定申告書に添付してください。
　医療保険者から交付を受けた医療費通知がある場合は、医療費通知を添付することによって「医療費控除の明細書」の記載を簡略化することができます。
　なお、「医療費控除の明細書」の記載内容を確認するため、確定申告期限等から５年を経過する日までの間、医療費の領収書（医療費通知を添付したものを除きます。）の提示又は提出を求める場合があります。

---

**問 12-3.《オンライン診療に係る諸費用の医療費控除の適用について》**
**〔10 月 23 日追加〕**

　私が通院している医療機関では、新型コロナウイルス感染症の感染防止のため、オンライン診療を導入しています。

　このオンライン診療においては、自宅から医師の治療が受けられるのはもちろん、診療により処方された医薬品については、医療機関から私が希望した薬局に処方箋情報が送付され、その薬局から自宅への配送もできる仕組みとなっています。

　オンライン診療は大変便利ですが、この仕組みを利用するためには、以下のとおり、オンライン診療料に係る費用のほか、システムの利用料の支払が必要となりますが、これらの支出は医療費控除の対象となりますか。

　①　オンライン診療料

　②　オンラインシステム利用料

　③　処方された医薬品の購入費用

　④　処方された医薬品の配送料

---

○　ご質問のオンライン診療に係る費用については、それぞれ次のとおりとなります。

　①　オンライン診療料

　　　オンライン診療料のうち、医師等による診療や治療のために支払った費用については、医療費控除の対象となります（所得税法７３条２項、所得税法施行令２０７条１項）。

　②　オンラインシステム利用料

　　　医師等による診療や治療を受けるために支払ったオンラインシステム利用料については、オンライン診療に直接必要な費用に該当しますので、医療費控除の対象となります（所得税基本通達７３－３参照）。

　③　処方された医薬品の購入費用

　　　処方された医薬品の購入費用が、治療や療養に必要な医薬品の購入費用に該当する場合は、医療費控除の対象となります（所得税法７３条２項、所得税法施行令２０７条１項２号）。

　④　処方された医薬品の配送料

　　　医薬品の配送料については、治療又は療養に必要な医薬品の購入費用に該当しませんので、医療費控除の対象となりません。

# 第3編

## 外国人の社会保険

　外国人を雇用した場合も、日本人を雇用した場合と同様、日本で勤務している以上は公的保険制度への加入義務が生じます（〔図表〕参照）。

　勤労者（労働者）に関係する公的保険は、大きく労働保険と社会保険があります。労働保険は、業務上や通勤途上生じた事故等に対して給付され、雇用保険は、失業した場合などの生活を保障するために給付される保険です。

　社会保険は、労働保険を含む広義の社会保険と労働保険を含まない狭義の社会保険があります。

〔図表〕公的保険

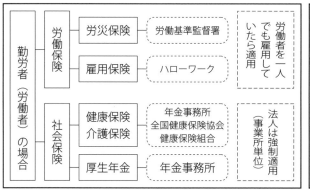

## Q3−1　労災保険への加入を免除される場合

> **Q** 外国人労働者で、労災保険への加入を免除される場合は、どのような場合でしょうか。

**A**　労災保険については、外国人労働者も一律に適用となりますが、次の事業及び労働者は労災保険の適用除外となります（労災法3②)。

・国の直営事業
・国家公務員及び地方公務員の一般職
・農林水産業の個人経営事業で、常時使用する労働者数が5人未満の場合に、事業主の意思、あるいは労働者の過半数の意思によって労働保険に加入していない場合

## Q3-2　雇用保険への加入を免除される場合

 外国人労働者で、雇用保険への加入を免除される場合は、どのような場合でしょうか。

 雇用保険については、外国人労働者も一律に適用となりますが、次の人は雇用保険の適用除外となります（雇用保険法6）。

・1週間の所定労働時間が、20時間未満である者

・同一の事業主の適用事業に、継続して31日以上雇用されることが見込まれない者

・季節的に雇用される者（4か月以内又は1週間の所定労働時間が20時間以上30時間未満である者）

・昼間学生（一定の出席日数を課程修了の要件としない学校に在学する者で、当該事業の同種の業務に従事する他の労働者と同様に勤務しうると認められる人は、被保険者となる。）

・船員保険の被保険者である者

・国等に雇用される者

・ワーキング・ホリデーで来日して働いている者　など

## Q3-3 社会保険（健康保険・厚生年金保険）への加入を免除される場合

**Q** 外国人労働者で、社会保険への加入を免除される場合は、どのような場合でしょうか。

**A** 健康保険・厚生年金保険については、外国人労働者も一律に適用となりますが、次の人は健康保険・厚生年金保険の適用除外となります。

・臨時に使用される者（日雇い、又は2か月以内の期間を定めて使用される者）

・季節的業務に使用される者（4か月以内）

・臨時的事業の事業所に使用される者（6か月以内）

・所在地の一定しない事業所に使用される者

・後期高齢者医療保険、船員保険の被保険者である者

・国民健康保険組合の事業所に使用される者　など

## Q3-4　外国人の介護保険

 　外国人労働者も、介護保険に加入する必要があるのでしょうか。

**A** 　外国人労働者も、40歳以上65歳未満の場合で、在留資格が3か月を超えて住民基本台帳に登録されている人は加入義務があります。それ以外の人については、事業主を通じて「介護保険適用除外等該当届」を保険者に提出することにより適用除外となります（介護保険法9②、介護保険法施行法11）。

# Q3-5 外国人の雇用・退職の際の役所への届出

> **Q** 外国人を雇用した場合又は退職した場合、役所へ何か届出は必要でしょうか。

**A** 外国人を雇用した場合又は退職した場合の手続きは、日本人の場合と基本的に同じです。一点異なる点は、ハローワーク（公共職業安定所）に外国人を雇用したことを届け出る必要があります（労働施策総合推進法28）。

雇用保険の被保険者となるかどうかで、次のように届出の方法が異なります。

（以下、様式の出典は厚生労働省ホームページ）

## (1) 雇用保険の被保険者となる場合

### 《雇入れ時》

「雇用保険被保険者資格取得届」（次ページ様式参照）に、次の事項を記載してハローワークに届け出ます。

① 氏名　　② 在留資格　　③ 在留期間

④ 生年月日　　⑤ 性別　　⑥ 国籍・地域

⑦ 資格外活動許可の有無

⑧ 雇入れに係る事業所の名称及び所在地など

提出期限は、入社した月の翌月10日までです。

〈「雇用保険被保険者資格取得届」の様式（様式第2号）〉

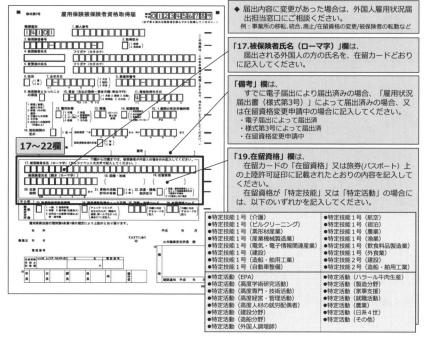

◆厚労省HPにあり

（注）　17～22欄に記載が必要です。

《離職時》

　「雇用保険被保険者資格喪失届」（次ページ様式参照）に、次の事項を
記載してハローワークへ届け出ます。

①　氏名　　②　在留資格　　③　在留期間

④　生年月日　　⑤　性別　　⑥　国籍・地域

⑦　離職に係る事業所の名称及び所在地　など

　　提出期限は、退職した日の翌日から10日以内です。

〈「雇用保険被保険者　資格喪失届・氏名変更」の様式（様式第4号）〉

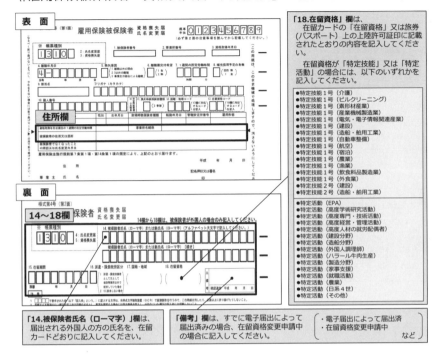

## (2) 雇用保険の被保険者とならない場合

### 《雇入れ時・離職時》

「外国人雇用状況届出書」（次ページ見本参照）に、次の事項を記載してハローワークへ届け出ます。

① 氏名　　② 在留資格　　③ 在留期間

④ 生年月日　　⑤ 性別　　⑥ 国籍・地域

⑦ 資格外活動許可の有無（雇入れ時のみ）

⑧ 雇入れ又は離職年月日

⑨ 雇入れ又は離職に係る事業所の名称及び所在地など

提出期限は、雇入れ、離職の場合ともに翌月の末日までです。

## 外国人雇用状況届出書（見本）

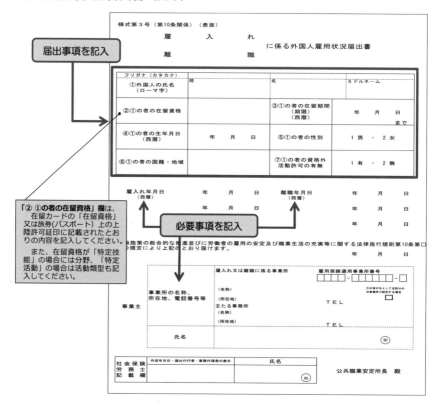

様式第3号（第10条関係）（表面）

雇　　　入　　　れ
　　　　　　　　　　　　　　　に係る外国人雇用状況届出書
離　　　　　職

| フリガナ（カタカナ） | 姓 | 名 | ミドルネーム |
| ①外国人の氏名（ローマ字） | | | |

②①の者の在留資格

③①の者の在留期間（期限）（西暦）　　年　月　日　まで

④①の者の生年月日（西暦）　　年　月　日

⑤①の者の性別　　1 男 ・ 2 女

⑥①の者の国籍・地域

⑦①の者の資格外活動許可の有無　　1 有 ・ 2 無

雇入れ年月日（西暦）　　年　月　日　　離職年月日（西暦）　　年　月　日
　　　　　　　　　　　　年　月　日　　　　　　　　　　　　　年　月　日
　　　　　　　　　　　　年　月　日　　　　　　　　　　　　　年　月　日

「② ①の者の在留資格」欄は、在留カードの「在留資格」又は旅券(パスポート)上の上陸許可証印に記載されたとおりの内容を記入してください。
　また、在留資格が「特定技能」の場合には分野、「特定活動」の場合は活動類型も記入してください。

届出事項を記入

必要事項を記入

…施策の総合的な推進並びに労働者の雇用の安定及び職業生活の充実等に関する法律施行規則第10条第□…規定により上記のとおり届けます。
　　　　　　　　　　　　　　　　　年　　月　　日

事業主

雇入れ又は離職に係る事業所　　　雇用保険適用事業所番号　□□□□-□□□□□□-□

事業所の名称、所在地、電話番号等

（名称）
（所在地）　　　　　　　　　　　①の者が主として左記以外の事業所で就労する場合　□
主たる事務所
（名称）　　　　　　　　　　　　T E L
（所在地）
　　　　　　　　　　　　　　　　T E L

氏名　　　　　　　　　　　　　　　　㊞

| 社会保険労務士記載欄 | 作成年月日・提出代行者・事務代理者の表示 | 氏名 |
| | | ㊞ |

公共職業安定所長　殿

258

# Q3-6　厚生年金あるいは国民年金の脱退一時金

**Q** 厚生年金あるいは国民年金の脱退一時金について教えてください。

**A** 日本に短期間在留する外国人は、保険料を納めても老齢給付の要件を満たさずに保険料が掛け捨てになってしまうことがあります。これを防止するために脱退一時金の制度があります。

脱退一時金は、次の4つの要件を全て満たした場合、本人の請求により支給されます（厚生年金保険法附則29、国民年金法附則9の3の2）。

(1)　日本国籍を有していない（国民年金の被保険者でない）こと

(2)　厚生年金保険あるいは国民年金に加入していた期間が、6か月以上であること（国民年金の保険料免除期間は、免除された保険料により比例した期間を合算します。）

(3)　日本に住所を有していないこと

(4)　障害基礎年金その他政令で定める給付の受給権を有したことがないこと

脱退一時金の請求は、帰国後2年以内に行う必要があります。

なお、平成29年8月1日から、老齢年金の受給資格期間が、25年から10年に短縮されました。そのため、保険料納付済期間と保険料免除期間とを合算した期間が10年以上の場合は、老齢年金の受給権が発生するので脱退一時金の請求はできません（厚生年金法42二、厚生年金保険法附則29、国民年金法26、国民年金法附則26）。

## Q3-7　脱退一時金を受給するための手続き

 脱退一時金を受給するための手続きについて教えてください。

**A** 脱退一時金を受給するためには、「脱退一時金請求書」（次ページ様式参照）及び次の書類を日本年金機構（外国業務グループ）に提出する必要があります。

(1)　パスポートの写し：最後に日本を出国した年月日、氏名、生年月日、国籍、署名、在留資格が確認できるページ

(2)　日本に住所を有しないことが確認できる書類

(3)　銀行名、支店名、口座番号及び請求者本人の口座名義であることが確認できる書類

※　銀行が発行した証明書等又は銀行の口座証明印の欄に、銀行の証明を受けるか、「銀行名」「支店名」「支店の所在地」「口座番号」及び「請求者本人の口座名義」であることが確認できる書類を添付する必要があります。

※　日本国内の金融機関で受け取る場合は、口座名義がカタカナ登録されていることが必要です。

(4)　年金手帳、その他基礎年金番号が確認できる書類

※　基礎年金番号が不明な場合は、脱退一時金請求書の2枚目「履歴（公的年金制度加入経過)」の欄に、できるだけ詳しく記入する必要があります。

# 脱退一時金請求書

**Application for the Lump-sum Withdrawal Payments
(National Pension / Employees' Pension Insurance)**

脱退一時金請求書（国民年金／厚生年金保険）

受付番号

Official use only
（日本年金機構記入欄）

☐☐☐ ― ☐☐☐☐☐☐

Note: If you apply and are entitled to the Lump-sum Withdrawal Payments, all your past coverage periods used as basis of the Payments amount calculations will no longer be valid to apply for other Japanese benefits. Please carefully read the important information on page 4 of this Payments brochure / application. If you still opt for your Payments after due consideration for possible future pension benefits, please make sure to sign in the column 2. If you have long coverage periods and yet fail to sign, we may return your application to ask you again about your decision.

※ 脱退一時金を支給した場合、脱退一時金の計算の基礎となった期間は年金加入期間ではなくなります。脱退一時金請求書の2ページ目の注意書きをよくご覧いただき、将来的な年金受給を考慮したうえでなお脱退一時金の受給を希望される場合、必ず「2」欄に署名してください。被保険者期間が長期にわたる方で「2」欄に署名がなされていない場合、請求の意思の確認のために書類をお返しする場合があります。

**Note:** Please complete 1 through 6, inside the broad-bordered boxes, using capital letters of Roman alphabet.
（記入はアルファベットの大文字でお願いします。）太わく内のみ記入してください。

| **1. Date** | Year 年 | Month 月 | Day 日 | **2. Your signature** 請求者本人の署名（サイン） | **3. Do you have permanent residence permit? (date of permit)** 永住許可の有無（許可日） No ／ Yes （Date: ） |
|---|---|---|---|---|---|

### 4. Your name, date of birth and address （請求者氏名、生年月日及び住所）

| Name 氏 名 | | | | | | | | |
|---|---|---|---|---|---|---|---|---|
| Date of birth 生年月日 | | | Year 年 | | Month 月 | | Day 日 | Nationality 国籍 |
| Address after you leave Japan 離日後の住所 | | | | | | | Country | |

### 5. Please nominate your bank account for your Payments remittance. （脱退一時金振込先口座）

| Official use only 日本年金機構記入欄 | 1 | 3 | 銀行コード | | | 支店コード | | 預金種別 | 1 |
|---|---|---|---|---|---|---|---|---|---|
| Name of bank 銀行名 | | | | | | | | | |
| Bank branch name 支店名 | | | | | | | | | |
| Bank branch address 支店の所在地 | | | | | | Country | | | |
| Bank account number 口座番号 | | | | | | Bank stamp for verification 銀行の証明印 | | | |
| Name of the account holder/ applicant 請求者本人の口座名義 | In Roman alphabet | | | | | | | | |
| | In KATAKANA letters, if you choose bank in Japan カタカナ（日本国内の金融機関を指定した際のみ記載） | | | | | | | | |

### 6. Your numbers on your Pension Handbook （年金手帳の記載事項）

| Your Basic Pension Number 基礎年金番号 | ― |
|---|---|
| Your registration number for each pension system 各制度の記号番号 | ― |

---

Official use only
（日本年金機構　記入欄）

| 加入制度 | チェック1 | チェック2 | チェック3 | チェック4 |
|---|---|---|---|---|
| 厚生 船員 国年 | | | | |
| 国共 地共 私学 | （送金先国）（課税△/非0）(本人請求△/他2)（日独非対象者△/対象者01） | | | |

日本年金機構　決定印

日本年金機構　受付印

(入力回付年月日)　_____

261

## We need your supporting documents

Please make sure that you submit necessary documents. If you fail to submit all documents of ①, ②, ③ and ④ as below, we may need to return your application.

添付書類（①～④の書類等が添付されていない場合は、請求書をお返しすることになりますので添付もれのないようお願いします。）

① Photocopy of your passport page(s) showing your name, date of birth, nationality, signature, and status of residence, e.g., instructor, engineer or trainee.
パスポート（旅券）の写し（氏名、生年月日、国籍、署名、在留資格が確認できるページ）

② Document showing that you have no registered address in Japan, such as a certified copy of "JOHYO", a resident registry document which can be issued at your municipal office.
日本国内に住所を有しなくなったことを確認できる書類（住民票の除票の写し等）

◎You do not need to submit this evidence document if you report to your municipal office that you will reside outside of Japan before you leave Japan. The municipal offices and the Japan Pension Service share necessary evidence information to confirm that you no longer have registered address in Japan.

◎帰国前にお住まいの市区町村に転出届を提出していただいた場合には、日本年金機構が、住民票の消除情報から、転出届を提出された方が日本国内に住所を有しないことを確認できますので、本書類の添付は不要です。

③ Documents including your bank's certificate or notices, showing your bank's name, name and address of branch office, your bank account number and showing that <u>the account holder's name is your name.</u> Instead of documents, you may have your bank verify your account details and stamp on the column "Bank Stamp for verification" on the application form. <u>You may nominate bank in Japan, as far as your account name is registered in Japanese KATAKANA letters.</u>

Please note you cannot receive your Payments at Japan Post bank (YUUCHO GINKO).

請求書の「銀行の口座証明印」の欄に銀行の証明を受けるか、「銀行名」、「支店名」、「支店の所在地」、「口座番号」及び「<u>請求者本人の口座名義</u>」であることが確認できる書類を添付してください（銀行が発行した証明書等）。なお、<u>日本国内の金融機関で受ける場合は、口座名義がカタカナで登録されていることが必要です。</u>

※ゆうちょ銀行では脱退一時金を受け取ることができません。

④ Your Pension Handbook or other documents showing your Basic Pension Number.
国民年金手帳、その他基礎年金番号が確認できる書類

Please fill in your coverage history under Japanese public pension systems (Employees' Pension Insurance, National Pension, Seamen's Insurance, and Mutual aid association systems) below.
公的年金制度（厚生年金保険、国民年金、船員保険、共済組合）に加入していた期間を記入してください。

**Your pension coverage history:**　Please provide detailed information as accurately as possible.
履歴（公的年金制度加入経過）　※できるだけくわしく、正確に記入してください。

| (1) Name of your employer (or owner of ship in case you were a crew member) 事業所（船舶所有者）の名称及び船員であったときはその船舶名 | (2) Address of your employer (or owner of ship in case you were a crew member) or your Japanese address while you were covered by the National Pension system 事業所（船舶所有者）の所在地または国民年金加入時の住所 | (3) Employment periods or coverage periods under the National Pension system 勤務期間または国民年金の加入期間 | (4) Type of pension system you were covered by 加入していた年金制度の種別 |
|---|---|---|---|
| | | Year 年/Month 月/Day 日<br>From　　　　　　から<br>To　　　　　　まで | 1. National Pension　国民年金<br>2. Employees' Pension Insurance 厚生年金保険<br>3. Seamen's Insurance　船員保険<br>4. Mutual Aid Association 共済組合 |
| | | Year 年/Month 月/Day 日<br>From　　　　　　から<br>To　　　　　　まで | 1. National Pension　国民年金<br>2. Employees' Pension Insurance 厚生年金保険<br>3. Seamen's Insurance　船員保険<br>4. Mutual Aid Association 共済組合 |
| | | Year 年/Month 月/Day 日<br>From　　　　　　から<br>To　　　　　　まで | 1. National Pension　国民年金<br>2. Employees' Pension Insurance 厚生年金保険<br>3. Seamen's Insurance　船員保険<br>4. Mutual Aid Association 共済組合 |
| | | Year 年/Month 月/Day 日<br>From　　　　　　から<br>To　　　　　　まで | 1. National Pension　国民年金<br>2. Employees' Pension Insurance 厚生年金保険<br>3. Seamen's Insurance　船員保険<br>4. Mutual Aid Association 共済組合 |

(Note) Please write your Japanese address only (not workplace address) for the period you were covered by the National Pension system.
（注）国民年金に加入していた期間は、住んでいた住所のみを記入してください。

（出典：日本年金機構ホームページ）

## Q3-8 厚生年金の脱退一時金の金額

 厚生年金の脱退一時金の金額について教えてください。

 次の算式で計算された金額です。

賞与を含む平均標準報酬額×保険料率の2分の1
×最大値を36月とした被保険者期間月数に応じた数

　3年以下の加入期間の場合、自分の支払った分が戻ってくるような計算です。
　なお、厚生年金の脱退一時金には、非居住者として20.42％の所得税及び復興特別所得税がかかり、支払いの時に源泉徴収されます。

## Q3-9　国民年金の脱退一時金の金額

 国民年金の脱退一時金の金額について教えてください。

 国民年金の脱退一時金の金額は〔次表〕のとおりです。

国民年金の脱退一時金の金額

| 対象月数 | 額※ |
|---|---|
| 6か月以上12か月未満 | 49,620円 |
| 12か月以上18か月未満 | 99,240円 |
| 18か月以上24か月未満 | 148,860円 |
| 24か月以上30か月未満 | 198,480円 |
| 30か月以上36か月未満 | 248,100円 |
| 36か月以上 | 297,720円 |

※　最後に保険料を納付した月が属する年度と、保険料納付済月数に応じて異なります。

上図は、2020年（令和2年）4月から2021年（令和3年）3月までの間に、保険料納付済期間を有する場合の受給金額。

なお、国民年金の脱退一時金には、非居住者として20.42％の所得税及び復興特別所得税がかかり、支払いの時に源泉徴収されます。

## Q 3－10　社会保障協定

**Q** 社会保障協定について教えてください。

**A** 　各国間で人の交流が活発化する中、相手国で働いた場合、その国の社会保険制度に加入する必要があり、母国の社会保険制度の保険料とともに二重に保険料を支払わなければいけない事態が生じています。また、せっかく相手国で保険料を負担しても、その国の年金受給資格を満たさず、保険料が掛け捨てになってしまう事態が生じています。

　このような年金制度の二重加入の防止、年金加入期間を両国間で通算し保険料の掛け捨ての事態を防止しようとする観点から、社会保障協定が各国間で締結されています。2019年（令和元年）7月現在、日本は23か国と協定を署名済みで、うち20か国が発効しています。国によっては、二重加入の防止のみ締結されている国もあります。

### (1)　二重加入の防止（保険料の二重負担の防止）

　加入する社会保障制度は、就労状況や派遣期間により次表のようになります。

## 《加入する社会保障制度》

| 就労状況　派遣期間 | | 加入する社会保障制度 |
|---|---|---|
| 協定相手国の事業所からの派遣 | ５年以内と見込まれる一時派遣 | 協定相手国の社会保障制度 |
| | 上記派遣者の派遣期間が、予見できない事情により５年を超える場合 | 原則、日本の社会保障制度　両国の合意が得られた場合には、協定相手国の社会保障制度のみ |
| | ５年を越えると見込まれる長期派遣 | 日本の社会保障制度 |
| 日本での現地採用 | | 日本の社会保障制度 |

※　協定によっては、派遣期間の見込みにかかわらず、派遣開始日から５年間は協定相手国の社会保障制度のみに加入することになります。また、派遣期間が５年を超える場合、申請に基づき、両国関係機関間で協議し合意した場合には、引き続き協定相手国の社会保障制度のみに加入することが認められます。

（出典：日本年金機構ホームページ）

## ⑵　年金の加入期間の通算

### 《年金の加入期間の通算》

| | 日本制度加入期間６年 | |
|---|---|---|
| 相手国制度加入期間７年 | 通算期間28年 | 相手国制度加入期間15年 |

▶　両国を通算すると28年になり、日本の年金を受け取るに必要な加入期間10年※を満たすため、日本の年金を受給することができます。

※　2017年（平成29年）7月以前は、年金受給に必要な加入期間は25年でした。

▶　日本で受給できる年金は、あくまで日本制度加入期間に応じた金額
です。

▶　脱退一時金の支給を受けた場合は、その期間は、協定において年金
加入期間として通算できなくなります。


《社会保障協定締約国（2019年（令和元年）7月現在）》

| 協定が発効済の国 | ドイツ　イギリス　韓国　アメリカ　ベルギー<br>フランス　カナダ　オーストラリア　オランダ<br>チェコ　スペイン　アイルランド　ブラジル<br>スイス　ハンガリー　インド　ルクセンブルク<br>フィリピン　スロバキア　中国 |
|---|---|
| 署名済未発効の国 | イタリア　スウェーデン　フィンランド |

（注）　イギリス、韓国、イタリア、中国については、保険料の二重負担防止のみ。

（出典：日本年金機構ホームページ）

関係法令
・
通 達

# 所得税法（抄）

## （定義）

**第2条** この法律において、次の各号に掲げる用語の意義は、当該各号に定めるところによる。

一 国内 この法律の施行地をいう。

二 国外 この法律の施行地外の地域をいう。

三 居住者 国内に住所を有し、又は現在まで引き続いて1年以上居所を有する個人をいう。

四 非永住者 居住者のうち、日本の国籍を有しておらず、かつ、過去10年以内において国内に住所又は居所を有していた期間の合計が5年以下である個人をいう。

五 非居住者 居住者以外の個人をいう。

（中略）

四十二 出国 居住者については、国税通則法第117条第2項（納税管理人）の規定による納税管理人の届出をしないで国内に住所及び居所を有しないこととなることをいい、非居住者については、同項の規定による納税管理人の届出をしないで国内に居所を有しないこととなること（国内に居所を有しない非居住者で恒久的施設を有するものについては、恒久的施設を有しないこととなることとし、国内に居所を有しない非居住者で恒久的施設を有しないものについては、国内において行う第161条第1項第6号（国内源泉所得）に規定する事業を廃止することとする。）をいう。

（以下略）

## （居住者及び非居住者の区分）

**第3条** 国家公務員又は地方公務員（これらのうち日本の国籍を有しない者その他政令で定める者を除く。）は、国内に住所を有しない期間についても国内に住所を有するものとみなして、この法律（第10条（障害者等の少額預金の利子所得等の非課税）、第15条（納税地）及び第16条（納税地の特例）を除く。）の規定を適用する。

2 前項に定めるもののほか、居住者及び非居住者の区分に関し、個人が国内に住

所を有するかどうかの判定について必要な事項は、政令で定める。


**（納税義務者）**

**第5条** 居住者は、この法律により、所得税を納める義務がある。

2 非居住者は、次に掲げる場合には、この法律により、所得税を納める義務がある。

一 第161条第1項（国内源泉所得）に規定する国内源泉所得（次号において「国内源泉所得」という。）を有するとき（同号に掲げる場合を除く。）。

（以下略）


**（課税所得の範囲）**

**第7条** 所得税は、次の各号に掲げる者の区分に応じ当該各号に定める所得について課する。

一 非永住者以外の居住者 全ての所得

二 非永住者 第95条第1項（外国税額控除）に規定する国外源泉所得（国外にある有価証券の譲渡により生ずる所得として政令で定めるものを含む。以下この号において「国外源泉所得」という。）以外の所得及び国外源泉所得で国内において支払われ、又は国外から送金されたもの

三 非居住者 第164条第1項各号（非居住者に対する課税の方法）に掲げる非居住者の区分に応じそれぞれ同項各号及び同条第2項各号に定める国内源泉所得

（以下略）


**（納税地）**

**第15条** 所得税の納税地は、納税義務者が次の各号に掲げる場合のいずれに該当するかに応じ当該各号に定める場所とする。

一 国内に住所を有する場合 その住所地

二 国内に住所を有せず、居所を有する場合 その居所地

三 前2号に掲げる場合を除き、恒久的施設を有する非居住者である場合 その恒久的施設を通じて行う事業に係る事務所、事業所その他これらに準ずるものの所在地（これらが二以上ある場合には、主たるものの所在地）

四 第1号又は第2号の規定により納税地を定められていた者が国内に住所及び居所を有しないこととなつた場合において、その者がその有しないこととなつ

た時に前号に規定する事業に係る事務所、事業所その他これらに準ずるものを有せず、かつ、その納税地とされていた場所にその者の親族その他その者と特殊の関係を有する者として政令で定める者が引き続き、又はその者に代わつて居住しているとき。　その納税地とされていた場所

五　前各号に掲げる場合を除き、第161条第1項第7号（国内源泉所得）に掲げる対価（船舶又は航空機の貸付けによるものを除く。）を受ける場合　当該対価に係る資産の所在地（その資産が二以上ある場合には、主たる資産の所在地）

六　前各号に掲げる場合以外の場合　政令で定める場所

**（退職手当等とみなす一時金）**

**第31条**　次に掲げる一時金は、この法律の規定の適用については、前条第一項に規定する退職手当等とみなす。

一　国民年金法、厚生年金保険法（昭和29年法律第115号）、国家公務員共済組合法（昭和33年法律第128号）、地方公務員等共済組合法（昭和37年法律第152号）、私立学校教職員共済法（昭和28年法律第245号）及び独立行政法人農業者年金基金法（平成14年法律第127号）の規定に基づく一時金その他これらの法律の規定による社会保険又は共済に関する制度に類する制度に基づく一時金（これに類する給付を含む。以下この条において同じ。）で政令で定めるもの

（以下略）

**（所得税額から控除する外国税額の必要経費不算入）**

**第46条**　居住者が第95条第1項（外国税額控除）に規定する控除対象外国所得税の額につき同条又は第138条第1項（源泉徴収税額等の還付）の規定の適用を受ける場合には、当該控除対象外国所得税の額は、その者の不動産所得の金額、事業所得の金額、山林所得の金額若しくは雑所得の金額又は一時所得の金額の計算上、必要経費又は支出した金額に算入しない。

**（外貨建取引の換算）**

**第57条の3**　居住者が、外貨建取引（外国通貨で支払が行われる資産の販売及び購入、役務の提供、金銭の貸付け及び借入れその他の取引をいう。以下この条において同じ。）を行つた場合には、当該外貨建取引の金額の円換算額（外国通貨で表示された金額を本邦通貨表示の金額に換算した金額をいう。次項において同

じ。）は当該外貨建取引を行つた時における外国為替の売買相場により換算した金額として、その者の各年分の各種所得の金額を計算するものとする。

2 不動産所得、事業所得、山林所得又は雑所得を生ずべき業務を行う居住者が、先物外国為替契約等（外貨建取引によつて取得し、又は発生する資産若しくは負債の金額の円換算額を確定させる契約として財務省令で定めるものをいう。以下この項において同じ。）により外貨建取引によつて取得し、又は発生する資産若しくは負債の金額の円換算額を確定させた場合において、当該先物外国為替契約等の締結の日においてその旨を財務省令で定めるところによりその者の当該業務に係る帳簿書類その他の財務省令で定める書類に記載したときは、当該資産又は負債については、当該円換算額をもつて、前項の規定により換算した金額として、その者の各年分の不動産所得の金額、事業所得の金額、山林所得の金額又は雑所得の金額を計算するものとする。

3 前項に定めるもののほか、外貨建取引の換算の特例その他前2項の規定の適用に関し必要な事項は、政令で定める。

**（医療費控除）**

**第73条** 居住者が、各年において、自己又は自己と生計を一にする配偶者その他の親族に係る医療費を支払つた場合において、その年中に支払つた当該医療費の金額（保険金、損害賠償金その他これらに類するものにより補てんされる部分の金額を除く。）の合計額がその居住者のその年分の総所得金額、退職所得金額及び山林所得金額の合計額の100分の5に相当する金額（当該金額が10万円を超える場合には、10万円）を超えるときは、その超える部分の金額（当該金額が200万円を超える場合には、200万円）を、その居住者のその年分の総所得金額、退職所得金額又は山林所得金額から控除する。

（以下略）

**（生命保険料控除）**

**第76条** 居住者が、各年において、新生命保険契約等に係る保険料若しくは掛金（第5項第1号から第3号までに掲げる契約に係るものにあつては生存又は死亡に基因して一定額の保険金、共済金その他の給付金（以下この条において「保険金等」という。）を支払うことを約する部分（第3項において「生存死亡部分」という。）に係るものその他政令で定めるものに限るものとし、次項に規定する介護医療保

険料及び第3項に規定する新個人年金保険料を除く。以下この項及び次項において「新生命保険料」という。）又は旧生命保険契約等に係る保険料若しくは掛金（第3項に規定する旧個人年金保険料その他政令で定めるものを除く。以下この項において「旧生命保険料」という。）を支払つた場合には、次の各号に掲げる場合の区分に応じ当該各号に定める金額を、その居住者のその年分の総所得金額、退職所得金額又は山林所得金額から控除する。

（中略）

5　第一項に規定する新生命保険契約等とは、平成24年1月1日以後に締結した次に掲げる契約（失効した同日前に締結した当該契約が同日以後に復活したものを除く。以下この項において「新契約」という。）若しくは他の保険契約（共済に係る契約を含む。第7項及び第8項において同じ。）に附帯して締結した新契約又は同日以後に確定給付企業年金法第3条第1項第1号（確定給付企業年金の実施）その他政令で定める規定（次項において「承認規定」という。）の承認を受けた第4号に掲げる規約若しくは同条第1項第2号その他政令で定める規定（次項において「認可規定」という。）の認可を受けた同号に規定する基金（次項において「基金」という。）の第四号に掲げる規約（以下この項及び次項において「新規約」と総称する。）のうち、これらの新契約又は新規約に基づく保険金等の受取人のすべてをその保険料若しくは掛金の払込みをする者又はその配偶者その他の親族とするものをいう。

一　保険業法第2条第3項（定義）に規定する生命保険会社又は同条第八項に規定する外国生命保険会社等の締結した保険契約のうち生存又は死亡に基因して一定額の保険金等が支払われるもの（保険期間が5年に満たない保険契約で政令で定めるもの（次項において「特定保険契約」という。）及び当該外国生命保険会社等が国外において締結したものを除く。）

二　郵政民営化法等の施行に伴う関係法律の整備等に関する法律（平成17年法律第102号）第2条（法律の廃止）の規定による廃止前の簡易生命保険法（昭和24年法律第68号）第3条（政府保証）に規定する簡易生命保険契約（次項及び第7項において「旧簡易生命保険契約」という。）のうち生存又は死亡に基因して一定額の保険金等が支払われるもの

三　農業協同組合法（昭和22年法律第132号）第10条第1項第10号（共済に関する施設）の事業を行う農業協同組合の締結した生命共済に係る契約（共済期間が5年に満たない生命共済に係る契約で政令で定めるものを除く。）その他政

令で定めるこれに類する共済に係る契約（次項及び第七項において「生命共済
契約等」という。）のうち生存又は死亡に基因して一定額の保険金等が支払わ
れるもの

四　確定給付企業年金法第3条第1項に規定する確定給付企業年金に係る規約又
はこれに類する退職年金に関する契約で政令で定めるもの

（以下略）

## （配当控除）

**第92条**　居住者が剰余金の配当（第24条第一項（配当所得）に規定する剰余金の配
当をいう。以下この条において同じ。）、利益の配当（同項に規定する利益の配当
をいう。以下この条において同じ。）、剰余金の分配（同項に規定する剰余金の分
配をいう。以下この条において同じ。）、金銭の分配（同項に規定する金銭の分配
をいう。以下この条において同じ。）又は証券投資信託の収益の分配（第9条第
1項第11号（元本の払戻しに係る収益の分配の非課税）に掲げるものを含まない。
以下この条において同じ。）に係る配当所得（外国法人から受けるこれらの金額
に係るもの（外国法人の国内にある営業所、事務所その他これらに準ずるものに
信託された証券投資信託の収益の分配に係るものを除く。）を除く。以下この条
において同じ。）を有する場合には、その居住者のその年分の所得税額（前節（税
率）の規定による所得税の額をいう。以下この条において同じ。）から、次の各
号に掲げる場合の区分に応じ当該各号に定める金額を控除する。

（以下略）

## （外国税額控除）

**第95条**　居住者が各年において外国所得税（外国の法令により課される所得税に相
当する税で政令で定めるものをいう。以下この項及び第九項において同じ。）を
納付することとなる場合には、第89条から第92条まで（税率及び配当控除）の規
定により計算したその年分の所得税の額のうち、その年において生じた国外所得
金額（国外源泉所得に係る所得のみについて所得税を課するものとした場合に課
税標準となるべき金額に相当するものとして政令で定める金額をいう。）に対応
するものとして政令で定めるところにより計算した金額（以下この条において「控
除限度額」という。）を限度として、その外国所得税の額（居住者の通常行われ
る取引と認められないものとして政令で定める取引に基因して生じた所得に対し

て課される外国所得税の額、居住者の所得税に関する法令の規定により所得税が課されないこととなる金額を課税標準として外国所得税に関する法令により課されるものとして政令で定める外国所得税の額その他政令で定める外国所得税の額を除く。以下この条において「控除対象外国所得税の額」という。）をその年分の所得税の額から控除する。

2　居住者が各年において納付することとなる控除対象外国所得税の額がその年の控除限度額と地方税控除限度額として政令で定める金額との合計額を超える場合において、その年の前年以前3年内の各年（以下この条において「前3年以内の各年」という。）の控除限度額のうちその年に繰り越される部分として政令で定める金額（以下この条において「繰越控除限度額」という。）があるときは、政令で定めるところにより、その繰越控除限度額を限度として、その超える部分の金額をその年分の所得税の額から控除する。

3　居住者が各年において納付することとなる控除対象外国所得税の額がその年の控除限度額に満たない場合において、その前3年以内の各年において納付することとなつた控除対象外国所得税の額のうちその年に繰り越される部分として政令で定める金額（以下この条において「繰越控除対象外国所得税額」という。）があるときは、政令で定めるところにより、当該控除限度額からその年において納付することとなる控除対象外国所得税の額を控除した残額を限度として、その繰越控除対象外国所得税額をその年分の所得税の額から控除する。

4　第1項に規定する国外源泉所得とは、次に掲げるものをいう。

一　居住者が国外事業所等（国外にある恒久的施設に相当するものその他の政令で定めるものをいう。以下この条において同じ。）を通じて事業を行う場合において、当該国外事業所等が当該居住者から独立して事業を行う事業者であるとしたならば、当該国外事業所等が果たす機能、当該国外事業所等において使用する資産、当該国外事業所等と当該居住者の事業場等（当該居住者の事業に係る事業場その他これに準ずるものとして政令で定めるものであつて当該国外事業所等以外のものをいう。以下この条において同じ。）との間の内部取引その他の状況を勘案して、当該国外事業所等に帰せられるべき所得（当該国外事業所等の譲渡により生ずる所得を含み、第十五号に該当するものを除く。）

二　国外にある資産の運用又は保有により生ずる所得

三　国外にある資産の譲渡により生ずる所得として政令で定めるもの

四　国外において人的役務の提供を主たる内容とする事業で政令で定めるものを

行う者が受ける当該人的役務の提供に係る対価

五　国外にある不動産、国外にある不動産の上に存する権利若しくは国外におけ
る採石権の貸付け（地上権又は採石権の設定その他他人に不動産、不動産の上
に存する権利又は採石権を使用させる一切の行為を含む。）、国外における租鉱
権の設定又は非居住者若しくは外国法人に対する船舶若しくは航空機の貸付け
による対価

六　第23条第１項（利子所得）に規定する利子等及びこれに相当するもののうち
次に掲げるもの

イ　外国の国債若しくは地方債又は外国法人の発行する債券の利子

ロ　国外にある営業所、事務所その他これらに準ずるもの（以下この項におい
て「営業所」という。）に預け入れられた預金又は貯金（第２条第１項第10号（定
義）に規定する政令で定めるものに相当するものを含む。）の利子

ハ　国外にある営業所に信託された合同運用信託若しくはこれに相当する信
託、公社債投資信託又は公募公社債等運用投資信託若しくはこれに相当する
信託の収益の分配

七　第24条第１項（配当所得）に規定する配当等及びこれに相当するもののうち
次に掲げるもの

イ　外国法人から受ける第24条第１項に規定する剰余金の配当、利益の配当若
しくは剰余金の分配又は同項に規定する金銭の分配若しくは基金利息に相当
するもの

ロ　国外にある営業所に信託された投資信託（公社債投資信託並びに公募公社
債等運用投資信託及びこれに相当する信託を除く。）又は特定受益証券発行
信託若しくはこれに相当する信託の収益の分配

八　国外において業務を行う者に対する貸付金（これに準ずるものを含む。）で
当該業務に係るものの利子（債券の買戻又は売戻条件付売買取引として政令で
定めるものから生ずる差益として政令で定めるものを含む。）

九　国外において業務を行う者から受ける次に掲げる使用料又は対価で当該業務
に係るもの

イ　工業所有権その他の技術に関する権利、特別の技術による生産方式若しく
はこれらに準ずるものの使用料又はその譲渡による対価

ロ　著作権（出版権及び著作隣接権その他これに準ずるものを含む。）の使用
料又はその譲渡による対価

　　ハ　機械、装置その他政令で定める用具の使用料

十　次に掲げる給与、報酬又は年金

　　イ　俸給、給料、賃金、歳費、賞与又はこれらの性質を有する給与その他人的
　　　役務の提供に対する報酬のうち、国外において行う勤務その他の人的役務の
　　　提供（内国法人の役員として国外において行う勤務その他の政令で定める人
　　　的役務の提供を除く。）に基因するもの

　　ロ　外国の法令に基づく保険又は共済に関する制度で第31条第1号及び第2号
　　　（退職手当等とみなす一時金）に規定する法律の規定による社会保険又は共
　　　済に関する制度に類するものに基づいて支給される年金（これに類する給付
　　　を含む。）

　　ハ　第30条第1項（退職所得）に規定する退職手当等のうちその支払を受ける
　　　者が非居住者であつた期間に行つた勤務その他の人的役務の提供（内国法人
　　　の役員として非居住者であつた期間に行つた勤務その他の政令で定める人的
　　　役務の提供を除く。）に基因するもの

十一　国外において行う事業の広告宣伝のための賞金として政令で定めるもの

十二　国外にある営業所又は国外において契約の締結の代理をする者を通じて締
　　結した保険業法第2条第6項（定義）に規定する外国保険業者の締結する保険
　　契約その他の年金に係る契約で政令で定めるものに基づいて受ける年金（年金
　　の支払の開始の日以後に当該年金に係る契約に基づき分配を受ける剰余金又は
　　割戻しを受ける割戻金及び当該契約に基づき年金に代えて支給される一時金を
　　含む。）

十三　次に掲げる給付補塡金、利息、利益又は差益

　　イ　第174条第3号（内国法人に係る所得税の課税標準）に掲げる給付補塡金
　　　のうち国外にある営業所が受け入れた定期積金に係るもの

　　ロ　第174条第4号に掲げる給付補塡金に相当するもののうち国外にある営業
　　　所が受け入れた同号に規定する掛金に相当するものに係るもの

　　ハ　第174条第5号に掲げる利息に相当するもののうち国外にある営業所を通
　　　じて締結された同号に規定する契約に相当するものに係るもの

　　ニ　第174条第6号に掲げる利益のうち国外にある営業所を通じて締結された
　　　同号に規定する契約に係るもの

　　ホ　第174条第7号に掲げる差益のうち国外にある営業所が受け入れた預金又
　　　は貯金に係るもの

　　ヘ　第174条第8号に掲げる差益に相当するもののうち国外にある営業所又は
　　　国外において契約の締結の代理をする者を通じて締結された同号に規定する
　　　契約に相当するものに係るもの

　十四　国外において事業を行う者に対する出資につき、匿名組合契約（これに準
　　　ずる契約として政令で定めるものを含む。）に基づいて受ける利益の分配

　十五　国内及び国外にわたつて船舶又は航空機による運送の事業を行うことによ
　　　り生ずる所得のうち国外において行う業務につき生ずべき所得として政令で定
　　　めるもの

　十六　第162条第1項（租税条約に異なる定めがある場合の国内源泉所得）に規
　　　定する租税条約（以下この号及び第6項から第8項までにおいて「租税条約」
　　　という。）の規定により当該租税条約の我が国以外の締約国又は締約者（第7
　　　項及び第8項において「相手国等」という。）において租税を課することができ
　　　きることとされる所得のうち政令で定めるもの

　十七　前各号に掲げるもののほかその源泉が国外にある所得として政令で定める
　　　もの

5　前項第1号に規定する内部取引とは、居住者の国外事業所等と事業場等との間
　で行われた資産の移転、役務の提供その他の事実で、独立の事業者の間で同様の
　事実があつたとしたならば、これらの事業者の間で、資産の販売、資産の購入、
　役務の提供その他の取引（資金の借入れに係る債務の保証、保険契約に係る保険
　責任についての再保険の引受けその他これらに類する取引として政令で定めるも
　のを除く。）が行われたと認められるものをいう。

6　租税条約において国外源泉所得（第1項に規定する国外源泉所得をいう。以下
　この項において同じ。）につき前2項の規定と異なる定めがある場合には、その租
　税条約の適用を受ける居住者については、これらの規定にかかわらず、国外源泉所
　得は、その異なる定めがある限りにおいて、その租税条約に定めるところによる。

7　居住者の第4項第1号に掲げる所得を算定する場合において、当該居住者の国
　外事業所等が、同号に規定する内部取引から所得が生ずる旨を定める租税条約以
　外の租税条約の相手国等に所在するときは、同号に規定する内部取引には、当該
　居住者の国外事業所等と事業場等との間の利子（これに準ずるものとして政令で
　定めるものを含む。）の支払に相当する事実その他政令で定める事実は、含まれ
　ないものとする。

8　居住者の国外事業所等が、租税条約（居住者の国外事業所等が事業場等のため

に棚卸資産を購入する業務及びそれ以外の業務を行う場合に、その棚卸資産を購入する業務から生ずる所得が、その国外事業所等に帰せられるべき所得に含まれないとする定めのあるものに限る。）の相手国等に所在し、かつ、当該居住者の国外事業所等が事業場等のために棚卸資産を購入する業務及びそれ以外の業務を行う場合には、当該国外事業所等のその棚卸資産を購入する業務から生ずる第4項第1号に掲げる所得は、ないものとする。

9 居住者が納付することとなつた外国所得税の額につき第1項から第3項までの規定の適用を受けた年の翌年以後7年内の各年において当該外国所得税の額が減額された場合におけるその減額されることとなつた日の属する年のこれらの規定の適用については、政令で定めるところによる。

10 第1項の規定は、確定申告書、修正申告書又は更正請求書（次項において「申告書等」という。）に第一項の規定による控除を受けるべき金額及びその計算に関する明細を記載した書類、控除対象外国所得税の額を課されたことを証する書類その他財務省令で定める書類（以下この項において「明細書」という。）の添付がある場合に限り、適用する。この場合において、第1項の規定による控除をされるべき金額の計算の基礎となる控除対象外国所得税の額その他の財務省令で定める金額は、税務署長において特別の事情があると認める場合を除くほか、当該明細書に当該金額として記載された金額を限度とする。

11 第2項及び第3項の規定は、繰越控除限度額又は繰越控除対象外国所得税額に係る年のうち最も古い年以後の各年分の申告書等に当該各年の控除限度額及び当該各年において納付することとなつた控除対象外国所得税の額を記載した書類の添付があり、かつ、これらの規定の適用を受けようとする年分の申告書等にこれらの規定による控除を受けるべき金額及び繰越控除限度額又は繰越控除対象外国所得税額の計算の基礎となるべき事項を記載した書類その他財務省令で定める書類の添付がある場合に限り、適用する。この場合において、これらの規定による控除をされるべき金額の計算の基礎となる当該各年の控除限度額及び当該各年において納付することとなつた控除対象外国所得税の額その他の財務省令で定める金額は、税務署長において特別の事情があると認める場合を除くほか、当該各年分の申告書等にこの項前段の規定により添付された書類に当該計算の基礎となる金額として記載された金額を限度とする。

12 第1項から第3項までの規定の適用を受ける居住者は、当該居住者が他の者との間で行つた取引のうち、当該居住者のその年の第一項に規定する国外所得金額

の計算上、当該取引から生ずる所得が当該居住者の国外事業所等に帰せられるものについては、財務省令で定めるところにより、当該国外事業所等に帰せられる取引に係る明細を記載した書類その他の財務省令で定める書類を作成しなければならない。

13　第１項から第３項までの規定の適用を受ける居住者は、当該居住者の事業場等と国外事業所等との間の資産の移転、役務の提供その他の事実が第４項第１号に規定する内部取引に該当するときは、財務省令で定めるところにより、当該事実に係る明細を記載した書類その他の財務省令で定める書類を作成しなければならない。

14　第92条第２項前段（配当控除）の規定は、第１項から第３項までの規定による控除をすべき金額について準用する。

15　第９項から前項までに定めるもののほか、第１項から第８項までの規定の適用に関し必要な事項は、政令で定める。

16　第１項から第３項までの規定による控除は、外国税額控除という。

**（予定納税額の納付）**

**第104条**　居住者（第107条第１項（特別農業所得者の予定納税額の納付）の規定による納付をすべき者を除く。）は、第１号に掲げる金額から第２号に掲げる金額を控除した金額（以下この章において「予定納税基準額」という。）が15万円以上である場合には、第一期（その年７月１日から同月31日までの期間をいう。以下この章において同じ。）及び第二期（その年11月１日から同月30日までの期間をいう。以下この章において同じ。）において、それぞれその予定納税基準額の３分の１に相当する金額の所得税を国に納付しなければならない。

一　前年分の課税総所得金額に係る所得税の額（当該課税総所得金額の計算の基礎となつた各種所得の金額のうちに譲渡所得の金額、一時所得の金額、雑所得の金額又は雑所得に該当しない臨時所得の金額がある場合には、政令で定めるところにより、これらの金額がなかつたものとみなして計算した額とし、同年分の所得税について災害被害者に対する租税の減免、徴収猶予等に関する法律（昭和22年法律第175号）第２条（所得税の軽減又は免除）の規定の適用があつた場合には、同条の規定の適用がなかつたものとして計算した額とする。）

二　前年分の課税総所得金額の計算の基礎となつた各種所得につき源泉徴収をされた又はされるべきであつた所得税の額（当該各種所得のうちに一時所得、雑

所得又は雑所得に該当しない臨時所得がある場合には、これらの所得につき源泉徴収をされた又はされるべきであつた所得税の額を控除した額）

（以下略）

### （予定納税基準額の計算の基準日等）

**第105条** 前条第1項の規定を適用する場合において、予定納税基準額の計算については、その年5月15日において確定しているところによるものとし、居住者であるかどうかの判定は、その年6月30日の現況によるものとする。ただし、予定納税基準額の計算は、その年5月16日から7月31日までの間におけるいずれかの日において確定したところにより計算した金額が本文の規定により計算した金額を下ることとなつた場合は、その日（その日が二以上ある場合には、その計算した金額が最も小さいこととなる日）において確定したところによるものとする。

### （確定所得申告）

**第120条** 居住者は、その年分の総所得金額、退職所得金額及び山林所得金額の合計額が第2章第4節（所得控除）の規定による雑損控除その他の控除の額の合計額を超える場合において、当該総所得金額、退職所得金額又は山林所得金額からこれらの控除の額を第87条第2項（所得控除の順序）の規定に準じて控除した後の金額をそれぞれ課税総所得金額、課税退職所得金額又は課税山林所得金額とみなして第89条（税率）の規定を適用して計算した場合の所得税の額の合計額が配当控除の額を超えるときは、第123条第1項（確定損失申告）の規定による申告書を提出する場合を除き、第三期（その年の翌年2月16日から3月15日までの期間をいう。以下この節において同じ。）において、税務署長に対し、次に掲げる事項を記載した申告書を提出しなければならない。

（中略）

3　次の各号に掲げる居住者が第1項の規定による申告書を提出する場合には、政令で定めるところにより、当該各号に定める書類を当該申告書に添付し、又は当該申告書の提出の際提示しなければならない。

一　第1項の規定による申告書に雑損控除、社会保険料控除（第74条第2項第5号（社会保険料控除）に掲げる社会保険料に係るものに限る。）、小規模企業共済等掛金控除、生命保険料控除、地震保険料控除又は寄附金控除に関する事項の記載をする居住者　これらの控除を受ける金額の計算の基礎となる金額その

他の事項を証する書類

二　第1項の規定による申告書に、第85条第2項又は第3項（扶養親族等の判定
の時期等）の規定による判定をする時の現況において非居住者である親族に係
る障害者控除、配偶者控除、配偶者特別控除又は扶養控除に関する事項の記載
をする居住者　これらの控除に係る非居住者である親族が当該居住者の親族に
該当する旨を証する書類及び当該非居住者である親族が当該居住者と生計を一
にすることを明らかにする書類

（以下略）

### （確定申告書を提出すべき者等が出国をする場合の確定申告）

**第126条**　第120条第1項（確定所得申告）の規定による申告書を提出すべき居住者
は、その年の翌年1月1日から当該申告書の提出期限までの間に出国をする場合
には、第123条第一項（確定損失申告）の規定による申告書を提出する場合を除き、
その出国の時までに、税務署長に対し、当該申告書を提出しなければならない。

2　第123条第1項の規定による申告書を提出することができる居住者は、その年
の翌年1月1日から2月15日までの間に出国をする場合には、当該期間内におい
ても、税務署長に対し、当該申告書を提出することができる。

### （年の中途で出国をする場合の確定申告）

**第127条**　居住者は、年の中途において出国をする場合において、その年1月1日
からその出国の時までの間における総所得金額、退職所得金額及び山林所得金額
について、第120条第1項（確定所得申告）の規定による申告書を提出しなけれ
ばならない場合に該当するときは、第3項の規定による申告書を提出する場合を
除き、その出国の時までに、税務署長に対し、その時の現況により同条第一項各
号に掲げる事項を記載した申告書を提出しなければならない。

2　居住者は、年の中途において出国をする場合において、その年1月1日からそ
の出国の時までの間における総所得金額、退職所得金額及び山林所得金額につい
て、第122条第1項（還付を受けるための申告）の規定による申告書を提出する
ことができる場合に該当するときは、前項の規定による申告書を提出すべき場合
及び次項の規定による申告書を提出することができる場合を除き、税務署長に対
し、その時の現況により第120条第1項各号に掲げる事項を記載した申告書を提
出することができる。

3　居住者は、年の中途において出国をする場合において、その年1月1日からその出国の時までの間における純損失の金額若しくは雑損失の金額又はその年の前年以前3年内の各年において生じたこれらの金額について、第123条第1項（確定損失申告）の規定による申告書を提出することができる場合に該当するときは、その出国の時までに、税務署長に対し、その時の現況により同条第二項各号に掲げる事項を記載した申告書を提出することができる。

4　第120条第3項から第7項までの規定は、前3項の規定による申告書の提出について準用する。

## （出国の場合の確定申告による納付）

**第130条**　第126条第1項（確定申告書を提出すべき者が出国をする場合の確定申告）又は第127条第1項（年の中途で出国をする場合の確定申告）の規定に該当してこれらの規定に規定する申告書を提出した居住者は、これらの申告書に記載した第120条第1項第3号（確定所得申告に係る所得税額）に掲げる金額があるときは、これらの申告書の提出期限までに、当該金額に相当する所得税を国に納付しなければならない。

## （国内源泉所得）

**第161条**　この編において「国内源泉所得」とは、次に掲げるものをいう。

一　非居住者が恒久的施設を通じて事業を行う場合において、当該恒久的施設が当該非居住者から独立して事業を行う事業者であるとしたならば、当該恒久的施設が果たす機能、当該恒久的施設において使用する資産、当該恒久的施設と当該非居住者の事業場等（当該非居住者の事業に係る事業場その他これに準ずるものとして政令で定めるものであつて当該恒久的施設以外のものをいう。次項及び次条第2項において同じ。）との間の内部取引その他の状況を勘案して、当該恒久的施設に帰せられるべき所得（当該恒久的施設の譲渡により生ずる所得を含む。）

二　国内にある資産の運用又は保有により生ずる所得（第8号から第16号までに該当するものを除く。）

三　国内にある資産の譲渡により生ずる所得として政令で定めるもの

四　民法第667条第1項（組合契約）に規定する組合契約（これに類するものとして政令で定める契約を含む。以下この号において同じ。）に基づいて恒久的

施設を通じて行う事業から生ずる利益で当該組合契約に基づいて配分を受ける
もののうち政令で定めるもの

五　国内にある土地若しくは土地の上に存する権利又は建物及びその附属設備若
しくは構築物の譲渡による対価（政令で定めるものを除く。）

六　国内において人的役務の提供を主たる内容とする事業で政令で定めるものを
行う者が受ける当該人的役務の提供に係る対価

七　国内にある不動産、国内にある不動産の上に存する権利若しくは採石法（昭
和25年法律第291号）の規定による採石権の貸付け（地上権又は採石権の設定
その他他人に不動産、不動産の上に存する権利又は採石権を使用させる一切の
行為を含む。）、鉱業法（昭和25年法律第289号）の規定による租鉱権の設定又
は居住者若しくは内国法人に対する船舶若しくは航空機の貸付けによる対価

八　第23条第1項（利子所得）に規定する利子等のうち次に掲げるもの

　　イ　日本国の国債若しくは地方債又は内国法人の発行する債券の利子

　　ロ　外国法人の発行する債券の利子のうち当該外国法人の恒久的施設を通じて
　　　行う事業に係るもの

　　ハ　国内にある営業所、事務所その他これらに準ずるもの（以下この編におい
　　　て「営業所」という。）に預け入れられた預貯金の利子

　　ニ　国内にある営業所に信託された合同運用信託、公社債投資信託又は公募公
　　　社債等運用投資信託の収益の分配

九　第24条第1項（配当所得）に規定する配当等のうち次に掲げるもの

　　イ　内国法人から受ける第24条第1項に規定する剰余金の配当、利益の配当、
　　　剰余金の分配、金銭の分配又は基金利息

　　ロ　国内にある営業所に信託された投資信託（公社債投資信託及び公募公社債
　　　等運用投資信託を除く。）又は特定受益証券発行信託の収益の分配

十　国内において業務を行う者に対する貸付金（これに準ずるものを含む。）で
当該業務に係るものの利子（政令で定める利子を除き、債券の買戻又は売戻条
件付売買取引として政令で定めるものから生ずる差益として政令で定めるもの
を含む。）

十一　国内において業務を行う者から受ける次に掲げる使用料又は対価で当該業
務に係るもの

　　イ　工業所有権その他の技術に関する権利、特別の技術による生産方式若しく
　　　はこれらに準ずるものの使用料又はその譲渡による対価

  ロ 著作権（出版権及び著作隣接権その他これに準ずるものを含む。）の使用料又はその譲渡による対価

  ハ 機械、装置その他政令で定める用具の使用料

 十二 次に掲げる給与、報酬又は年金

  イ 俸給、給料、賃金、歳費、賞与又はこれらの性質を有する給与その他人的役務の提供に対する報酬のうち、国内において行う勤務その他の人的役務の提供（内国法人の役員として国外において行う勤務その他の政令で定める人的役務の提供を含む。）に基因するもの

  ロ 第35条第3項（公的年金等の定義）に規定する公的年金等（政令で定めるものを除く。）

  ハ 第30条第1項（退職所得）に規定する退職手当等のうちその支払を受ける者が居住者であつた期間に行つた勤務その他の人的役務の提供（内国法人の役員として非居住者であつた期間に行つた勤務その他の政令で定める人的役務の提供を含む。）に基因するもの

 十三 国内において行う事業の広告宣伝のための賞金として政令で定めるもの

 十四 国内にある営業所又は国内において契約の締結の代理をする者を通じて締結した保険業法第2条第3項（定義）に規定する生命保険会社又は同条第四項に規定する損害保険会社の締結する保険契約その他の年金に係る契約で政令で定めるものに基づいて受ける年金（第209条第2号（源泉徴収を要しない年金）に掲げる年金に該当するものを除く。）で第12号ロに該当するもの以外のもの（年金の支払の開始の日以後に当該年金に係る契約に基づき分配を受ける剰余金又は割戻しを受ける割戻金及び当該契約に基づき年金に代えて支給される一時金を含む。）

 十五 次に掲げる給付補塡金、利息、利益又は差益

  イ 第174条第3号（内国法人に係る所得税の課税標準）に掲げる給付補塡金のうち国内にある営業所が受け入れた定期積金に係るもの

  ロ 第174条第4号に掲げる給付補塡金のうち国内にある営業所が受け入れた同号に規定する掛金に係るもの

  ハ 第174条第5号に掲げる利息のうち国内にある営業所を通じて締結された同号に規定する契約に係るもの

  ニ 第174条第5号に掲げる利益のうち国内にある営業所を通じて締結された同号に規定する契約に係るもの

　　ホ　第174条第7号に掲げる差益のうち国内にある営業所が受け入れた預貯金
　　　に係るもの
　　ヘ　第174条第8号に掲げる差益のうち国内にある営業所又は国内において契
　　　約の締結の代理をする者を通じて締結された同号に規定する契約に係るもの
　十六　国内において事業を行う者に対する出資につき、匿名組合契約（これに準
　　　ずる契約として政令で定めるものを含む。）に基づいて受ける利益の分配
　十七　前各号に掲げるもののほかその源泉が国内にある所得として政令で定める
　　　もの
2　前項第1号に規定する内部取引とは、非居住者の恒久的施設と事業場等との間
　で行われた資産の移転、役務の提供その他の事実で、独立の事業者の間で同様の
　事実があつたとしたならば、これらの事業者の間で、資産の販売、資産の購入、
　役務の提供その他の取引（資金の借入れに係る債務の保証、保険契約に係る保険
　責任についての再保険の引受けその他これらに類する取引として政令で定めるも
　のを除く。）が行われたと認められるものをいう。
3　恒久的施設を有する非居住者が国内及び国外にわたつて船舶又は航空機による
　運送の事業を行う場合には、当該事業から生ずる所得のうち国内において行う業
　務につき生ずべき所得として政令で定めるものをもつて、第1項第1号に掲げる
　所得とする。

## （非居住者に対する課税の方法）
**第164条**　非居住者に対して課する所得税の額は、次の各号に掲げる非居住者の区
　分に応じ当該各号に定める国内源泉所得について、次節第一款（非居住者に対す
　る所得税の総合課税）の規定を適用して計算したところによる。
　一　恒久的施設を有する非居住者　次に掲げる国内源泉所得
　　イ　第161条第1項第1号及び第4号（国内源泉所得）に掲げる国内源泉所得
　　ロ　第161条第1項第2号、第3号、第5号から第7号まで及び第17号に掲げ
　　　る国内源泉所得（同項第1号に掲げる国内源泉所得に該当するものを除く。）
　二　恒久的施設を有しない非居住者　第161条第1項第2号、第3号、第5号か
　　ら第7号まで及び第17号に掲げる国内源泉所得
2　次の各号に掲げる非居住者が当該各号に定める国内源泉所得を有する場合に
　は、当該非居住者に対して課する所得税の額は、前項の規定によるもののほか、
　当該各号に定める国内源泉所得について第3節（非居住者に対する所得税の分離

課税）の規定を適用して計算したところによる。
一　恒久的施設を有する非居住者　第161条第1項第8号から第16号までに掲げる国内源泉所得（同項第1号に掲げる国内源泉所得に該当するものを除く。）
二　恒久的施設を有しない非居住者　第161条第1項第8号から第16号までに掲げる国内源泉所得

### （非居住者に係る外国税額の控除）

**第165条の6**　恒久的施設を有する非居住者が各年において外国所得税（第95条第1項（外国税額控除）に規定する外国所得税をいう。以下この項及び第六項において同じ。）を納付することとなる場合には、恒久的施設帰属所得に係る所得の金額につき第165条第1項（総合課税に係る所得税の課税標準、税額等の計算）の規定により第89条から第92条まで（税率及び配当控除）の規定に準じて計算したその年分の所得税の額のうち、その年において生じた国外所得金額（恒久的施設帰属所得に係る所得の金額のうち国外源泉所得に係るものとして政令で定める金額をいう。）に対応するものとして政令で定めるところにより計算した金額（以下この条において「控除限度額」という。）を限度として、その外国所得税の額（第161条第1項第1号（国内源泉所得）に掲げる国内源泉所得につき課される外国所得税の額に限るものとし、非居住者の通常行われる取引と認められないものとして政令で定める取引に基因して生じた所得に対して課される外国所得税の額その他政令で定める外国所得税の額を除く。以下この条において「控除対象外国所得税の額」という。）をその年分の所得税の額から控除する。

（以下略）

### （申告、納付及び還付）

**第166条**　前編第5章及び第6章（居住者に係る申告、納付及び還付）の規定は、非居住者の総合課税に係る所得税についての申告、納付及び還付について準用する。この場合において、第112条第2項（予定納税額の減額の承認の申請手続）中「取引」とあるのは「取引（恒久的施設を有する非居住者にあつては、第161条第1項第1号（国内源泉所得）に規定する内部取引に該当するものを含む。）」と、「同項」とあるのは「前項」と、第120条第1項第3号（確定所得申告）中「第3章（税額の計算）」とあるのは「第3章（第93条（分配時調整外国税相当額控除）及び第95条（外国税額控除）を除く。）（税額の計算）並びに第165条の5の3（非

居住者に係る分配時調整外国税相当額の控除）及び第165条の6（非居住者に係る外国税額の控除）」と、同項第4号中「外国税額控除」とあるのは「第165条の6第1項から第3項までの規定による控除」と、同条第6項中「業務」とあるのは「業務（第164条第1項各号（非居住者に対する課税の方法）に定める国内源泉所得に係るものに限る。）」と、「ならない」とあるのは「ならないものとし、国内及び国外の双方にわたつて業務を行う非居住者が同項の規定による申告書を提出する場合には、収入及び支出に関する明細書で財務省令で定めるものを当該申告書に添付しなければならないものとする」と、第122条第2項（還付等を受けるための申告）中「第95条第2項又は第3項」とあるのは「第165条の6第2項又は第3項」と、第123条第2項第6号（確定損失申告）中「第95条（外国税額控除）」とあるのは「第165条の6（非居住者に係る外国税額の控除）」と、第143条（青色申告）中「業務」とあるのは「業務（第164条第1項各号（非居住者に対する課税の方法）に定める国内源泉所得に係るものに限る。）」と、第144条（青色申告の承認の申請）中「業務を開始した場合」とあるのは「業務（第164条第1項各号（非居住者に対する課税の方法）に定める国内源泉所得に係るものに限る。）を開始した場合」と、第145条第2号（青色申告の承認申請の却下）中「取引」とあるのは「取引（恒久的施設を有する非居住者にあつては、第161条第1項第1号（国内源泉所得）に規定する内部取引に該当するものを含む。第148条第1項及び第150条第1項第3号（青色申告の承認の取消し）において同じ。）」と、第147条（青色申告の承認があつたものとみなす場合）中「業務」とあるのは「業務（第164条第1項各号（非居住者に対する課税の方法）に定める国内源泉所得に係るものに限る。）」と読み替えるものとする。

### （分離課税に係る所得税の課税標準）

**第169条**　第164条第2項各号（非居住者に対する課税の方法）に掲げる非居住者の当該各号に定める国内源泉所得については、他の所得と区分して所得税を課するものとし、その所得税の課税標準は、その支払を受けるべき当該国内源泉所得の金額(次の各号に掲げる国内源泉所得については、当該各号に定める金額)とする。

一　第161条第1項第8号（国内源泉所得）に掲げる利子等のうち無記名の公社債の利子又は無記名の貸付信託、公社債投資信託若しくは公募公社債等運用投資信託の受益証券に係る収益の分配　その支払を受けた金額

二　第161条第1項第9号に掲げる配当等のうち無記名株式等の剰余金の配当(第

24条第１項（配当所得）に規定する剰余金の配当をいう。）又は無記名の投資信託（公社債投資信託及び公募公社債等運用投資信託を除く。）若しくは特定受益証券発行信託の受益証券に係る収益の分配　その支払を受けた金額

　三　第161条第１項第12号ロに掲げる年金　その支払を受けるべき年金の額から６万円にその支払を受けるべき年金の額に係る月数を乗じて計算した金額を控除した金額

　四　第161条第１項第13号に掲げる賞金　その支払を受けるべき金額から50万円を控除した金額

　五　第161条第１項第14号に掲げる年金　同号に規定する契約に基づいて支払を受けるべき金額から当該契約に基づいて払い込まれた保険料又は掛金の額のうちその支払を受けるべき金額に対応するものとして政令で定めるところにより計算した金額を控除した金額

**（分離課税に係る所得税の税率）**

**第170条**　前条に規定する所得税の額は、同条に規定する国内源泉所得の金額に百分の二十（当該国内源泉所得の金額のうち第百六十一条第一項第八号及び第十五号（国内源泉所得）に掲げる国内源泉所得に係るものについては、百分の十五）の税率を乗じて計算した金額とする。

**（退職所得についての選択課税）**

**第171条**　第百六十九条（課税標準）に規定する非居住者が第百六十一条第一項第十二号ハ（国内源泉所得）の規定に該当する退職手当等（第三十条第一項（退職所得）に規定する退職手当等をいう。以下この節において同じ。）の支払を受ける場合には、その者は、前条の規定にかかわらず、当該退職手当等について、その支払の基因となつた退職（その年中に支払を受ける当該退職手当等が二以上ある場合には、それぞれの退職手当等の支払の基因となつた退職）を事由としてその年中に支払を受ける退職手当等の総額を居住者として受けたものとみなして、これに第三十条及び第八十九条（税率）の規定を適用するものとした場合の税額に相当する金額により所得税を課されることを選択することができる。

**（給与等につき源泉徴収を受けない場合の申告納税等）**

**第172条**　第169条（課税標準）に規定する非居住者が第161条第１項第12号イ又は

ハ（国内源泉所得）に掲げる給与又は報酬の支払を受ける場合において、当該給与又は報酬について次編第五章（非居住者又は法人の所得に係る源泉徴収）の規定の適用を受けないときは、その者は、次条の規定による申告書を提出することができる場合を除き、その年の翌年3月15日（同日前に国内に居所を有しないこととなる場合には、その有しないこととなる日）までに、税務署長に対し、次に掲げる事項を記載した申告書を提出しなければならない。

一　その年中に支払を受ける第161条第1項第12号イ又はハに掲げる給与又は報酬の額のうち次編第5章の規定の適用を受けない部分の金額（当該適用を受けない部分の金額のうちに前条に規定する退職手当等の額があり、かつ、当該退職手当等につき同条の選択をする場合には、当該退職手当等の額を除く。）及び当該金額につき第170条（税率）の規定を適用して計算した所得税の額

二　前号に規定する給与又は報酬の額のうちに、その年の中途において国内に居所を有しないこととなつたことにより提出するこの項の規定による申告書に記載すべき部分の金額がある場合には、当該金額及び当該金額につき第170条の規定を適用して計算した所得税の額

三　第1号に掲げる所得税の額から前号に掲げる所得税の額を控除した金額

四　第1号に掲げる金額の計算の基礎、その者の国内における勤務の種類その他財務省令で定める事項

2　前条に規定する退職手当等につき前項の規定による申告書を提出すべき者が、当該退職手当等について同条の選択をする場合には、その申告書に、同項各号に掲げる事項のほか、次に掲げる事項を記載しなければならない。

一　その年中に支払を受ける退職手当等の総額（前条の規定の適用がある部分の金額に限る。）及び当該総額につき同条の規定を適用して計算した所得税の額

二　その年中に支払を受ける退職手当等につき次編第5章の規定により徴収された又は徴収されるべき所得税の額がある場合には、その所得税の額（当該退職手当等の額のうちに、その年の中途において国内に居所を有しないこととなつたことにより提出する前項の規定による申告書に記載すべき部分の金額がある場合には、当該金額につき第170条の規定を適用して計算した所得税の額を含む。）

三　第1号に掲げる所得税の額から前号に掲げる所得税の額を控除した金額

四　第1号に掲げる退職手当等の総額の支払者別の内訳及びその支払者の氏名又は名称及び住所若しくは居所又は本店若しくは主たる事務所の所在地

五　第1号に掲げる所得税の額の計算の基礎

3　第1項の規定による申告書を提出した非居住者は、当該申告書の提出期限までに、同項第3号に掲げる金額（前項の規定の適用を受ける者については、当該金額と同項第3号に掲げる金額との合計額）に相当する所得税を国に納付しなければならない。

**（退職所得の選択課税による還付）**

**第173条**　第169条（課税標準）に規定する非居住者がその支払を受ける第171条（退職所得についての選択課税）に規定する退職手当等につき次編第5章（非居住者又は法人の所得に係る源泉徴収）の規定の適用を受ける場合において、当該退職手当等につき同条の選択をするときは、その者は、当該退職手当等に係る所得税の還付を受けるため、その年の翌年1月1日（同日前に同条に規定する退職手当等の総額が確定した場合には、その確定した日）以後に、税務署長に対し、次に掲げる事項を記載した申告書を提出することができる。

一　前条第2項第1号に掲げる退職手当等の総額及び所得税の額
二　前条第2項第2号に掲げる所得税の額
三　前号に掲げる所得税の額から第1号に掲げる所得税の額を控除した金額
四　前条第2項第4号及び第5号に掲げる事項その他財務省令で定める事項

2　前項の規定による申告書の提出があつた場合には、税務署長は、同項第3号に掲げる金額に相当する所得税を還付する。

3　前項の場合において、同項の申告書に記載された第1項第2号に掲げる所得税の額（次編第5章の規定により徴収されるべきものに限る。）のうちにまだ納付されていないものがあるときは、前項の規定による還付金の額のうちその納付されていない部分の金額に相当する金額については、その納付があるまでは、還付しない。

4　第2項の規定による還付金について還付加算金を計算する場合には、その計算の基礎となる国税通則法第58条第1項（還付加算金）の期間は、第一項の規定による申告書の提出があつた日（同日後に納付された前項に規定する所得税の額に係る還付金については、その納付の日）の翌日からその還付のための支払決定をする日又はその還付金につき充当をする日（同日前に充当をするのに適することとなつた日がある場合には、その適することとなつた日）までの期間とする。

5　前2項に定めるもののほか、第2項の還付の手続その他同項の規定の適用に関し必要な事項は、政令で定める。

**（内国法人に係る所得税の課税標準）**

**第174条**　内国法人に対して課する所得税の課税標準は、その内国法人が国内において支払を受けるべき次に掲げるものの額（第10号に掲げる賞金については、その額から政令で定める金額を控除した残額）とする。

（中略）

七　外国通貨で表示された預貯金でその元本及び利子をあらかじめ約定した率により本邦通貨又は当該外国通貨以外の外国通貨に換算して支払うこととされているものの差益（当該換算による差益として政令で定めるものをいう。）

（以下略）

**（源泉徴収義務）**

**第209条の２**　居住者に対し国内において第174条第３号から第８号まで（内国法人に係る所得税の課税標準）に掲げる給付補てん金、利息、利益又は差益の支払をする者は、その支払の際、その給付補てん金、利息、利益又は差益について所得税を徴収し、その徴収の日の属する月の翌月10日までに、これを国に納付しなければならない。

**（源泉徴収義務）**

**第212条**　非居住者に対し国内において第161条第１項第４号から第16号まで（国内源泉所得）に掲げる国内源泉所得（政令で定めるものを除く。）の支払をする者又は外国法人に対し国内において同項第４号から第11号まで若しくは第13号から第16号までに掲げる国内源泉所得（第180条第１項（恒久的施設を有する外国法人の受ける国内源泉所得に係る課税の特例）又は第180条の２第１項若しくは第２項（信託財産に係る利子等の課税の特例）の規定に該当するもの及び政令で定めるものを除く。）の支払をする者は、その支払の際、これらの国内源泉所得について所得税を徴収し、その徴収の日の属する月の翌月10日までに、これを国に納付しなければならない。

２　前項に規定する国内源泉所得の支払が国外において行われる場合において、その支払をする者が国内に住所若しくは居所を有し、又は国内に事務所、事業所その他これらに準ずるものを有するときは、その者が当該国内源泉所得を国内において支払うものとみなして、同項の規定を適用する。この場合において、同項中「翌月10日まで」とあるのは、「翌月末日まで」とする。

（以下略）

**（徴収税額）**

**第213条**　前条第一項の規定により徴収すべき所得税の額は、次の各号の区分に応じ当該各号に定める金額とする。

一　前条第一項に規定する国内源泉所得（次号及び第三号に掲げるものを除く。）その金額（次に掲げる国内源泉所得については、それぞれ次に定める金額）に百分の二十の税率を乗じて計算した金額

イ　第161条第1項第12号ロ（国内源泉所得）に掲げる年金　その支払われる年金の額から6万円にその支払われる年金の額に係る月数を乗じて計算した金額を控除した残額

ロ　第161条第1項第13号に掲げる賞金　その金額（金銭以外のもので支払われる場合には、その支払の時における価額として政令で定めるところにより計算した金額）から50万円を控除した残額

ハ　第161条第1項第14号に掲げる年金　同号に規定する契約に基づいて支払われる年金の額から当該契約に基づいて払い込まれた保険料又は掛金の額のうちその支払われる年金の額に対応するものとして政令で定めるところにより計算した金額を控除した残額

二　第161条第1項第5号に掲げる国内源泉所得　その金額に100分の10の税率を乗じて計算した金額

三　第161条第1項第8号及び第15号に掲げる国内源泉所得　その金額に100分の15の税率を乗じて計算した金額

（以下略）

## 所得税法施行令（抄）

**（国内に住所を有するものとみなされる公務員から除かれる者）**

**第13条**　法第3条第1項（居住者及び非居住者の区分）に規定する政令で定める者は、日本の国籍を有する者で、現に国外に居住し、かつ、その地に永住すると認められるものとする。

**（国内に住所を有する者と推定する場合）**

**第14条** 国内に居住することとなつた個人が次の各号のいずれかに該当する場合には、その者は、国内に住所を有する者と推定する。

一 その者が国内において、継続して1年以上居住することを通常必要とする職業を有すること。

二 その者が日本の国籍を有し、かつ、その者が国内において生計を一にする配偶者その他の親族を有することその他国内におけるその者の職業及び資産の有無等の状況に照らし、その者が国内において継続して1年以上居住するものと推測するに足りる事実があること。

2 前項の規定により国内に住所を有する者と推定される個人と生計を一にする配偶者その他その者の扶養する親族が国内に居住する場合には、これらの者も国内に住所を有する者と推定する。

**（国内に住所を有しない者と推定する場合）**

**第15条** 国外に居住することとなつた個人が次の各号のいずれかに該当する場合には、その者は、国内に住所を有しない者と推定する。

一 その者が国外において、継続して1年以上居住することを通常必要とする職業を有すること。

二 その者が外国の国籍を有し又は外国の法令によりその外国に永住する許可を受けており、かつ、その者が国内において生計を一にする配偶者その他の親族を有しないことその他国内におけるその者の職業及び資産の有無等の状況に照らし、その者が再び国内に帰り、主として国内に居住するものと推測するに足りる事実がないこと。

2 前項の規定により国内に住所を有しない者と推定される個人と生計を一にする配偶者その他その者の扶養する親族が国外に居住する場合には、これらの者も国内に住所を有しない者と推定する。

**（非永住者の課税所得の範囲）**

**第17条** 法第7条第1項第2号（課税所得の範囲）に規定する国外にある有価証券の譲渡により生ずる所得として政令で定めるものは、有価証券でその取得の日がその譲渡（租税特別措置法（昭和32年法律第26号）第37条の10第3項若しくは第4項（一般株式等に係る譲渡所得等の課税の特例）又は第37条の11第3項若しく

は第４項（上場株式等に係る譲渡所得等の課税の特例）の規定によりその額及び
価額の合計額が同法第37条の10第１項に規定する一般株式等に係る譲渡所得等又
は同法第37条の11第１項に規定する上場株式等に係る譲渡所得等に係る収入金額
とみなされる金銭及び金銭以外の資産の交付の基因となつた同法第37条の10第３
項（第８号及び第９号に係る部分を除く。）若しくは第４項第１号から第３号ま
で又は第37条の11第４項第１号及び第２号に規定する事由に基づく同法第37条の
10第２項第１号から第５号までに掲げる株式等（同項第４号に掲げる受益権にあ
つては、公社債投資信託以外の証券投資信託の受益権及び証券投資信託以外の投
資信託で公社債等運用投資信託に該当しないものの受益権に限る。）についての
当該金銭の額及び当該金銭以外の資産の価額に対応する権利の移転又は消滅を含
む。以下この条において同じ。）の日の10年前の日の翌日から当該譲渡の日まで
の期間（その者が非永住者であつた期間に限る。）内にないもの（次項において「特
定有価証券」という。）のうち、次に掲げるものの譲渡により生ずる所得とする。

一　金融商品取引法第２条第８項第３号ロ（定義）に規定する外国金融商品市場
　において譲渡がされるもの

二　外国金融商品取引業者（国外において金融商品取引法第２条第９項に規定す
　る金融商品取引業者（同法第28条第１項（通則）に規定する第一種金融商品取
　引業又は同条第２項に規定する第二種金融商品取引業を行う者に限る。）と同
　種類の業務を行う者をいう。以下この項において同じ。）への売委託（当該外
　国金融商品取引業者が当該業務として受けるものに限る。）により譲渡が行わ
　れるもの

三　外国金融商品取引業者又は国外において金融商品取引法第２条第11項に規定
　する登録金融機関若しくは投資信託及び投資法人に関する法律第２条第11項
　（定義）に規定する投資信託委託会社と同種類の業務を行う者の営業所、事務
　所その他これらに類するもの（国外にあるものに限る。）に開設された口座に
　係る国外における社債、株式等の振替に関する法律（平成13年法律第75号）に
　規定する振替口座簿に類するものに記載若しくは記録がされ、又は当該口座に
　保管の委託がされているもの

２　非永住者が譲渡をした有価証券（以下この項において「譲渡有価証券」という。）
　が当該譲渡の時において特定有価証券に該当するかどうかの判定は、当該譲渡の
　前に取得をした当該譲渡有価証券と同一銘柄の有価証券のうち先に取得をしたも
　のから順次譲渡をしたものとした場合に当該譲渡をしたものとされる当該同一銘

柄の有価証券の取得の日により行うものとする。

3　個人の有する有価証券（以下この項において「従前の有価証券」という。）について次に掲げる事由が生じた場合には、当該事由により取得した有価証券（以下この項において「取得有価証券」という。）はその者が引き続き所有していたものと、当該従前の有価証券のうち当該取得有価証券の取得の基因となつた部分は当該取得有価証券と同一銘柄の有価証券とそれぞれみなして、前二項の規定を適用する。

一　株式（出資を含む。）を発行した法人の行つた法第57条の4第1項（株式交換等に係る譲渡所得等の特例）に規定する株式交換又は同条第2項に規定する株式移転

二　法第57条の4第3項第1号に規定する取得請求権付株式、同項第2号に規定する取得条項付株式、同項第3号に規定する全部取得条項付種類株式、同項第4号に規定する新株予約権付社債、同項第5号に規定する取得条項付新株予約権又は同項第6号に規定する取得条項付新株予約権が付された新株予約権付社債のこれらの号に規定する請求権の行使、取得事由の発生、取得決議又は行使

三　株式（出資及び投資信託及び投資法人に関する法律第2条第14項に規定する投資口を含む。以下この項において同じ。）又は投資信託若しくは特定受益証券発行信託の受益権の分割又は併合

四　株式を発行した法人の第111条第2項（株主割当てにより取得した株式の取得価額）に規定する株式無償割当て（当該株式無償割当てにより当該株式と同一の種類の株式が割り当てられる場合の当該株式無償割当てに限る。）

五　株式を発行した法人の第112条第1項（合併により取得した株式等の取得価額）に規定する合併

六　第112条第3項に規定する投資信託等（以下この号において「投資信託等」という。）の受益権に係る投資信託等の同項に規定する信託の併合

七　株式を発行した法人の第113条第1項（分割型分割により取得した株式等の取得価額）に規定する分割型分割

八　特定受益証券発行信託の受益権に係る特定受益証券発行信託の第113条第6項に規定する信託の分割

九　株式を発行した法人の第113条の2第1項（株式分配により取得した株式等の取得価額）に規定する株式分配

十　株式を発行した法人の第115条（組織変更があつた場合の株式等の取得価額）

に規定する組織変更

十一　新株予約権（投資信託及び投資法人に関する法律第２条第17項に規定する新投資口予約権を含む。次号において同じ。）又は新株予約権付社債を発行した法人を第116条（合併等があつた場合の新株予約権等の取得価額）に規定する被合併法人、分割法人、株式交換完全子法人又は株式移転完全子法人とする同条に規定する合併等

十二　新株予約権の行使

4　法第７条第１項第２号に規定する国外源泉所得（以下この項において「国外源泉所得」という。）で国内において支払われ、又は国外から送金されたものの範囲については、次に定めるところによる。

一　非永住者が各年において国外から送金を受領した場合には、その金額の範囲内でその非永住者のその年における国外源泉所得に係る所得で国外の支払に係るものについて送金があつたものとみなす。ただし、その非永住者がその年における国外源泉所得以外の所得（以下この項において「非国外源泉所得」という。）に係る所得で国外の支払に係るものを有する場合は、まずその非国外源泉所得に係る所得について送金があつたものとみなし、なお残余があるときに当該残余の金額の範囲内で国外源泉所得に係る所得について送金があつたものとみなす。

二　前号に規定する所得の金額は、非永住者の国外源泉所得に係る所得で国外の支払に係るもの及び非国外源泉所得に係る所得で国外の支払に係るものについてそれぞれ法第23条から第35条まで（所得の種類及び各種所得の金額）及び第69条（損益通算）の規定に準じて計算した各種所得の金額の合計額に相当する金額とする。この場合において、これらの所得のうちに給与所得又は退職所得があるときは、その収入金額を給与所得の金額又は退職所得の金額とみなし、山林所得、譲渡所得又は一時所得があるときは、それぞれその収入金額から法第32条第３項（山林所得の金額）に規定する必要経費、法第33条第３項（譲渡所得の金額）に規定する資産の取得費及びその資産の譲渡に要した費用の額又は法第34条第２項（一時所得の金額）に規定する支出した金額を控除した金額を山林所得の金額、譲渡所得の金額又は一時所得の金額とみなす。

三　法第７条第１項第２号及び前２号の規定を適用する場合において、国外源泉所得に係る各種所得又は非国外源泉所得に係る各種所得について国内及び国外において支払われたものがあるときは、その各種所得の金額（前号後段に規定

する所得については、同号後段の規定により計算した金額）に、その各種所得に係る収入金額のうちに国内で支払われた金額又は国外で支払われた金額の占める割合を乗じて計算した金額をそれぞれその各種所得の金額のうち国内の支払に係るもの又は国外の支払に係るものとみなす。

四　第1号の場合において、国外源泉所得に係る各種所得で国外の支払に係るものが二以上あるときは、それぞれの各種所得について、同号の規定により送金があつたものとみなされる国外源泉所得に係る送金額に当該各種所得の金額（第2号後段に規定する所得については、同号後段の規定により計算した金額）がその合計額のうちに占める割合を乗じて計算した金額に相当する金額の送金があつたものとみなす。

五　非永住者の国外源泉所得に係る所得で国外の支払に係るもののうち、前各号の規定により送金があつたものとみなされたものに係る各種所得については、それぞれその各種所得と、これと同一種類の国外源泉所得に係る所得で国内の支払に係るもの及び非国外源泉所得に係る所得とを合算してその者の総所得金額、退職所得金額及び山林所得金額を計算する。

六　年の中途において、非永住者以外の居住者若しくは非居住者が非永住者となり、又は非永住者が非永住者以外の居住者若しくは非居住者となつたときは、その者がその年において非永住者であつた期間内に生じた国外源泉所得又は非国外源泉所得に係る所得で国外の支払に係るもの及び当該期間内に国外から送金があつた金額について前各号の規定を適用する。

**（納税地の判定に係る特殊関係者）**

**第53条**　法第15条第4号（納税地）に規定する政令で定める者は、次に掲げる者及びこれらの者であつた者とする。

一　納税義務者とまだ婚姻の届出をしないが事実上婚姻関係と同様の事情にある者

二　納税義務者の使用人

三　前2号に掲げる者及び納税義務者の親族以外の者で納税義務者から受ける金銭その他の資産によつて生計を維持しているもの

**（特殊な場合の納税地）**

**第54条**　法第15条第6号（納税地）に規定する政令で定める場所は、次の各号に掲

げる場合の区分に応じ当該各号に掲げる場所とする。

一 法第15条第1号から第5号までの規定により納税地を定められていた者がこれらの規定のいずれにも該当しないこととなつた場合（同条第2号の規定により納税地を定められていた者については、同号の居所が短期間の滞在地であつた場合を除く。） その該当しないこととなつた時の直前において納税地であつた場所

二 前号に掲げる場合を除き、その者が国に対し所得税に関する法律の規定に基づく申告、請求その他の行為をする場合 その者が選択した場所（これらの行為が二以上ある場合には、最初にその行為をした際選択した場所）

三 前2号に掲げる場合以外の場合 麹町税務署の管轄区域内の場所

## （先物外国為替契約により発生時の外国通貨の円換算額を確定させた外貨建資産・負債の換算等）

**第167条の6** 不動産所得、事業所得、山林所得又は雑所得を生ずべき業務を行う居住者が、外貨建資産・負債（外貨建取引（法第57条の3第1項（外貨建取引の換算）に規定する外貨建取引をいう。以下この項において同じ。）によつて取得し、又は発生する資産若しくは負債をいい、同条第2項の規定の適用を受ける資産又は負債を除く。以下この項において同じ。）の取得又は発生の基因となる外貨建取引に伴つて支払い、又は受け取る外国通貨の金額の円換算額（同条第1項に規定する円換算額をいう。以下この項において同じ。）を先物外国為替契約（外貨建取引に伴つて受け取り、又は支払う外国通貨の金額の円換算額を確定させる契約として財務省令で定めるものをいう。以下この項において同じ。）により確定させ、かつ、その先物外国為替契約の締結の日においてその旨を財務省令で定めるところによりその者の当該業務に係る帳簿書類その他の財務省令で定める書類に記載した場合には、その外貨建資産・負債については、その円換算額をもつて、同条第1項の規定により換算した金額として、その者の各年分の不動産所得の金額、事業所得の金額、山林所得の金額又は雑所得の金額を計算するものとする。

2 外国通貨で表示された預貯金を受け入れる銀行その他の金融機関（以下この項において「金融機関」という。）を相手方とする当該預貯金に関する契約に基づき預入が行われる当該預貯金の元本に係る金銭により引き続き同一の金融機関に同一の外国通貨で行われる預貯金の預入は、法第57条の3第1項に規定する外貨建取引に該当しないものとする。

**（外国所得税の範囲）**

**第221条**　法第95条第1項（外国税額控除）に規定する外国の法令により課される所得税に相当する税で政令で定めるものは、外国の法令に基づき外国又はその地方公共団体により個人の所得を課税標準として課される税（以下この章において「外国所得税」という。）とする。

2　外国又はその地方公共団体により課される次に掲げる税は、外国所得税に含まれるものとする。

一　超過所得税その他個人の所得の特定の部分を課税標準として課される税

二　個人の所得又はその特定の部分を課税標準として課される税の附加税

三　個人の所得を課税標準として課される税と同一の税目に属する税で、個人の特定の所得につき、徴税上の便宜のため、所得に代えて収入金額その他これに準ずるものを課税標準として課されるもの

四　個人の特定の所得につき、所得を課税標準とする税に代え、個人の収入金額その他これに準ずるものを課税標準として課される税

3　外国又はその地方公共団体により課される次に掲げる税は、外国所得税に含まれないものとする。

一　税を納付する者が、当該税の納付後、任意にその金額の全部又は一部の還付を請求することができる税

二　税の納付が猶予される期間を、その税の納付をすることとなる者が任意に定めることができる税

三　複数の税率の中から税の納付をすることとなる者と外国若しくはその地方公共団体又はこれらの者により税率の合意をする権限を付与された者との合意により税率が決定された税（当該複数の税率のうち最も低い税率（当該最も低い税率が当該合意がないものとした場合に適用されるべき税率を上回る場合には当該適用されるべき税率）を上回る部分に限る。）

四　外国所得税に附帯して課される附帯税に相当する税その他これに類する税

**（控除限度額の計算）**

**第222条**　法第95条第1項（外国税額控除）に規定する政令で定めるところにより計算した金額は、同項の居住者のその年分の所得税の額（同条の規定を適用しないで計算した場合の所得税の額とし、附帯税の額を除く。）に、その年分の所得総額のうちにその年分の調整国外所得金額の占める割合を乗じて計算した金額と

する。

2 　前項に規定するその年分の所得総額は、法第70条第１項若しくは第２項（純損
失の繰越控除）又は第71条（雑損失の繰越控除）の規定を適用しないで計算した
場合のその年分の総所得金額、退職所得金額及び山林所得金額の合計額（次項に
おいて「その年分の所得総額」という。）とする。

3 　第１項に規定するその年分の調整国外所得金額とは、法第70条第１項若しくは
第２項又は第71条の規定を適用しないで計算した場合のその年分の法第95条第１
項に規定する国外所得金額（非永住者については、当該国外所得金額のうち、国
内において支払われ、又は国外から送金された国外源泉所得に係る部分に限る。
以下この項において同じ。）をいう。ただし、当該国外所得金額がその年分の所
得総額に相当する金額を超える場合には、その年分の所得総額に相当する金額と
する。

**（外国税額控除の対象とならない外国所得税の額）**

**第222条の２**　法第95条第１項（外国税額控除）に規定する政令で定める取引は、
次に掲げる取引とする。

（中略）

4 　法第95条第１項に規定するその他政令で定める外国所得税の額は、次に掲げる
外国所得税の額とする。

（中略）

五 　居住者の所得に対して課される外国所得税の額で租税条約の規定において法
第95条第１項から第３項までの規定による控除をされるべき金額の計算に当た
つて考慮しないものとされるもの

**（確定申告書に関する書類等の提出又は提示）**

**第262条**　法第120条第３項第１号（確定所得申告）（法第122条第３項（還付等を受
けるための申告）、第123条第３項（確定損失申告）、第125条第４項（年の中途で
死亡した場合の確定申告）及び第127条第４項（年の中途で出国をする場合の確
定申告）において準用する場合を含む。）に掲げる居住者は、次に掲げる書類又
は電磁的記録印刷書面（電子証明書等に記録された情報の内容を、国税庁長官の
定める方法によつて出力することにより作成した書面をいう。以下この項におい
て同じ。）を確定申告書に添付し、又は当該申告書の提出の際提示しなければな

らない。ただし、第２号から第５号までに掲げる書類又は電磁的記録印刷書面で法第190条第２号（年末調整）の規定により同号に規定する給与所得控除後の給与等の金額から控除された法第74条第２項第５号（社会保険料控除）に掲げる社会保険料、法第75条第２項（小規模企業共済等掛金控除）に規定する小規模企業共済等掛金（第３号において「小規模企業共済等掛金」という。）、法第76条第１項（生命保険料控除）に規定する新生命保険料（第４号イにおいて「新生命保険料」という。）若しくは旧生命保険料（第４号ロにおいて「旧生命保険料」という。）、同条第２項に規定する介護医療保険料（第４号ハにおいて「介護医療保険料」という。）、同条第３項に規定する新個人年金保険料（第４号ニにおいて「新個人年金保険料」という。）若しくは旧個人年金保険料（第４号ホにおいて「旧個人年金保険料」という。）又は法第77条第１項（地震保険料控除）に規定する地震保険料（第５号において「地震保険料」という。）に係るものについては、この限りでない。

(中略)

3　法第120条第３項第２号（法第122条第３項、第123条第３項、第125条第４項及び第127条第４項において準用する場合を含む。）に掲げる居住者は、同号に規定する記載がされる親族に係る次に掲げる書類を、当該記載がされる障害者控除に係る障害者（確定申告書に控除対象配偶者又は控除対象扶養親族として記載がされる者を除く。以下この項において「国外居住障害者」という。）、当該記載がされる控除対象配偶者若しくは配偶者特別控除に係る配偶者（以下この項において「国外居住配偶者」という。）若しくは当該記載がされる控除対象扶養親族（以下この項において「国外居住扶養親族」という。）の各人別に確定申告書に添付し、又は当該申告書の提出の際提示しなければならない。ただし、法第190条第２号の規定により同号に規定する給与所得控除後の給与等の金額から控除された当該国外居住障害者に係る障害者控除の額に相当する金額、当該国外居住配偶者に係る配偶者控除若しくは配偶者特別控除の額に相当する金額若しくは当該国外居住扶養親族に係る扶養控除の額に相当する金額に係る次に掲げる書類又は当該給与等の金額から控除されたこれらの相当する金額に係る国外居住障害者、国外居住配偶者若しくは国外居住扶養親族以外の者について法第194条第４項（給与所得者の扶養控除等申告書）、第195条第４項（従たる給与についての扶養控除等申告書）若しくは第203条の６第３項（公的年金等の受給者の扶養親族等申告書）の規定により提出し、若しくは提示した第１号に掲げる書類については、この限り

でない。

一　次に掲げる者の区分に応じ次に定める旨を証する書類として財務省令で定めるもの

　　イ　国外居住障害者　当該国外居住障害者が当該居住者の親族に該当する旨

　　ロ　国外居住配偶者　当該国外居住配偶者が当該居住者の配偶者に該当する旨

　　ハ　国外居住扶養親族　当該国外居住扶養親族が当該居住者の配偶者以外の親族に該当する旨

二　当該国外居住障害者、国外居住配偶者又は国外居住扶養親族が当該居住者と生計を一にすることを明らかにする書類として財務省令で定めるもの

（以下略）


**（国内にある資産の譲渡により生ずる所得）**

**第281条**　法第161条第１項第３号（国内源泉所得）に規定する政令で定める所得は、次に掲げる所得とする。

一　国内にある不動産の譲渡による所得

二　国内にある不動産の上に存する権利、鉱業法（昭和25年法律第289号）の規定による鉱業権又は採石法（昭和25年法律第291号）の規定による採石権の譲渡による所得

三　国内にある山林の伐採又は譲渡による所得

四　内国法人の発行する株式（株主となる権利、株式の割当てを受ける権利、新株予約権及び新株予約権の割当てを受ける権利を含む。）その他内国法人の出資者の持分（会社法の施行に伴う関係法律の整備等に関する法律第230条第１項（特定目的会社による特定資産の流動化に関する法律等の一部を改正する法律の一部改正に伴う経過措置等）に規定する特例旧特定目的会社の出資者の持分を除く。以下この項及び第４項において「株式等」という。）の譲渡（租税特別措置法第37条の10第３項若しくは第４項（一般株式等に係る譲渡所得等の課税の特例）又は第37条の11第３項若しくは第４項（上場株式等に係る譲渡所得等の課税の特例）の規定によりその額及び価額の合計額が同法第37条の10第１項に規定する一般株式等に係る譲渡所得等又は同法第37条の11第１項に規定する上場株式等に係る譲渡所得等に係る収入金額とみなされる金銭及び金銭以外の資産の交付の基因となつた同法第37条の10第３項（第８号及び第９号に係る部分を除く。）若しくは第４項第１号から第３号まで又は第37条の11第４項

第１号及び第２号に規定する事由に基づく同法第37条の10第２項第１号から第５号までに掲げる株式等（同項第四号に掲げる受益権にあつては、公社債投資信託以外の証券投資信託の受益権及び証券投資信託以外の投資信託で公社債等運用投資信託に該当しないものの受益権に限る。）についての当該金銭の額及び当該金銭以外の資産の価額に対応する権利の移転又は消滅を含む。以下この条において同じ。）による所得で次に掲げるもの

　イ　同一銘柄の内国法人の株式等の買集めをし、その所有者である地位を利用して、当該株式等をその内国法人若しくはその特殊関係者に対し、又はこれらの者若しくはその依頼する者のあつせんにより譲渡をすることによる所得

　ロ　内国法人の特殊関係株主等である非居住者が行うその内国法人の株式等の譲渡による所得

五　法人（不動産関連法人に限る。）の株式（出資及び投資信託及び投資法人に関する法律第２条第14項（定義）に規定する投資口（第９項において「投資口」という。）を含む。第８項及び第10項において同じ。）の譲渡による所得

六　国内にあるゴルフ場の所有又は経営に係る法人の株式又は出資を所有することがそのゴルフ場を一般の利用者に比して有利な条件で継続的に利用する権利を有する者となるための要件とされている場合における当該株式又は出資の譲渡による所得

七　国内にあるゴルフ場その他の施設の利用に関する権利の譲渡による所得

八　前各号に掲げるもののほか、非居住者が国内に滞在する間に行う国内にある資産の譲渡による所得

（以下略）


**（国内にある土地等の譲渡による対価）**

**第281条の３**　法第161条第１項第５号（国内源泉所得）に規定する政令で定める対価は、土地等（国内にある土地若しくは土地の上に存する権利又は建物及びその附属設備若しくは構築物をいう。以下この条において同じ。）の譲渡による対価（その金額が一億円を超えるものを除く。）で、当該土地等を自己又はその親族の居住の用に供するために譲り受けた個人から支払われるものとする。


**（国内に源泉がある給与、報酬又は年金の範囲）**

**第285条**　法第161条第１項第12号イ（国内源泉所得）に規定する政令で定める人的

役務の提供は、次に掲げる勤務その他の人的役務の提供とする。

一　内国法人の役員としての勤務で国外において行うもの（当該役員としての勤務を行う者が同時にその内国法人の使用人として常時勤務を行う場合の当該役員としての勤務を除く。）

二　居住者又は内国法人が運航する船舶又は航空機において行う勤務その他の人的役務の提供（国外における寄航地において行われる一時的な人的役務の提供を除く。）

2　法第161条第1項第12号ロに規定する政令で定める公的年金等は、第72条第3項第8号（退職手当等とみなす一時金）に規定する制度に基づいて支給される年金（これに類する給付を含む。）とする。

3　法第161条第1項第12号ハに規定する政令で定める人的役務の提供は、第1項各号に掲げる勤務その他の人的役務の提供で当該勤務その他の人的役務の提供を行う者が非居住者であつた期間に行つたものとする。


**（退職所得の選択課税による還付）**

**第297条**　法第173条第1項（退職所得の選択課税による還付）の規定による申告書を提出する場合において、同項第二号に掲げる所得税の額のうち源泉徴収をされたものがあるときは、当該申告書を提出する者は、当該申告書に、その源泉徴収をされた事実の説明となるべき財務省令で定める事項を記載した明細書を添附しなければならない。

2　前項の申告書を提出した者は、当該申告書の記載に係る同項に規定する所得税の額でその提出の時においてまだ納付されていなかつたものの納付があつた場合には、遅滞なく、その納付の日、その納付された所得税の額その他必要な事項を記載した届出書を納税地の所轄税務署長に提出しなければならない。

3　税務署長は、第一項の申告書の提出があつた場合には、当該申告書の記載に係る法第173条第1項第3号に掲げる金額が過大であると認められる事由がある場合を除き、遅滞なく、同条第2項の規定による還付又は充当の手続をしなければならない。


**（内国法人に係る所得税の課税標準）**

**第298条**

（中略）

4　法第174条第7号に規定する政令で定める差益は、次の各号に掲げる預貯金の区分に応じ当該各号に定める差益とする。

一　外国通貨で表示された預貯金でその元本及び利子をあらかじめ約定した率により本邦通貨に換算して支払うこととされているもの　当該元本についてあらかじめ約定した率により本邦通貨に換算した金額から当該元本について当該預貯金の預入の日における外国為替の売買相場により本邦通貨に換算した金額を控除した残額に相当する差益

二　外国通貨で表示された預貯金でその元本及び利子をあらかじめ約定した率により当該外国通貨以外の外国通貨（以下この号において「他の外国通貨」という。）に換算して支払うこととされているもの　当該元本についてあらかじめ約定した率により当該他の外国通貨に換算して支払うこととされている金額から当該元本について当該預貯金の預入の日における外国為替の売買相場により当該他の外国通貨に換算した金額を控除した残額につき、当該他の外国通貨に換算して支払うこととされている時における外国為替の売買相場により本邦通貨に換算した金額に相当する差益

（以下略）


**（源泉徴収を要しない国内源泉所得）**

**第328条**　法第212条第1項（源泉徴収義務）に規定する政令で定める国内源泉所得は、次に掲げる国内源泉所得とする。

一　映画若しくは演劇の俳優、音楽家その他の芸能人又は職業運動家の役務の提供に係る法第161条第1項第6号又は第12号イ（国内源泉所得）に掲げる対価又は報酬で不特定多数の者から支払われるもの

二　非居住者又は外国法人が有する土地若しくは土地の上に存する権利又は家屋（以下この号において「土地家屋等」という。）に係る法第161条第1項第7号に掲げる対価で、当該土地家屋等を自己又はその親族の居住の用に供するために借り受けた個人から支払われるもの

三　法第169条（分離課税に係る所得税の課税標準）に規定する非居住者に対し支払われる法第161条第1項第12号イ又はハに掲げる給与又は報酬で、その者が法第172条（給与等につき源泉徴収を受けない場合の申告納税等）の規定によりその支払の時までに既に納付した所得税の額の計算の基礎とされたもの

# 所得税法施行規則（抄）

### （確定所得申告書に添付すべき書類等）

**第47条の2** 令第262条第1項第4号（確定申告書に関する書類等の提出又は提示）に規定する財務省令で定める事項は、次の各号に掲げる保険料の区分に応じ当該各号に定める事項とする。

（中略）

5 令第262条第3項第1号に規定する財務省令で定める書類は、同号イからハまでに掲げる者に係る次に掲げるいずれかの書類であつて、同号イからハまでに掲げる者の区分に応じ同号イからハまでに定める旨を証するもの（当該書類が外国語で作成されている場合には、その翻訳文を含む。）とする。

一 戸籍の附票の写しその他の国又は地方公共団体が発行した書類及び旅券（出入国管理及び難民認定法第2条第5号（定義）に規定する旅券をいう。）の写し

二 外国政府又は外国の地方公共団体が発行した書類（令第262条第3項第1号イからハまでに掲げる者の氏名、生年月日及び住所又は居所の記載があるものに限る。）

6 令第262条第3項第2号に規定する財務省令で定める書類は、次に掲げる書類であつて、同項の居住者がその年において同項に規定する国外居住障害者、国外居住配偶者又は国外居住扶養親族（以下この項において「国外居住親族」という。）の生活費又は教育費に充てるための支払を必要の都度、各人に行つたことを明らかにするもの（当該書類が外国語で作成されている場合には、その翻訳文を含む。）とする。

一 内国税の適正な課税の確保を図るための国外送金等に係る調書の提出等に関する法律（平成9年法律第110号）第2条第3号（定義）に規定する金融機関の書類又はその写しで、当該金融機関が行う為替取引によつて当該居住者から当該国外居住親族に支払をしたことを明らかにするもの

二 クレジットカード等購入あつせん業者（それを提示し又は通知して、特定の販売業者から商品若しくは権利を購入し、又は特定の役務提供事業者（役務の提供の事業を営む者をいう。以下この号において同じ。）から有償で役務の提供を受けることができるカードその他の物又は番号、記号その他の符号（以下

この号において「クレジットカード等」という。）をこれにより商品若しくは権利を購入しようとする者又は役務の提供を受けようとする者（以下この号において「利用者たる顧客」という。）に交付し又は付与し、当該利用者たる顧客が当該クレジットカード等を提示し又は通知して特定の販売業者から商品若しくは権利を購入し、又は特定の役務提供事業者から有償で役務の提供を受けたときは、当該販売業者又は役務提供事業者に当該商品若しくは権利の代金又は当該役務の対価に相当する額の金銭を直接に又は第三者を経由して交付するとともに、当該利用者たる顧客から、あらかじめ定められた時期までに当該代金若しくは当該対価の合計額の金銭を受領し、又はあらかじめ定められた時期ごとに当該合計額を基礎としてあらかじめ定められた方法により算定して得た額の金銭を受領する業務を行う者をいう。）の書類又はその写しで、クレジットカード等を当該国外居住親族が提示し又は通知して、特定の販売業者から商品若しくは権利を購入し、又は特定の役務提供事業者から有償で役務の提供を受けたことにより支払うこととなる当該商品若しくは権利の代金又は当該役務の対価に相当する額の金銭を当該居住者から受領し、又は受領することとなることを明らかにするもの

（以下略）

**（非永住者であつた期間を有する居住者の確定申告書に添付すべき書類の記載事項）**
**第47条の4**　法第120条第7項(確定所得申告)に規定する財務省令で定める事項は、次に掲げる事項とする。

一　法第120条第7項の申告書を提出する者の氏名、国籍及び住所又は居所

二　その年の前年以前10年内の各年において、国内に住所又は居所を有することとなつた日及び有しないこととなつた日並びに国内に住所又は居所を有していた期間

三　その年において非永住者（法第2条第1項第4号（定義）に規定する非永住者をいう。以下この号及び次号において同じ。）、非永住者以外の居住者及び非居住者であつたそれぞれの期間

四　その年において非永住者であつた期間内に生じた次に掲げる金額

　イ　法第7条第1項第2号（課税所得の範囲）に規定する国外源泉所得（ロにおいて「国外源泉所得」という。）以外の所得の金額

　ロ　国外源泉所得の金額並びに当該金額のうち、国内において支払われた金額

及び国外から送金された金額

五　その他参考となるべき事項

2　前項の規定は、法第122条第3項（還付等を受けるための申告）、第123条第3項（確定損失申告）、第125条第4項（年の中途で死亡した場合の確定申告）及び第127条第4項（年の中途で出国をする場合の確定申告）において準用する法第120条第7項の規定により確定申告書に添付すべき同項の書類に記載する同項に規定する財務省令で定める事項について、それぞれ準用する。

**（退職所得の選択課税による還付のための申告書への添附書類）**

**第71条**　令第297条第1項（退職所得の選択課税による還付）に規定する財務省令で定める事項は、その年中に支払を受ける法第171一条（退職所得についての選択課税）に規定する退職手当等で法第212条第1項（源泉徴収義務）の規定により所得税を徴収されたものの支払者ごとの内訳、その支払の日及び場所、その徴収された所得税の額並びにその支払者の氏名又は名称及び住所若しくは居所又は本店若しくは主たる事務所の所在地とする。

2　法第173条第1項（退職所得の選択課税による還付）に規定する申告書に法第225条第1項第8号（支払調書）に規定する支払に関する同項の調書の写しが添付されている場合においては、前項に規定する事項のうち当該調書の写しに記載されている事項は、令第297条第1項の明細書に記載することを要しない。

# 所得税基本通達　（抄）

**（住所の意義）**

**2－1**　法に規定する住所とは各人の生活の本拠をいい、生活の本拠であるかどうかは客観的事実によって判定する。

（注）　国の内外にわたって居住地が異動する者の住所が国内にあるかどうかの判定に当たっては、令第14条《国内に住所を有する者と推定する場合》及び第15条《国内に住所を有しない者と推定する場合》の規定があることに留意する。

**（再入国した場合の居住期間）**

**2－2**　国内に居所を有していた者が国外に赴き再び入国した場合において、国外

に赴いていた期間（以下この項において「在外期間」という。）中、国内に、配偶者その他生計を一にする親族を残し、再入国後起居する予定の家屋若しくはホテルの一室等を保有し、又は生活用動産を預託している事実があるなど、明らかにその国外に赴いた目的が一時的なものであると認められるときは、当該在外期間中も引き続き国内に居所を有するものとして、法第2条第1項第3号及び第4号の規定を適用する。

### （国内に居住する者の非永住者等の区分）

**2－3**　国内に居住する者については、次により非居住者、非永住者等の区分を行うことに留意する。（平18課個2－7、課資3－2、課審4－89改正）

(1)　入国後1年を経過する日まで住所を有しない場合　入国後1年を経過する日までの間は非居住者、1年を経過する日の翌日以後は居住者

(2)　入国直後には国内に住所がなく、入国後1年を経過する日までの間に住所を有することとなった場合　住所を有することとなった日の前日までの間は非居住者、住所を有することとなった日以後は居住者

(3)　日本の国籍を有していない居住者で、過去10年以内において国内に住所又は居所を有していた期間の合計が5年を超える場合　5年以内の日までの間は非永住者、その翌日以後は非永住者以外の居住者

### （居住期間の計算の起算日）

**2－4**　法第2条第1項第3号に規定する「1年以上」の期間の計算の起算日は、入国の日の翌日となることに留意する。（平18課個2－7、課資3－2、課審4－89改正）

### （過去10年以内の計算）

**2－4の2**　法第2条第1項第4号に規定する「過去10年以内」とは、判定する日の10年前の同日から、判定する日の前日までをいうことに留意する。（平18課個2－7、課資3－2、課審4－89追加）

### （国内に住所又は居所を有していた期間の計算）

**2－4の3**　法第2条第1項第4号に規定する「国内に住所又は居所を有していた期間」は、暦に従って計算し、1月に満たない期間は日をもって数える。

また、当該期間が複数ある場合には、これらの年数、月数及び日数をそれぞれ合計し、日数は30日をもって1月とし、月数は12月をもって1年とする。

なお、過去10年以内に住所又は居所を有することとなった日（以下この項において「入国の日」という。）と住所又は居所を有しないこととなった日（以下この項において「出国の日」という。）がある場合には、当該期間は、入国の日の翌日から出国の日までとなることに留意する。（平18課個2－7、課資3－2、課審4－89追加）

### （船舶、航空機の乗組員の住所の判定）

**3－1**　船舶又は航空機の乗組員の住所が国内にあるかどうかは、その者の配偶者その他生計を一にする親族の居住している地又はその者の勤務外の期間中通常滞在する地が国内にあるかどうかにより判定するものとする。

### （学術、技芸を習得する者の住所の判定）

**3－2**　学術、技芸の習得のため国内又は国外に居住することとなった者の住所が国内又は国外のいずれにあるかは、その習得のために居住する期間その居住する地に職業を有するものとして、令第14条第1項《国内に住所を有する者と推定する場合》又は第15条第1項《国内に住所を有しない者と推定する場合》の規定により推定するものとする。

### （国内に居住することとなった者等の住所の推定）

**3－3**　国内又は国外において事業を営み若しくは職業に従事するため国内又は国外に居住することとなった者は、その地における在留期間が契約等によりあらかじめ1年未満であることが明らかであると認められる場合を除き、それぞれ令第14条第1項第1号又は第15条第1項第1号の規定に該当するものとする。

### （国内において支払われたものの意義）

**7－4**　法第7条第1項第2号に掲げる「国内において支払われ……たもの」とは、次に掲げるようなものをいう。（平29課個2－13、課資3－3、課審5－5改正）

(1)　その非永住者の国外にある営業所等と国外の顧客との間に行われた商取引の対価で、為替等によりその非永住者の国内にある営業所等に直接送付され、若しくは当該国内にある営業所等に係る債権と相殺され、又は当該国内にある営

業所等の預金口座に直接振り込まれたもの

(2) その非永住者の国外にある不動産等の貸付けによる賃貸料で、為替等により その非永住者に直接送付され、又はその非永住者の国内にある預金口座に直接 振り込まれたもの

**（送金の範囲）**

**7－6** 法第7条第1項第2号に規定する送金には、国内への通貨の持込み又は小 切手、為替手形、信用状その他の支払手段による通常の送金のほか、次に掲げる ような行為が含まれる。（平19課法9－16、課個2－27、課審4－40、平29課個 2－13、課資3－3、課審5－5改正）

(1) 貴金属、公社債券、株券その他の物を国内に携行し又は送付する行為で、通 常の送金に代えて行われたと認められるもの

(2) 国内において借入れをし又は立替払を受け、国外にある自己の預金等により その債務を弁済することとするなどの行為で、通常の送金に代えて行われたと 認められるもの

**（必要経費算入と税額控除との選択方法）**

**46－1** 外国所得税の額について、必要経費若しくは支出した金額に算入するか、 又は外国税額控除をするか若しくは法第138条《源泉徴収税額等の還付》の規定 により還付を受けるかどうかの選択は、各年ごとに、その年中に確定した外国所 得税の額の全部について行わなければならないものとする。

(注) 利子所得、配当所得、給与所得、退職所得又は譲渡所得をその計算の基礎 とした外国所得税の額について外国税額控除をするときは、不動産所得、事業 所得、山林所得、雑所得又は一時所得をその計算の基礎とした外国所得税の額 についても、必要経費又は支出した金額に算入することはできない。

**（いわゆる外貨建て円払いの取引）**

**57の3－1** 法第57条の3第1項（（外貨建取引の換算））に規定する外貨建取引（以 下57の3－4までにおいて「外貨建取引」という。）は、その取引に係る支払が 外国通貨で行われるべきこととされている取引をいうのであるから、例えば、債 権債務の金額が外国通貨で表示されている場合であっても、その支払が本邦通貨 により行われることとされているものは、ここでいう外貨建取引には該当しない

ことに留意する。（平18課個2－7、課資3－2、課審4－89追加）

**（外貨建取引の円換算）**

**57の3－2**　法第57条の3第1項（（外貨建取引の換算））の規定に基づく円換算（同
条第2項の規定の適用を受ける場合の円換算を除く。）は、その取引を計上すべ
き日（以下この項において「取引日」という。）における対顧客直物電信売相場
（以下57の3－7までにおいて「電信売相場」という。）と対顧客直物電信買相場
（以下57の3－7までにおいて「電信買相場」という。）の仲値（以下57の3－7
までにおいて「電信売買相場の仲値」という。）による。

　ただし、不動産所得、事業所得、山林所得又は雑所得を生ずべき業務に係るこ
れらの所得の金額（以下57の3－3までにおいて「不動産所得等の金額」という。）
の計算においては、継続適用を条件として、売上その他の収入又は資産について
は取引日の電信買相場、仕入その他の経費（原価及び損失を含む。以下57の3－
4までにおいて同じ。）又は負債については取引日の電信売相場によることができ
るものとする。（平18課個2－7、課資3－2、課審4－89追加）
（注）

1　電信売相場、電信買相場及び電信売買相場の仲値については、原則として、
　その者の主たる取引金融機関のものによることとするが、合理的なものを継続
　して使用している場合には、これを認める。

2　不動産所得等の金額の計算においては、継続適用を条件として、当該外貨建
　取引の内容に応じてそれぞれ合理的と認められる次のような外国為替の売買相
　場（以下57の3－7までにおいて「為替相場」という。）も使用することができ
　る。
　(1)　取引日の属する月若しくは週の前月若しくは前週の末日又は当月若しくは
　　当週の初日の電信買相場若しくは電信売相場又はこれらの日における電信売
　　買相場の仲値
　(2)　取引日の属する月の前月又は前週の平均相場のように1月以内の一定の期
　　間における電信売相場の仲値、電信買相場又は電信売相場の平均値

3　円換算に係る当該日（為替相場の算出の基礎とする日をいう。以下この（注）
　3において同じ。）の為替相場については、次に掲げる場合には、それぞれ次
　によるものとする。以下57の3－7までにおいて同じ。
　(1)　当該日に為替相場がない場合には、同日前の最も近い日の為替相場による。
　(2)　当該日に為替相場が2以上ある場合には、その当該日の最終の相場（当該

　　日が取引日である場合には、取引発生時の相場）による。ただし、取引日の相場については、取引日の最終の相場によっているときもこれを認める。

4　本邦通貨により外国通貨を購入し直ちに資産を取得し若しくは発生させる場合の当該資産、又は外国通貨による借入金に係る当該外国通貨を直ちに売却して本邦通貨を受け入れる場合の当該借入金については、現にその支出し、又は受け入れた本邦通貨の額をその円換算額とすることができる。

5　いわゆる外貨建て円払いの取引は、当該取引の円換算額を外貨建取引の円換算の例に準じて見積もるものとする。この場合、その見積額と当該取引に係る債権債務の実際の決済額との間に差額が生じたときは、その差額は当該債権債務の決済をした日の属する年分の各種所得の金額の計算上総収入金額又は必要経費に算入する。

### （国外で業務を行う者の損益計算書等に係る外貨建取引の換算）

**57の3－7**　国外において不動産所得、事業所得、山林所得又は雑所得を生ずべき業務を行う個人で、当該業務に係る損益計算書又は収支内訳書を外国通貨表示により作成している者については、継続適用を条件として、当該業務に係る損益計算書又は収支内訳書の項目（前受金等の収益性負債の収益化額及び減価償却資産等の費用性資産の費用化額を除く。）の全てを当該年の年末における為替相場により換算することができる。（平18課個2－7、課資3－2、課審4－89追加、平23課個2－33、課法9－9、課審4－46改正）

（注）　上記の円換算に当たっては、継続適用を条件として、収入金額及び必要経費の換算につき、その年において当該業務を行っていた期間内における電信売買相場の仲値、電信買相場又は電信売相場の平均値を使用することができる。

### （外国税額控除の適用時期）

**95－3**　法第95条第1項又は第2項《外国税額控除》の規定による外国税額控除は、外国所得税を納付することとなる日の属する年分において適用があるのであるが、居住者が継続してその納付することが確定した外国所得税の額につき、実際に納付した日の属する年分においてこれらの項を適用している場合には、これを認める。

（注）　上記の「納付することとなる日」とは、申告、賦課決定等の手続により外国所得税について具体的にその納付すべき租税債務が確定した日をいう。

### （予定納付等をした外国所得税についての外国税額控除の適用時期）

95－4　居住者がいわゆる予定納付又は見積納付等（以下この項において「予定納付等」という。）をした外国所得税の額についても95－3に定める年分において法第95条第1項又は第2項《外国税額控除》の規定を適用することとなるのであるが、当該居住者が、継続して、当該外国所得税の額をその予定納付等に係る年分の外国所得税について確定申告又は賦課決定等があった日の属する年分においてこれらの項の規定を適用している場合には、これを認める。

### （勤務等が国内及び国外の双方にわたって行われた場合の国内源泉所得の計算）

161－41　非居住者が国内及び国外の双方にわたって行った勤務又は人的役務の提供に基因して給与又は報酬の支払を受ける場合におけるその給与又は報酬の総額のうち、国内において行った勤務又は人的役務の提供に係る部分の金額は、国内における公演等の回数、収入金額等の状況に照らしその給与又は報酬の総額に対する金額が著しく少額であると認められる場合を除き、次の算式により計算するものとする（昭63直法6－1、直所3－1、平2直法6－5、直所3－6、平4課法8－5、課所4－3改正、平28課2－4、課法11－8、課審5－5改正）。

$$給与又は報酬の総額 \times \frac{国内において行った勤務又は人的役務の提供の期間}{給与又は報酬の総額の計算の基礎となった期間}$$

（注）

1　国内において勤務し又は人的役務を提供したことにより特に給与又は報酬の額が加算されている場合等には、上記算式は適用しないものとする。

2　法第161条第1項第12号ハに規定する退職手当等については、上記の算式中「給与又は報酬」とあるのは「退職手当等」と、「国内において行った勤務又は人的役務の提供の期間」とあるのは「居住者であった期間に行った勤務等の期間及び令第285条第3項《国内に源泉がある給与、報酬又は年金の範囲》に規定する非居住者であった期間に行った勤務等の期間」と読み替えて計算する。

### （内国法人の使用人として常時勤務を行う場合の意義）

161－42　令第285条第1項第1号かっこ内に規定する「内国法人の使用人として常時勤務を行う場合」とは、内国法人の役員が内国法人の海外にある支店の長として常時その支店に勤務するような場合をいい、例えば、非居住者である内国法人の役員が、その内国法人の非常勤役員として海外において情報の提供、商取引の

側面的援助等を行っているにすぎない場合は、これに該当しないことに留意する。

**（給与等の計算期間の中途で非居住者となった者の給与等）**

**212－5**　給与等の計算期間の中途において居住者から非居住者となった者に支払うその非居住者となった日以後に支給期の到来する当該計算期間の給与等のうち、当該計算期間が１月以下であるものについては、その給与等の全額がその者の国内において行った勤務に対応するものである場合を除き、その総額を国内源泉所得に該当しないものとして差し支えない。

（注）

1　この取扱いは、その者の非居住者としての勤務が令第285条第１項各号《国内に源泉がある給与、報酬又は年金の範囲》に掲げる勤務に該当する者に支払う給与等については、その適用がないことに留意する。

2　給与等の計算期間の中途において国外にある支店等から国内にある本店等に転勤したため帰国した者に支払う給与等で、その者の居住者となった日以後に支給期の到来するものについては、当該給与等の金額のうちに非居住者であった期間の勤務に対応する部分の金額が含まれているときであっても、その総額を居住者に対する給与等として法第183条第１項《源泉徴収義務》の規定を適用することに留意する。

# 租税特別措置法（抄）

**（国外中古建物の不動産所得に係る損益通算等の特例）**

**第41条の４の３**　個人が、令和３年以後の各年において、国外中古建物から生ずる不動産所得を有する場合においてその年分の不動産所得の金額の計算上国外不動産所得の損失の金額があるときは、当該国外不動産所得の損失の金額に相当する金額は、所得税法第26条第２項及び第69条第１項の規定その他の所得税に関する法令の規定の適用については、生じなかつたものとみなす。

2　この条において、次の各号に掲げる用語の意義は、当該各号に定めるところによる。

一　国外中古建物　個人において使用され、又は法人（所得税法第２条第１項第８号に規定する人格のない社団等を含む。）において事業の用に供された国外

にある建物であつて、個人が取得をしてこれを当該個人の不動産所得を生ずべき業務の用に供したもの（当該不動産所得の金額の計算上当該建物の償却費として同法第37条の規定により必要経費に算入する金額を計算する際に同法の規定により定められている耐用年数を財務省令で定めるところにより算定しているものに限る。）をいう。

二　国外不動産所得の損失の金額　個人の不動産所得の金額の計算上国外中古建物の貸付け（他人（当該個人が非居住者である場合の所得税法第161条第1項第1号に規定する事業場等を含む。以下この号において同じ。）に国外中古建物を使用させることを含む。）による損失の金額（当該国外中古建物以外の国外にある不動産、不動産の上に存する権利、船舶又は航空機（以下この号において「国外不動産等」という。）の貸付け（他人に国外不動産等を使用させることを含む。）による不動産所得の金額がある場合には、当該損失の金額を当該国外不動産等の貸付けによる不動産所得の金額の計算上控除してもなお控除しきれない金額）のうち当該国外中古建物の償却費の額に相当する部分の金額として政令で定めるところにより計算した金額をいう。

3　第1項の規定の適用を受けた国外中古建物を譲渡した場合において、当該譲渡による譲渡所得の金額の計算上控除する資産の取得費を計算するときにおける所得税法第38条の規定の適用については、同条第2項第1号中「累積額」とあるのは、「累積額からその資産につき租税特別措置法第41条の4の3第1項（国外中古建物の不動産所得に係る損益通算等の特例）の規定により生じなかつたものとみなされた損失の金額に相当する金額の合計額を控除した金額」とする。

4　前2項に定めるもののほか、第1項の規定の適用に関し必要な事項は、政令で定める。

## 租税特別措置法施行令（抄）

### （国外中古建物の不動産所得に係る損益通算等の特例）

**第26条の6の3**　法第41条の4の3第2項第2号に規定する政令で定めるところにより計算した金額は、その年分の不動産所得の金額の計算上必要経費に算入した同項第1号に規定する国外中古建物（以下この条において「国外中古建物」という。）ごとの償却費の額のうち次の各号に掲げる場合の区分に応じ当該各号に定

める金額の合計額とする。

一　当該償却費の額がその年分の不動産所得の金額の計算上生じた当該国外中古建物の貸付け（法第41条の４の３第２項第２号に規定する国外中古建物の貸付けをいう。次号において同じ。）による損失の金額を超える場合　当該損失の金額

二　当該償却費の額がその年分の不動産所得の金額の計算上生じた当該国外中古建物の貸付けによる損失の金額以下である場合　当該損失の金額のうち当該償却費の額に相当する金額

2　個人のその年分の不動産所得の金額のうちに法第41条の４の３第２項第２号に規定する国外不動産等（第１号及び次項第２号ロにおいて「国外不動産等」という。）の同条第２項第２号に規定する貸付けによる不動産所得の金額がある場合における前項の規定の適用については、第１号に掲げる金額から第２号に掲げる金額を控除した金額（当該金額が零を下回る場合には、零）を同項に規定する合計額から控除するものとする。

一　当該国外不動産等の法第41条の４の３第２項第２号に規定する貸付けによる不動産所得の金額

二　イに掲げる金額からロに掲げる金額を控除した金額

　　イ　前項第２号に規定する国外中古建物の貸付けによる損失の金額の合計額

　　ロ　前項第２号に規定する国外中古建物の償却費の額の合計額

3　個人が国外中古建物を有する場合におけるその年分の不動産所得の金額の計算については、次に定めるところによる。

一　当該個人が二以上の国外中古建物を有する場合には、これらの国外中古建物ごとに区分して、それぞれ不動産所得の金額を計算するものとする。

二　当該個人が不動産所得を生ずべき業務の用に供される二以上の資産を有する場合において、これらの資産が次に掲げる資産の区分のうち異なる二以上の区分の資産に該当するときは、これらの資産を次に掲げる資産ごとに区分して、それぞれ不動産所得の金額を計算するものとする。

　　イ　国外中古建物

　　ロ　国外不動産等（イに掲げる資産に該当するものを除く。）

　　ハ　イ及びロに掲げる資産以外の不動産所得を生ずべき業務の用に供される資産

三　前２号の場合において、その年分の不動産所得の金額の計算上必要経費に算

入されるべき金額のうちに二以上の資産についての貸付け（他人（当該個人が非居住者である場合の所得税法第161条第1項第1号に規定する事業場等を含む。）にこれらの資産を使用させることを含む。以下この号において同じ。）に要した費用の額（以下この号において「共通必要経費の額」という。）があるときは、当該共通必要経費の額は、これらの資産の貸付けに係る収入金額その他の財務省令で定める基準によりこれらの資産の貸付けに係る必要経費の額に配分し、法第41条の4の3第1項に規定する国外不動産所得の損失の金額（次項において「国外不動産所得の損失の金額」という。）に相当する金額を計算するものとする。

4　その年分の国外不動産所得の損失の金額に相当する金額の計算につき第2項の規定の適用があつた場合において、法第41条の4の3第1項の規定の適用を受けた国外中古建物を譲渡したときにおける同条第3項の規定の適用については、その年分の当該国外中古建物につき同条第1項の規定により生じなかつたものとみなされた損失の金額に相当する金額は、当該国外不動産所得の損失の金額に相当する金額に、その年分の第1項各号に定める金額の合計額のうちにその年分の当該国外中古建物の償却費の額の同項各号に掲げる場合の区分に応じ当該各号に定める金額の占める割合を乗じて計算した金額とする。

5　法第41条の4の3第1項の規定の適用を受けた国外中古建物について所得税法第51条第1項又は第4項の規定の適用を受ける場合における所得税法施行令第142条の規定の適用については、同条第1号中「の規定」とあるのは、「（その資産が租税特別措置法第41条の4の3第1項（国外中古建物の不動産所得に係る損益通算等の特例）の規定の適用を受けた同条第2項第1号に規定する国外中古建物である場合には、同条第3項の規定により読み替えて適用される法第38条第1項又は第2項）の規定」とする。

---

## 租税特別措置法通達（抄）

---

### （外貨で表示されている株式等に係る譲渡の対価の額等の邦貨換算）

37の10・37の11共－6　一般株式等に係る譲渡所得等の金額又は上場株式等に係る譲渡所得等の金額の計算に当たり、株式等の譲渡の対価の額が外貨で表示され当該対価の額を邦貨又は外貨で支払うこととされている場合の当該譲渡の価額は、

原則として、外貨で表示されている当該対価の額につき金融商品取引業者と株式等を譲渡する者との間の外国証券の取引に関する外国証券取引口座約款において定められている約定日におけるその支払をする者の主要取引金融機関（その支払をする者がその外貨に係る対顧客直物電信買相場を公表している場合には、当該支払をする者）の当該外貨に係る対顧客直物電信買相場により邦貨に換算した金額による。

　また、国外において発行された公社債の元本の償還（買入れの方法による償還を除く。）により交付を受ける金銭等の邦貨換算については、記名のものは償還期日における対顧客直物電信買相場により邦貨に換算した金額により、無記名のものは、現地保管機関等が受領した日（現地保管機関等からの受領の通知が著しく遅延して行われる場合を除き、金融商品取引業者が当該通知を受けた日としても差し支えない。）における対顧客直物電信買相場により邦貨に換算した金額による。

　なお、取得の対価の額の邦貨換算については、対顧客直物電信売相場により、上記に準じて行う。（平27課資 3 - 4 、課個 2 -19、課法10- 5 、課審 7 -13追加）
（注）　株式等の取得の約定日が平成10年 3 月以前である場合には、外国為替公認銀行の公表した対顧客直物電信売相場によることに留意する。

# 国税通則法（抄）

**（納税管理人）**

**第117条**　個人である納税者がこの法律の施行地に住所及び居所（事務所及び事業所を除く。）を有せず、若しくは有しないこととなる場合又はこの法律の施行地に本店若しくは主たる事務所を有しない法人である納税者がこの法律の施行地にその事務所及び事業所を有せず、若しくは有しないこととなる場合において、納税申告書の提出その他国税に関する事項を処理する必要があるときは、その者は、当該事項を処理させるため、この法律の施行地に住所又は居所を有する者で当該事項の処理につき便宜を有するもののうちから納税管理人を定めなければならない。

2　納税者は、前項の規定により納税管理人を定めたときは、当該納税管理人に係る国税の納税地を所轄する税務署長（保税地域からの引取りに係る消費税等に関

する事項のみを処理させるため、納税管理人を定めたときは、当該消費税等の納税地を所轄する税関長）にその旨を届け出なければならない。その納税管理人を解任したときも、また同様とする。

## 国税通則法施行令（抄）

**（納税管理人の届出手続）**

**第39条** 法第117条第2項前段（納税管理人の届出）の規定による届出は、次に掲げる事項を記載した書面でしなければならない。

一 納税者の納税地

二 個人である納税者が法の施行地に住所及び居所（事務所及び事業所を除く。以下この号において同じ。）を有しないこととなる場合には、法の施行地外における住所又は居所となるべき場所

三 納税管理人の氏名及び住所又は居所

四 納税管理人を定めた理由

2 法第百十七条第二項後段の規定による届出は、次に掲げる事項を記載した書面でしなければならない。

一 納税者の納税地

二 解任した納税管理人の氏名及び住所又は居所

三 納税管理人を解任した理由

## 地方税法（抄）

**（道府県民税の納税義務者等）**

**第24条** 道府県民税は、第1号に掲げる者に対しては均等割額及び所得割額の合算額によつて、第3号に掲げる者に対しては均等割額及び法人税割額の合算額によつて、第2号及び第4号に掲げる者に対しては均等割額によつて、第4号の2に掲げる者に対しては法人税割額によつて、第五号に掲げる者に対しては利子割額によつて、第6号に掲げる者に対しては配当割額によつて、第七号に掲げる者に対しては株式等譲渡所得割額によつて課する。

一　道府県内に住所を有する個人

二　道府県内に事務所、事業所又は家屋敷を有する個人で当該事務所、事業所又は家屋敷を有する市町村内に住所を有しない者

三　道府県内に事務所又は事業所を有する法人

四　道府県内に寮、宿泊所、クラブその他これらに類する施設（「寮等」という。以下道府県民税について同じ。）を有する法人で当該道府県内に事務所又は事業所を有しないもの

四の二　法人課税信託（法人税法第２条第29号の二２規定する法人課税信託をいう。以下この節において同じ。）の引受けを行うことにより法人税を課される個人で道府県内に事務所又は事業所を有するもの

五　利子等の支払又はその取扱いをする者の営業所等で道府県内に所在するものを通じて利子等の支払を受ける個人

六　特定配当等の支払を受ける個人で当該特定配当等の支払を受けるべき日現在において道府県内に住所を有するもの

七　特定株式等譲渡対価等の支払を受ける個人で当該特定株式等譲渡対価等の支払を受けるべき日の属する年の１月１日現在において道府県内に住所を有するもの

2　前項第１号、第６号及び第７号の道府県内に住所を有する個人とは、住民基本台帳法の適用を受ける者については、その道府県の区域内の市町村の住民基本台帳に記録されている者（第294条第３項の規定により当該住民基本台帳に記録されているものとみなされる者を含み、同条第四項に規定する者を除く。）をいう。

（以下略）

**（個人の道府県民税の賦課期日）**

**第39条**　個人の道府県民税の賦課期日は、当該年度の初日の属する年の１月１日とする。

**（市町村民税の納税義務者等）**

**第294条**　市町村民税は、第１号の者に対しては均等割額及び所得割額の合算額によつて、第３号の者に対しては均等割額及び法人税割額の合算額によつて、第２号及び第４号の者に対しては均等割額によつて、第５号の者に対しては法人税割額によつて課する。

　一　市町村内に住所を有する個人

　二　市町村内に事務所、事業所又は家屋敷を有する個人で当該市町村内に住所を
　　有しない者

　三　市町村内に事務所又は事業所を有する法人

　四　市町村内に寮、宿泊所、クラブその他これらに類する施設（以下この節にお
　　いて「寮等」という。）を有する法人で当該市町村内に事務所又は事業所を有
　　しないもの

　五　法人課税信託（法人税法第２条第29号の２に規定する法人課税信託をいう。
　　以下この節において同じ。）の引受けを行うことにより法人税を課される個人
　　で市町村内に事務所又は事業所を有するもの

２　前項第一号の市町村内に住所を有する個人とは、住民基本台帳法の適用を受け
　る者については、当該市町村の住民基本台帳に記録されている者をいう。

３　市町村は、当該市町村の住民基本台帳に記録されていない個人が当該市町村内
　に住所を有する者である場合には、その者を当該住民基本台帳に記録されている
　者とみなして、その者に市町村民税を課することができる。この場合において、
　市町村長は、その者が他の市町村の住民基本台帳に記録されていることを知つた
　ときは、その旨を当該他の市町村の長に通知しなければならない。

（以下略）

**（個人の市町村民税の賦課期日）**

**第318条**　個人の市町村民税の賦課期日は、当該年度の初日の属する年の１月１日
　とする。

# 索　引

## 【著者紹介】

　税理士　阿　部　行　輝

　　昭和52年慶應義塾大学法学部卒業後東京国税局採用。その後、昭和62年東京
国税局査察部、平成３年国税庁広報課、平成７年東京国税局資料調査課（外国
人担当）、平成11年麹町税務署国際税務専門官、平成20年渋谷税務署特別国税
調査官（国際担当）、平成26年東京国税局主任税務相談官、平成27年太陽グラ
ントソントン税理士法人入社。令和元年阿部行輝税理士事務所開業

　　東京国税局在職中は、海外取引を行っている個人富裕層及び外国人に対する
調査・指導・相談事務に長く携わってきた。専門分野は個人富裕層、外国人、
非居住者等、個人に関する国際税務全般についてのコンサルティング、調査対
応等。

## 外国人の税務と手続き

平成30年12月28日　初版第 1 刷発行　　　　　　　　　（著者承認検印省略）
令和 3 年 2 月 1 日　改訂版第 1 刷発行

ⓒ　著　者　阿　部　行　輝

発行所　　税 務 研 究 会 出 版 局
代表者　　山　　根　　　　毅

郵便番号100-0005
東京都千代田区丸の内 1-8-2 鉄鋼ビルディング
振替00160-3-76223
電話〔書 籍 編 集〕03（6777）3463
　　〔書 店 専 用〕03（6777）3466
　　〔書 籍 注 文〕
　　〔お客さまサービスセンター〕03（6777）3450

●　各事業所　電話番号一覧　●

北海道 011（221）8348　　神奈川 045（263）2822　　中　国 082（243）3720
東　北 022（222）3858　　中　部 052（261）0381　　九　州 092（721）0644
関　信 048（647）5544　　関　西 06（6943）2251

〈税研ホームページ〉　https://www.zeiken.co.jp

落丁，乱丁の場合はお取替え致します。　　　印刷・製本　東日本印刷株式会社
ISBN 978-4-7931-2610-9